Y YO LES DIGO...

EL significado oculto
de los evangelios

Y yo les digo... El significado oculto de los evangelios

Colección: Osho Classics

Título original:
I Say Unto You – Vol I

© 1980. Osho International Foundation www.osho.com/copyrights
© De la traducción, Osho International Foundation
© 2026. De esta edición, **Ordinal LLC**

El material de este libro es una transcripción de una serie de conferencias llamadas *I Say Unto You Vol.1* que dio Osho en público. Todos los textos de Osho han sido publicados íntegramente en inglés y también están disponibles las grabaciones originales en audio. Ambas se pueden encontrar on-line en la biblioteca de la www.osho.com.

D.R. © 2026, derechos de edición en español | **Ordinal LLC**

Ordinal LLC – USA
www.ordinalbooks.com

Diseño de portada: Manuel Hernández
Diseño de interiores: Janduy Barreto
Cuidado de la edición: Yeana González
Daniella Gama | Karla Hernández

D.R. © **Ordinal LLC**

OSHO® es una marca registrada de Osho International Foundation www.osho.com/trademarks

ISBN: 978-1-972050-03-3

OSHO

OSHO° CLASSICS 1

Y YO LES DIGO...

El significado oculto de los evangelios

CONTENIDO

Prólogo

Hablaré sobre Cristo, pero no sobre el cristianismo. El cristianismo no tiene nada que ver con Cristo. De hecho, el cristianismo es anti-Cristo, exactamente igual que el budismo es anti-Buda y el jainismo es anti-Mahavir. Cristo posee algo que no puede organizarse. Su propia naturaleza es la rebelión y la rebelión no puede ser organizada; en el momento en que la organizas, la matas. Pero su cadáver permanece. Puedes adorarlo, pero no puedes ser transformado por él. Puedes llevar esa carga durante siglos y siglos, pero sólo será un peso, no va a liberarte. Por eso, desde un principio, dejémoslo absolutamente claro. Estoy totalmente a favor de Cristo, pero ni lo más mínimo a favor del cristianismo. Si quieres llegar a Cristo, tienes que ir más allá del cristianismo. Si te aferras demasiado al cristianismo, no podrás comprender a Cristo.

(Osho)

Capítulo 1

La flauta en los labios de Dios

Mateo 5

1. *Al ver a la gente, subió al monte y se sentó; se le acercaron sus discípulos;*

2. *Y, abriendo su boca, les enseñaba así:*

3. *«Bienaventurados los pobres de espíritu, porque de ellos es el Reino de los cielos.*

4. *Bienaventurados los mansos, porque ellos heredarán la Tierra.*

5. *Bienaventurados los que lloran, porque ellos serán consolados.*

6. *Bienaventurados los que tienen hambre y sed de justicia, porque ellos serán hartos.*

7. *Bienaventurados los misericordiosos, porque ellos alcanzarán misericordia.*

8. *Bienaventurados los limpios de corazón, porque ellos verán a Dios.*

9. *Bienaventurados los que buscan la paz, porque ellos serán llamados hijos de Dios.*

10. *Bienaventurados los perseguidos por causa de la justicia, porque de ellos es el Reino de los cielos.*

11. *Alegraos y regocijaos, porque es grande vuestra recompensa en los cielos. Pues así persiguieron a los profetas anteriores a vosotros.*

12. *Vosotros sois la sal de la tierra; si la sal se desvirtúa, ¿con qué se la salará? Para nada vale ya, sino para tirarla afuera, a que la pisen los hombres».*

El Evangelio empieza de una forma increíblemente hermosa; ningún otro libro comienza de esa manera, ningún otro libro puede empezar de esa forma. La Biblia es «el libro de los libros»: ése es el significado exacto de la palabra «Biblia»: el libro. Es el documento más preciado que la humanidad posee. Por eso se le llama «Testamento», porque en ella Jesús es el testigo de Dios, es su testamento. Es la única prueba posible. Dios no puede ser demostrado, sólo un hombre como Jesús puede ser su testimonio.

El Evangelio contiene toda la belleza del florecimiento de Jesús, sus bienaventuranzas. Esas afirmaciones son las más hermosas jamás hechas. Ni siquiera Buda o Lao Tse, han hablado de esta manera. Buda es muy filosófico, muy refinado; Jesús es muy simple, sencillo. Jesús habla como un aldeano, un granjero, un pescador. Pero aunque habla como la gente común, sus palabras tienen solidez, concreción, realidad.

Las palabras de Buda son abstractas; son palabras muy, muy elevadas, filosóficas. Las palabras de Jesús son muy de la Tierra, son muy mundanas. Tienen la fragancia que desprende la tierra cuando empieza a llover —el olor a tierra mojada, el aroma que se percibe a la orilla del mar, la fragancia del océano, de los árboles—. Las palabras de Jesús están muy conectadas con la Tierra, muy enraizadas en ella. Es un hombre mundano, y ahí reside su belleza. Nadie más puede compararse con esa belleza. El cielo está bien, pero es abstracto, está muy lejos, muy distante.

Por eso os digo que no hay otro libro que empiece como lo hace el Evangelio; ningún otro libro habla como lo hace el Evangelio.

La palabra «evangelio» (*gospel* en inglés) viene del vocablo «*godspel*» (*God*: Dios; *spell*: representación: representación de Dios). Dios habló a través de Jesús. Jesús es como un bambú hueco. La canción es de Dios, y las metáforas de Jesús son la verdad de la vida. No enreda los conceptos, simplemente muestra la verdad tal y como es.

Primero, el comienzo: «El libro de las generaciones de Jesús Cristo, el hijo de David, el hijo de Abraham. Abraham engendró a Isaac y éste a Jacob. Jacob engendró a Judá... Judá a Faré... Faré engendró a Esrón y éste a Aram...», y así sucesivamente. Después: «... Jacob engendró a José, el esposo de María, de quien nació Jesús, que fue llamado Cristo».

A continuación, esta genealogía se detiene de repente. Cuarenta y dos generaciones pasaron desde Abraham hasta Jesús. El Evangelio registra estas cuarenta y dos generaciones, y de pronto nace Jesús y la genealogía se detiene. Súbitamente llega el punto final. Porque Jesús es la realización; no existe un más allá. Jesús es la culminación —no existe posibilidad de ir más allá—. «Abraham engendró a Isaac, Isaac engendró a Jacob...» —así sucesivamente. A partir de ahí, no puede irse más allá de Jesús: se ha alcanzado lo supremo. Jesús es el florecimiento y la realización. Por eso la Biblia llama a Jesús el «**pleroma**», la realización.

Esas cuarenta y dos generaciones se completan con Jesús. Toda la historia que precede a Jesús se completa con él. El hogar ha llegado. Él es el fruto, el crecimiento, la evolución de esas cuarenta y dos generaciones. Jesús es la realización, por eso el Evangelio no habla más allá de él. Jesús no engendró a nadie, Jesús se engendró a sí mismo. Éste es el significado de la palabra «Cristo».

Existen dos tipos de nacimiento. Uno, por medio de otros —del padre y de la madre— es un nacimiento corporal. El otro nacimiento tienes que dártelo a ti mismo, tienes que nacer de ti mismo; tienes que ser el útero, el padre, la madre y el niño. Tienes que morir al pasado y nacer al futuro. Tienes que engendrarte a ti mismo. Por eso digo que el libro comienza de una manera increíblemente hermosa, muy significativa: Jesús no engendró a nadie, se engendró a sí mismo.

Éste es el dignificado de crucifixión y resurrección. Se crucifica el cuerpo, el espíritu no puede ser crucificado. El cuerpo puede ser destruido, el espíritu no puede ser destruido.

El cuerpo es denso: una espada puede cortarlo, el veneno puede matarlo; incluso, aunque nada vaya a matarlo, la muerte llegará y el cuerpo se habrá ido. Tiene que marcharse, está sujeto a irse; sólo permanece allí en el momento presente. Aquellos que son conscientes utilizan su tiempo para crear espíritu en ellos.

El cuerpo es como las uvas. Las uvas tienen que extinguirse. No puedes guardarlas por mucho tiempo —se pudrirán; pero de ellas puedes hacer vino, por eso también se le llama «espíritu». Puedes crear espíritu de tu ser, un vino. Las uvas no pueden acumularse, son temporales, momentáneas. Pero el vino puede permanecer siempre. De hecho, cuanto más añejo, más preciado y valorado es. Tiene una duración atemporal, algo que pertenece a la eternidad.

El cuerpo es como las uvas, y si lo utilizas correctamente, puedes crear vino dentro de ti. El cuerpo desaparecerá, pero el vino puede permanecer, el espíritu puede permanecer.

Jesús ha hecho muchos milagros. Uno de ellos es transformar el agua en vino. Esto es una metáfora —no lo tomes literalmente. Si lo tomas literalmente, destruyes su significado, su sentido. Y si tratas de demostrar que es un hecho histórico, eres un estúpido y, contigo, Jesús también parece un estúpido. Son metáforas del mundo interior.

El mundo interior no puede ser expresado literalmente, sino simbólicamente —sólo alegóricamente. Convertir el agua en vino únicamente significa crear lo eterno, convertir lo que no perdura en aquello que sí perdura.

Si guardas agua, antes o después empezará a oler mal. Sin embargo, puedes guardar vino durante años, siglos; y cuanto más tiempo pase mejor será, más fuerte, más potente. El vino es una metáfora de lo eterno.

Jesús se transforma a través del sacrificio. Nunca nadie puede transformarse sin sacrificio. Tienes que pagar por ello: la cruz es el precio que se paga. Tienes que morir para volver a nacer, tienes que perderlo todo para ganar a Dios.

Jesús se engendró a sí mismo. Este fenómeno sucedió en la cruz. Durante un momento, él dudó, estaba muy desconcertado —lo cual es natural. Durante un momento no podía ver a Dios en ninguna parte. Todo estaba perdido, estaba perdiéndolo todo; iba a morir y parecía que no había ninguna posibilidad... Esto les ocurre a todas las semillas. Cuando se introduce la semilla en la tierra, hay un momento en el que se pierde así misma, y deberá dudar —las mismas dudas que tuvo Jesús en la cruz. La semilla está muriendo y debe agarrarse al pasado. Quiere sobrevivir —nadie quiere morir. Y la semilla no puede imaginar que esto no es la muerte, que pronto resucitará envuelta de mil maneras, que pronto empezará a desarrollarse como brote.

La muerte de la semilla será el nacimiento del árbol, y tendrá muchas hojas, flores y frutos, y vendrán pájaros que se posarán en sus ramas y harán sus nidos, y la gente se sentará bajo la sombra del árbol, y el árbol hablará con las nubes y las estrellas de la noche, y jugará con el cielo, y bailará con el viento, y habrá gran regocijo. Pero ¿ cómo puede conocer esto la pobre semilla que nunca ha sido otra cosa antes? Es inconcebible. Por eso Dios es inconcebible.

No se le puede demostrar a la semilla que esto es lo que le va a ocurrir, porque suponiendo que la semilla pidiera: «Entonces déjame *ver* qué vas a hacer», esto es imposible, no puedes hacerle ver lo que le va a ocurrir. Va a suceder en el futuro, y, cuando ocurra, la semilla habrá dejado de estar. La semilla nunca podrá encontrarse con el árbol. El hombre nunca se encuentra con Dios. Cuando el hombre ya no está, Dios desciende.

Jesús dudó, estaba preocupado, desconcertado. Gritó, casi le gritó al cielo: «¿Por qué me has abandonado? ¿Por qué? ¿Por qué me torturas así? ¿Qué mal te he hecho?». Mil y una cosas debieron cruzar por su mente.

La semilla está muriéndose, y es completamente ajena a lo que va a ocurrirle a continuación. No pude concebir cuál será el próximo paso, de ahí la necesidad de fe, de confianza. La semilla tiene que confiar en que el árbol nacerá. Con todas sus dudas, todo tipo de miedos, inseguridades, angustias, ansiedad —a pesar de todo ello—, la semilla tiene que confiar en que el árbol nacerá, que el árbol va a tener lugar. Es un salto hacia la fe.

Este salto le sucedió a Jesús, se relajó en la cruz y dijo: «Venga a mí tu reino. Hágase tu voluntad...». Su corazón palpitaba. Es natural. Tu corazón también palpitará, tú también tendrás miedo cuando te llegue el momento de la muerte, cuando llegue ese momento en el que desapareces y te pierdes en una especie de nada, y en el que parece que no hay manera de sobrevivir, y tienes que rendirte.

Te puedes rendir de dos formas: contra tu voluntad, en cuyo caso te perderás el verdadero objetivo, simplemente morirás y volverás a nacer. Si puedes relajarte con profunda aceptación y confianza, si puedes rendirte sin ninguna resistencia... Eso es lo que Jesús hizo, éste es su milagro más grande. Para mí, éste es el milagro, no que devolviera la salud a los enfermos, hiciera ver a los ciegos, curara a los leprosos o incluso resucitara a Lázaro, para que volviera a la vida estando ya muerto. No, para mí éstos no son los verdaderos milagros, todo son parábolas, metáforas. Todos los maestros han dado ojos a los que estaban ciegos y oídos a los sordos. Todos los maestros han sacado a la gente de la muerte que ellos llaman vida, los han sacado de sus tumbas. Esto son metáforas.

El auténtico milagro es cuando Jesús —a pesar de sus dudas, preocupaciones, sospechas— se relaja, se rinde y dice: «Hágase tu voluntad», en ese momento Jesús desaparece y nace Cristo.

Teilhard de Chardin lo llama «cristogénesis»: Jesús engendrando a Cristo. Mediante la cristogénesis, el hombre se transforma en lo que realmente es; pierde aquello que no es y se convierte en lo que es: el hombre se vuelve «Cristo».

Pero un «Cristo», nunca un cristiano. Un cristiano es aquél que sigue el dogma cristiano. «Cristo» significa aquél que muere como semilla y se convierte en un árbol. «Cristo» significa abandonar el ego, desaparecer como uno mismo y aparecer en otro plano, un tipo de transfiguración: una resurrección.

«Cristo» significa que ya no estás solo: Dios está en ti y tú estás en Dios.

Ésta es la paradoja de la consciencia de Cristo. Cristo muchas veces se llama a sí mismo «Hijo del hombre» y muchas otras veces «Hijo de Dios». Es las dos cosas: Hijo del hombre en lo que al cuerpo concierne, e Hijo de Dios en lo que se refiere a la **consciencia**. La mente es el mecanismo de la consciencia, al igual que el cuerpo es el soporte del espíritu. La mente pertenece al cuerpo, la consciencia al espíritu. Jesús es la paradoja: por un lado es hombre y por otro es Dios. Y cuando Dios y hombre trabajan juntos, no hay por qué sorprenderse si ocurren milagros. Los milagros se producen sólo cuando Dios y el hombre funcionan juntos, en colaboración.

León Tolstoi dijo: «Cristo es Dios y el hombre trabajando juntos, caminando juntos, danzando juntos». San Agustín dijo: «Sin Dios el hombre no puede existir; sin el hombre, Dios no existe». Cristo es la combinación —la unión de lo finito con lo infinito, el tiempo y la eternidad encontrándose y fundiéndose el uno en el otro.

Un viejo jardinero estaba cavando su terreno cuando pasó por allí un sacerdote.

—Jorge —dijo el clérigo—. Es maravilloso lo que Dios y el hombre pueden hacer cuando trabajan juntos.

—Sí, señor, pero ¡tendría que haber visto el jardín el año pasado cuando lo tenía para Él solo!

Sí, eso es verdad. El hombre a solas es impotente. Dios tampoco puede trabajar solo. Dios a solas es potente, pero le falta un instrumento. El hombre solo es como un bambú hueco —sin nadie para crear una canción en él, nadie que lo llene de música, armonía, melodía. Dios a solas tiene capacidad para crear una melodía, pero le falta un bambú hueco con el que hacer una flauta.

Cristo es la flauta en los labios de Dios. Por lo tanto, todo lo que venga de Cristo es *godspel* (*God* = Dios, *Spell* = representación), es *gospel* (evangelio).

Catorce generaciones... «Por tanto, desde Abraham hasta David hay catorce generaciones, y desde David hasta la cautividad de Babilonia son catorce generaciones; y desde la cautividad de Babilonia hasta Cristo hay catorce generaciones.»

Esto también es muy simbólico. Los libros como la Biblia no están escritos por gente común, son lo que George Gurdjieff solía llamar «arte objetivo». La Biblia es uno de esos trabajos representativos del arte objetivo en el mundo. No es como un libro escrito por Shakespeare o Kalidas. Ellos crean arte subjetivo. Escriben algo, escriben muy bellamente, tienen sentido estético, pero son tan inconscientes como cualquier otro ser humano. Tienen olfato para la belleza, pero están tan dormidos como cualquiera. Su trabajo artístico es subjetivo: se expresan a sí mismos.

Libros como los Vedas, el Corán, la Biblia, los Upanishads, no están escritos por gente dormida, no están escritos como bella poesía o prosa; están escritos por gente que conoce la verdad, que ha despertado a la verdad. Por eso, lo que quiera que escriban es casi como un mapa. Tienes que descifrarlo, tienes que decodificarlo, de lo contrario, seguirás perdiéndotelo.

¿Por qué catorce generaciones? Ningún alumno lo ha preguntado, ningún estudiante bíblico lo ha planteado. ¿Por qué sólo catorce? ¿Por qué no quince? ¿Por qué no trece?

Les ofrezco esto como ejemplo de arte objetivo. Son catorce por una razón determinada. Tiene que ser decodificado.

El espíritu madura igual que lo hace el cuerpo. El cuerpo madura a los catorce años —se hace sexualmente maduro, puede reproducirse sexualmente. A los catorce años el cuerpo ha madurado en cuanto a la reproducción sexual se refiere: el muchacho puede convertirse en padre, la muchacha puede ser madre; pueden reproducirse réplicas de ellos mismos.

De la misma manera, el espíritu también madura. Igual que al cuerpo le lleva catorce años madurar sexualmente, al espíritu le lleva catorce generaciones para madurar espiritualmente. Éste es el sentido de las catorce generaciones: desde Abraham a David, de David al exilio en Babilonia, y desde el exilio en Babilonia hasta Jesús. Y cuando el espíritu alcanza su madurez, cuando el fruto está maduro, cae del árbol. Inmaduro, pende del árbol. Inmaduro, *tiene* que colgar —si cae inmaduro, nunca será dulce; seguirá siendo amargo, ácido. No tendrá utilidad. Para madurar, tiene que colgar. Cuando está colgando, únicamente demuestra que: «Aún no estoy preparado para soltarme». Cuando alguien está maduro, esa misma madurez se convierte en libertad y desaparece el estar apegado.

Jesús se desvanece en Dios, Jesús desaparece de este árbol de la vida: el fruto está maduro. En Oriente decimos que cuando alguien ha llegado a ser perfecto —en el sentido de que ha crecido todo lo que era posible en esta Tierra, en esta situación— ya no volverá otra vez. Entonces cruza hacia el más allá: va más allá del punto de no retorno. Ya no vuelve nunca más. Nosotros lo llamamos un Buda o un jaina.

Los judíos llaman «Cristo» a ese estado: alguien que ha ido más allá y que sólo estará aquí durante un tiempo. El fruto está maduro esperando a caer en cualquier momento —una pequeña brisa y el fruto se habrá ido para siempre, desapareciendo en la existencia. Por eso el árbol se ha detenido en Jesús: sigue soltero, sin reproducirse. Este celibato no tiene nada que ver con el reprimido celibato común. Él no está en contra del amor, tampoco está en contra del sexo, no es un puritano, tampoco es un moralista.

La otra noche estuve leyendo lo que Dostoievski dijo: que los moralistas son siempre gente miserable. Esto parece ser una observación auténtica. Los moralistas **son** gente miserable. De hecho, únicamente los miserables se hacen moralistas. Son tan miserables que les gustaría hacer que los demás también lo fueran. Y la mejor manera para hacer que la gente se sienta miserable es hacerlos sentir culpables.

Jesús no es un moralista. Su *brahmacharya*, su celibato, tiene una cualidad totalmente distinta. Simplemente dice que ya no está interesado en reproducirse en el plano físico, está interesado en reproducirse en el plano espiritual. Ya no hace que nazcan niños, hace que nazcan discípulos. Crea en el mundo más soportes en los que Dios pueda descender. No crea cuerpos, crea **almas**. Y es un maestro de milagros: creó mucha gente iluminada en la Tierra —tenía este toque mágico. Y los creó de gente insignificante.

Buda creó mucha gente iluminada, pero eran almas muy, muy desarrolladas. Un Sariputta era ya un alma muy evolucionada; el fruto ya estaba maduro. Mi propio sentimiento es que aunque Buda no hubiera entrado en la vida de Sariputta, antes o después se habría iluminado; Buda no fue muy esencial. Ayudó, aceleró las cosas, pero no fue muy esencial. Si Sariputta no se hubiera encontrado con él, tal vez en una o dos vidas habría aparecido a la vuelta de la esquina; ya estaba en camino, estaba al borde. Así sucedió con Mahakashyap, también con Moggalyayan, y así ocurrió con otros discípulos de Buda.

Pero Jesús realmente hizo milagros. Tocaba piedras corrientes y las convertía en diamantes. Se movía entre gente muy común. Un pescador lanzando su red, y entonces llega Jesús, se queda detrás de él, le pone la mano sobre el hombro y dice: «Mírame a los ojos. ¿Cuánto tiempo vas a estar pescando peces? Puedo hacer de ti un pescador de hombres. Mírame a los ojos». Y el pobre pescador común —sin educación, sin sofisticación, sin cultura; no habiendo oído nunca nada, tal vez jamás se había interesado en el crecimiento espiritual; contento de pescar peces y venderlos, feliz de vivir el día a día— miró a los ojos de Jesús, tiró la red y lo siguió, llegando el pescador a ser un iluminado. Lo mismo pasó con el granjero, con el cobrador de impuestos o incluso con una prostituta, María Magdalena…

Jesús convierte el metal corriente en oro. Es realmente la piedra filosofal. Su toque es mágico: de aquello que toca surge inmediatamente el espíritu.

Buda iluminó a mucha gente, pero ya estaban en el camino. Buda se movía entre gente sofisticada: instruidos, virtuosos, especiales. Jesús se movía entre gente muy común: los pisoteados, oprimidos, pobres. Éste fue uno de los crímenes que le atribuyeron los clérigos: andar entre cambistas, alcohólicos y prostitutas. Va con prostitutas, va con cualquiera, come con cualquiera. Es un hombre caído. Y en la superficie, en todos los aspectos, parecía un hombre derrumbado. Pero únicamente descendía hacia esa gente para ayudarlos a levantarse; caía hasta lo más bajo para dirigirlos hacia lo más elevado. Existe un motivo.

Lo más bajo puede que no sea sofisticado, sin cultura, pero tiene pureza de corazón; tiene más amor. Ahora podrás comprender la diferencia. El camino de Buda es el de la inteligencia. Él no puede dirigirse a un pescador y decirle: «Ven a mí y yo haré que te ilumines». Esto no es posible para él. Su camino es el de la consciencia, la inteligencia, la comprensión. El pescador ni siquiera comprendería su lenguaje; está muy por encima de él, más allá de su alcance.

El camino de Jesús es el camino del amor, y la gente pobre tiene más amor que los ricos. Tal vez éste sea el motivo por el que son pobres, porque cuando se tiene mucho amor no se puede acumular mucho dinero —lo uno no es compatible con lo otro. Cuando se tiene mucho amor, se comparte. Un rico no puede amar porque su amor siempre será un peligro para su riqueza. Si ama a la gente, tendrá que compartir con ellos.

Durante siete años estuve viviendo con una familia. El hombre era muy rico y estaba interesado en mis ideas —por eso me invitó a quedarme con él. Hizo para mi todo tipo de bonitos arreglos. Me proporcionó una casa grande con un enorme jardín. Y para poder estar conmigo, se vino a vivir junto con toda su familia. Yo estaba sorprendido, nunca lo había visto hablando con su mujer o con sus hijos. Cuando estuvimos más habituados a estar juntos, un día le dije:

—Nunca te veo sentado con tu mujer o con tus hijos. Nunca te veo hablar con nadie de tu familia. ¿Qué es lo que pasa?»

—Si le hablo a mi mujer —me contestó—, inmediatamente empieza a pedir: «Hay una joya muy bonita en la tienda», o bien, «Han llegado unos saris muy bonitos» o esto o lo otro. Inmediatamente salta sobre mi bolsillo. Si hablo con mis hijos, enseguida empiezan a hurgarme en los bolsillos. He aprendido que es mejor quedarme quieto, rígido y enfadado. Esto me protege. Así nadie me pide nada.

Comprendí su idea. Ésta es la idea de todos los ricos del mundo. La persona que se obsesiona demasiado con su dinero lo hace porque realmente no puede amar. El dinero se convierte en el sustituto del amor. Empieza a atesorar dinero porque piensa que es lo único que puede hacerlo feliz. «Atesora dinero, al menos podrás comprártelo todo». Incluso cree que con su dinero puede comprar el amor.

Podrá comprar sexo, pero no amor. Sin embargo, mucha gente piensa que el sexo es amor. Podrá comprar cuerpos, pero no podrá tener ninguna intimidad con la persona. Mucha gente piensa que basta con poseer el cuerpo del otro. ¿Qué más se necesita? ¿Por qué preocuparse de nada más? A muchos solamente les interesa el sexo ocasional, sin intimidad, sin profundizar más, sin entrar en un diálogo profundo. Tienen miedo del diálogo profundo porque entonces hay compromiso, y con el compromiso viene la responsabilidad. Para ello, tendrían que ser muy sensibles, estar vivos. «¿A quién le importa? El sexo ocasional está bien y se puede comprar, está disponible en el mercado». Quien sólo piensa en el dinero cree que puede comprarlo *todo*. «Por lo tanto, ¿por qué preocuparse de nada más? Puedes conseguir la mujer más hermosa, la casa más hermosa, esto y aquello...». Piensa que esto va a satisfacerlo. Esto nunca satisface. Solamente el amor satisface, ningún otro sustituto puede satisfacer jamás. Un sustituto es un sustituto; es seudo.

La gente pobre tiene más amor porque los pobres no han cultivado tanto la cabeza, su energía se mueve en torno al corazón. Estos son los dos centros: o bien la energía se mueve en el corazón o en la cabeza. Es muy raro encontrar a alguien tan equilibrado que su energía se mueva tanto en un centro como en el otro, o bien, que sea capaz de llevar la energía allí donde se necesite —desviarla. Cuando quiere ser inteligente, canaliza, mueve su energía hacia la cabeza. Cuando quiere amar, canaliza su energía —toda su energía— hacia el corazón. Éste sería el hombre perfecto.

Pero generalmente la gente no es tan perfecta. O bien están aferrados a la cabeza o están disponibles para el corazón.

El camino de Jesús es el del amor, por eso hizo milagros con la gente pobre, con la gente común cuya inteligencia aún no estaba muy desarrollada. Pero le fue posible utilizar esa ocasión porque todavía su energía era pura y aún estaba en el corazón. Eran más parecidos a los niños.

Exactamente igual que el cuerpo madura en catorce años, el espíritu madura en catorce generaciones; éste es el límite mínimo. Depende de ti. Puede que no crezca ni en ciento catorce generaciones —puede que seas muy perezoso o que continúes sin darte cuenta. Siendo así, puedes seguir durante millones de vidas y no crecer. Pero catorce generaciones es el tiempo límite natural; tanto como eso se necesita.

El espíritu no es una flor de temporada; es como un gran cedro libanés. Un árbol que necesita catorce generaciones para crecer, para alcanzar el cielo. No es como las flores de temporada que crecen en pocas semanas, pero que también desaparecen en semanas. El espíritu significa lo eterno; lo eterno necesita tiempo, paciencia. Estas catorce generaciones no son más que un número simbólico.

Jesús no pudo nacer antes de catorce generaciones. Ese estado sólo es posible después de un tiempo —después de haber atravesado algunas etapas. Y así ocurre también en otras dimensiones.

Por ejemplo, el hombre de las cavernas no pudo contribuir con los Diálogos platónicos, las sinfonías de Beethoven, las pinturas de Leonardo da Vinci o la poesía de Rabindranath Tagore. El hombre de las cavernas no podía ofrecernos estas cosas. Tampoco pudo aportar un Albert Einstein, un Dostoievski o un Picasso. No pudo darnos un Buda, un Lao Tse o un Jesús. Se necesita tiempo y preparación, y también se necesitan ciertas condiciones para poder crecer, sólo entonces cabe la posibilidad de un Jesús.

Para que Jesús exista son necesarias muchas cosas; sólo en esas circunstancias puede ser. Para que Jesús pueda expresar lo que quiere decir es necesario una persona que lo entienda.

Esto que les estoy diciendo sólo puede ser dicho ahora. Únicamente se puede decir ahora, nunca antes; no hubiera sido posible. Y lo que les estaré diciendo mañana, sólo será posible mañana, no hoy. Tienes que ser receptivo, tienes que crecer. Si no estás en un cierto estado receptivo, no puede ser expresado.

Jesús es la culminación de toda la consciencia judía, y lo extraño es que los judíos lo rechazaron. Esto es lo que siempre viene sucediendo. Buda fue la culminación de la consciencia hindú, y los hindúes lo rechazaron. Sócrates fue la culminación de la consciencia griega, y los griegos lo mataron. Es muy extraño, pero esto siempre ha sucedido así. ¿Por qué no podemos aceptar nuestra propia culminación? ¿Qué es lo que no funciona?

¿Por qué no pudieron los judíos aceptar a Jesús? Estuvieron esperándolo, esperaban al Mesías, esperaban que llegara Cristo. Todavía están esperando, pero el Mesías ya ha venido y también se ha ido. Ellos colaboraron para que se marchara y, sin embargo, todavía siguen esperándolo.

¿Cuál fue el error? ¿Qué es lo que siempre hacemos mal? Jesús es la culminación de la consciencia judía. Todos los profetas que lo precedieron estuvieron preparando el terreno para su llegada. Eso fue lo que Juan Bautista le decía a la gente: «Yo no soy nada comparado con la persona para la que estoy preparando el camino. Sólo soy un barrendero que está limpiando el camino para su llegada. Aquél que está más elevado que yo está llegando». Juan Bautista y los demás profetas únicamente prepararon el camino para esta culminación suprema, para esta cima, este Everest. Y cuando el Everest llega, algo empieza a ir mal. ¿Qué es lo que va mal? Las otras cimas comienzan a sentirse pequeñas.

Todos han colaborado. Simplemente date cuenta de que el Everest no puede mantenerse en pie si las demás cimas de los Himalayas se esfuman; el Everest no puede quedarse solo. Necesita todos los Himalayas para apoyarlo, para que pueda estar allí. No puede elevarse tan alto por sí solo —ninguna cima puede subir tan alto sola. Necesitará el soporte de miles de otras cimas más pequeñas, más grandes y de todo tipo. Pero una vez la cima se ha elevado, las demás cumbres empiezan a sentirse heridas. Sus egos duelen; es muy doloroso. Ellas le *han* dado soporte —ésta es la paradoja—, ¡han ayudado a su crecimiento! De no haber sido por ellas, esto no hubiera sido posible, y ahora que ha ocurrido, se sienten muy bajas, deprimidas. Sería muy lógico que todas las cumbres de los Himalayas conspiraran contra el Everest. Sería muy lógico que lo crucificaran.

Eso es lo que sucedió a Jesús. Una vez estuvo allí, los judíos, los rabinos, los líderes religiosos, los sacerdotes empezaron a sentirse muy ofendidos. Su sola presencia era ofensiva; no porque él ofendiera ni hiriera a nadie, ¿cómo podría herir? —pero su sola presencia, esa altura similar a la del Everest, esa plenitud, esa prominencia—, todo el mundo parecía bajo y pequeño.

Pero el Everest no pudo hacer nada para evitarlo. No es arrogante, no es egoísta, pero sí es elevado —ciertamente esto es así. Todas las otras cimas se sienten heridas, dolidas, quieren vengarse. Por eso Jesús fue crucificado. Por eso Buda fue rechazado —expulsado completamente de su país. Se convirtió en extranjero en su propio país.

Y así ha venido pasando a lo largo de los siglos, y aún sigue ocurriendo. Y parece que va a seguir siendo siempre así, porque el humano, después de todo, es hombre. En sus sueños, en sus actitudes egoístas; así es como funciona.

Las Bienaventuranzas son canciones que Dios canta por medio de Jesús. Recuerda, él es un simple médium. No es el autor de estos Evangelios, sólo es un mensajero. Únicamente te está dando lo que él está recibiendo.

Ahora, entremos en las Bienaventuranzas.

Al ver a la gente, subió al monte y se sentó; se le acercaron sus discípulos…

Me gustaría que penetraras en cada palabra muy en silencio, con mucha comprensión.

Al ver a la gente...

La muchedumbre, la masa...

subió al monte...

Esto es una forma de mencionar ciertos aspectos psicológicos. La multitud es el estado más bajo de la consciencia —la masa, la muchedumbre—. Es una densa oscuridad. Allí está muy oscuro y muy profundamente dormido. Cuando uno se mueve entre la multitud, si quieres conectar y relacionarte con la muchedumbre, tienes que ponerte a su nivel. Por eso, cuando estás entre la multitud, te sientes un poco perdido. Empiezas a sentirte algo agobiado. Este sentimiento de asfixia no es solamente físico —no es sólo por la gente que te rodea, no. El ahogo es más psicológico, porque cuando te encuentras entre gente con un bajo nivel de consciencia, no puedes seguir siendo un Everest; ellos tiran de ti hacia abajo. Cuando te unes a la masa, pierdes algo. De aquí surge la necesidad de estar a solas, de meditar. Y en la vida de Jesús encontrarás que en muchas ocasiones se mueve entre la multitud —su trabajo se encontraba allí, ése era su campo—, pero de vez en cuando, después de unos pocos meses, se va a las montañas; se aleja de la multitud y de la masa, de la mentalidad de las masas, para estar con Dios.

Cuando estás a solas te encuentras con Dios. Solamente puedes estar con Dios cuando estás absolutamente a solas. Y cuando estás con Dios empiezas a volar por el cielo. La propia presencia de Dios te lleva cada vez más alto. La presencia de la muchedumbre te lleva cada vez más bajo. Sólo con Dios puedes volar por el cielo, puedes tener alas. Con la muchedumbre, tus alas están cortadas. ¿Qué digo alas? También tus manos, tus piernas están cortadas. Te vuelves un lisiado, porque todos ellos están lisiados. Te vuelves paralítico, porque todos *ellos* están paralíticos. Y jamás te perdonarán si no vives conforme con ellos cuando estás con ellos.

Si quieres trabajar con ellos, si quieres ayudarlos, tendrás que moverte en su mundo, de acuerdo con ellos. Y esto es cansador, muy agotador.

Al ver a la gente, subió al monte...

Residía en una ciudad haciendo su mágico trabajo de transformar a la gente —devolviendo la vista a los ciegos y el oído a los sordos; aquellos que no podían andar, que no podían crecer, fueron desarrollados; quienes estaban muertos y apagados, fueron rejuvenecidos otra vez, revitalizados. Pero todo este trabajo... y aún llegaba mucha más gente, una gran multitud lo rodaba... Estaba exhausto, cansado. Por eso tuvo que subir a la montaña.

Ir hacia fuera es bajar, ir hacia dentro es subir. Hacia dentro está el mundo interior, hacia arriba y hacia dentro significan lo mismo; hacia fuera y hacia abajo significan lo mismo. Cuando uno tiene que relacionarse con gente hay que ir hacia fuera, y cuando el nivel de consciencia de esa gente es muy bajo tienes que inclinarte, lo cual resulta muy cansado.

Jesús, Buda y Mahavira, todos ellos subieron a las montañas. Se fueron a un lugar solitario para recobrar su elevación, su pureza, su estado propio. Para extender sus brazos otra vez, para ser ellos mismos y estar con Dios. Con Dios, empiezan a elevarse alto. Con Dios, te conviertes en una paloma, vuelves a retomar la altura. No hay ningún límite. Una vez más vuelves a ser vital, lleno de Dios, vuelves a ser como una nube llena de lluvia que te gustaría derramar. Vuelves con la multitud donde la gente se encuentra sedienta.

La gente me pregunta qué hago yo solo en mi habitación. Esa es mi montaña. Allí es donde yo puedo elevarme alto. Sin necesidad de pensar en ustedes, de comulgar con ustedes. No necesito funcionar con el cuerpo ni con la mente. Puedo olvidarme del cuerpo y de la mente. Puedo olvidarme de ustedes. Puedo olvidarme de todo.

En esos momentos de olvidar absolutamente todo, uno es. Y ese ser es inmenso. Ese ser tiene esplendor. Es frescura, es vitalidad, porque es el mismísimo origen de la vida.

Pero una vez estás lleno de vida, tienes que compartirlo.

Por eso cada mañana vuelvo con ustedes, cada tarde vuelvo con ustedes. ¡Continuamente estoy yendo de mi montaña hacia la multitud!

Ir a la montaña no significa realmente ir a la montaña, sencillamente significa ir a las alturas interiores. Que Jesús fuera o no a una montaña real es irrelevante; no tiene nada que ver con el Evangelio. Probablemente fue a la montaña porque en aquellos días era casi imposible vivir como lo hago yo. Era imposible.

Durante quince años yo también viví como Jesús, moviéndome entre la multitud, era imposible estar a solas durante un simple momento. Tenía que volver una y otra vez al lugar donde yo vivía en Jabalpur y quedarme absolutamente a solas. Jabalpur fue muy desafortunado. Estuve viajando por todo el país y encontrándome con gente —pero no así en Jabalpur—. Era mi montaña. Y cuando volvía a Bombay, a Delhi o a Poona, la gente me preguntaba por qué regresaba innecesariamente una y otra vez a Jabalpur. Después de quince o veinte días tenía que volver a Jabalpur y quedarme tres o cuatro días y otra vez volvía a empezar... Era innecesario. Podría haber ido de Poona a Bombay, de Bombay a Delhi, de Delhi a Amritsar, de Amritsar a Srinigar. ¿Por qué tenía que ir primero a Jabalpur y después de unos pocos días marcharme otra vez?

Jabalpur era mi montaña. Allí me quedaba completamente a solas. Cuando incluso allí me era imposible estar a solas y la multitud empezaba a llegar, tenía que abandonar ese lugar.

A solas en mi habitación hago exactamente lo que Jesús hizo.

Al ver a la gente, subió al monte y se sentó; se le acercaron sus discípulos...

Hablar a los discípulos es una cuestión completamente distinta. Para hablar a la multitud se utiliza un lenguaje de masas. Yo tuve que crear una clase especial entre mis propios *sannyasins*, para aquellos con los que podía tener una comunicación de corazón.

Cuando se habla a las multitudes, en principio, son muy indiferentes a lo que se les está diciendo —hay que gritar innecesariamente. En segundo lugar, si no son indiferentes, están en contra —antagonistas, siempre temerosos y protegiendo sus ideas, siempre resistiendo, argumentando. Lo cual es trabajo superfluo. Las cosas sobre las que yo hablo o sobre las que habla Jesús no pueden ser discutidas. Es imposible demostrarlas —sólo se puede confiar. Si puedes confiar en mí, puedo explicártelas. Pero la confianza tiene que ser algo totalmente básico. Si no confías en mí, no hay manera de evidenciar nada. En ese caso es una simple pérdida de mi tiempo y del tuyo.

Hablar a los discípulos es algo distinto. Hablar a los discípulos significa que el otro es receptivo —no sólo receptivo, sino inmensamente bien recibido. Eres bienvenido, la otra parte quiere que entres, quiere ser el anfitrión de todo lo que digas. Las puertas están abiertas, las ventanas están abiertas para que te conviertas en brisa, en la luz del sol y entres en sus seres. No tienen miedo, no están a la defensiva, no cuestionan; están listos para acompañarte de todo corazón a cualquier dimensión desconocida.

Hablar a los discípulos no es un tipo de discusión o de debate —es un diálogo. Es mucho más un diálogo como aquél entre dos amantes. El discípulo ama al Maestro, el Maestro ama al discípulo. Un profundo amor fluye entre ellos. El amor es el puente, y así se pueden explicar grandes verdades, transmitir, casi materializar.

... y se sentó; se le acercaron sus discípulos; y, abriendo su boca, les enseñaba así...

De la multitud había escapado, pero no de los discípulos. Para los discípulos está disponible. Él puede volar con Dios y los discípulos pueden volar con él. Quizá ellos no sean tan expertos volando, pero están dispuestos a ello. Y eso es todo lo que se necesita, lo más esencial. Tal vez ellos no pueden llegar hasta lo más alto por sí solos, pero confiando en el Maestro pueden seguirlo —pueden seguirlo a cualquier distancia, pueden llegar a cualquier extremo.

El Maestro vuela con Dios, los discípulos vuelan con el Maestro. El discípulo aún no puede ver a Dios, pero puede ver al Maestro, y a través del Maestro puede sentir a Dios. Por eso el Maestro de convierte casi en un Dios para el discípulo. Lo es. Poco a poco, cuanto más cerca está el discípulo del Maestro, más podrá ver que el Maestro es un vacío o un espejo en el que Dios se refleja. Antes o después, él mismo será un vacío, un espejo y, a su vez, podrá ayudar a otros.

...y, abriendo su boca, les enseñaba así: «Bienaventurados los pobres de espíritu, porque de ellos es el reino de los cielos».

Ésta es una de las afirmaciones más fundamentales jamás hechas. Muchas otras bienaventuranzas le seguirán, pero nada comparado con esta. Es excepcional, extraordinaria. Y su belleza es: «Bienaventurados los pobres de espíritu, porque de ellos es el reino de Dios». En otras bienaventuranzas dirá: «... ellos **heredarán** la tierra». Pero en esta dice: «...porque de ellos es el reino de Dios.»

«Pobres de espíritu» significa exactamente lo que Buda le decía a Sariputta: la nada. El ego te hace sentir que eres rico, que eres alguien, esto y aquello. Cuando el ego desaparece y no eres nadie —esto es lo que Jesús quiere decir con «pobre de espíritu».

La palabra de Buda es más sofisticada, más filosófica: «Por tanto, ¡oh Sariputta!, la forma es nada, la nada es forma».

Las palabras de Jesús son sencillas, no sofisticadas. Lo cual es natural. Buda era el hijo de un gran rey, Jesús es el hijo de un carpintero. Durante muchos años estuvo trabajando en el taller de su padre llevándole madera, cortando madera. Conoce los modales de la gente sencilla, los leñadores, los carpinteros.

Dijo: «Bienaventurados los pobres de espíritu», aquellos que saben que no son nada, aquellos que saben que su interior está sencillamente vacío, no hay un yo mismo, no hay un ego, no hay reivindicación, no hay mundo, no hay conocimiento, no hay escrituras, simplemente vacío, cielo puro, espaciosidad. «Bienaventurados los pobres de espíritu, porque de ellos es el reino de Dios». ¡Es su derecho **ahora**! No dice que «será», no hay aplazamiento, aquí no interviene el elemento tiempo. Si no eres nada, en este mismo momento eres Dios. Si no eres nada, ¡eres Dios! Entre la nada y Dios, no hay espacio que cruzar —no hay un vacío. En un lado está la nada, la pobreza de espíritu, en el otro lado está el reino de Dios.

Una afirmación muy paradójica: aquellos que son pobres serán reyes, y quienes piensan que son reyes seguirán siendo pobres. Pierde si quieres ganar; gana si quieres perder. Posee si quieres seguir siendo un mendigo; no poseas si quieres ser un rey. No poseas nada en absoluto —ni siquiera a ti mismo. Éste es el significado de «pobre de espíritu». Suyo es el reino de Dios aquí y ahora, ahora mismo. No es una promesa para el futuro, es una simple afirmación de la verdad.

Las demás bienaventuranzas no son tan profundas. Si esto se comprende, no hay necesidad de seguir leyendo más. Si no se comprende —y no debió de comprenderse, porque Jesús continuó—, hizo más suave la verdad, más entendible.

Después dijo:

Bienaventurados los que lloran, porque serán consolados.

Aquí interviene el futuro. Los discípulos no deben haber entendido, de lo contrario solamente habría una bienaventuranza porque las contiene *todas*. No hay necesidad de elaborarla. Jesús lo ha dicho todo. Éste es el sutra supremo. Pero debió mirar a su alrededor a los ojos de los discípulos y vio que no habían podido comprenderlo —es demasiado elevado. Tiene que bajar un poco, tiene que introducir el futuro.

La mente puede comprender el futuro, no puede comprender el presente. La mente es totalmente incapaz de comprender el presente. Si yo les digo: «Ahora mismo son budas y cristos», me escucharán, pero dirán: «¿Qué estás diciendo? ¿Yo un Buda? Y justo la noche pasada estuve jugando y apostando. Y, Osho, tú me conoces, soy muy fumador. Incluso fumo hachís a veces. No me conoces, soy un pecador. ¿De qué hablas? Yo me conozco mejor. No soy un Buda, soy el peor pecador del mundo».

Por consiguiente, puedes escucharme si te digo que: «*eres* un Buda ahora mismo. No te falta nada, no careces de nada». Escuchas por cortesía, pero en el fondo estás diciendo: «¡Tonterías!».

Jesús dijo lo esencial.

Bienaventurados los pobres de espíritu, porque de ellos es el Reino de los cielos.

Esto podría compararse con el sutra que Buda dio a Sariputta, cuando le dijo: «Éste es el único mantra, el incomparable mantra. No hay ningún otro mantra más elevado que éste: '*Gate, gate, paragate, parasamgate, bodhi svaha*': 'Ido, ido, ido al más allá, ido todo al más allá'. ¡Qué éxtasis! ¡Aleluya!

Y dice que esto es todo, condensado en un pequeño mantra. Este mantra es igual:

Bienaventurados los pobres de espíritu, porque de ellos es el reino de los cielos.

Ahora mismo, aquí-ahora, en este mismo momento. Sé nadie y tenlo todo. Sé un mendigo y llega a ser un emperador. **Pierde** y posee.

Debió de mirar a su alrededor —la flecha no había alcanzado el objetivo. Los discípulos habían salvado sus corazones. Se apartaron del camino de la flecha; les pasó al lado, por encima de las cabezas. Jesús tuvo que descender —introdujo el futuro.

El futuro significa introducir la mente. La mente puede comprender los medios y los fines, la mente puede entender causa y efecto: «Haz esto y pasará esto». Pero recuerda, «pasará» —sucederá en el futuro. Pones la semilla en la tierra y un día será un árbol. «Perfectamente correcto», dice la mente. «Puedo comprenderlo. Hay un proceso: poco a poco el árbol crecerá». Pero si dices: «Pon allí la semilla… y ¡mira! ¡date cuenta!, ¡ahí está el árbol!». La mente dirá: «¿Eres mago o qué? Sólo los magos pueden hacer eso».

La primera afirmación es muy mágica, la mente no puede imaginarlo; no puede reconocer qué es. La mente puede comprender la división, la dualidad, causa y efecto, pasado y futuro, esto y aquello, aquí y allá. La mente divide —así se encuentra en paz. Dice: «Perfectamente bien. Sé honrado, y conseguirás aquello. Pero existirá un lapso de tiempo, y tienes que prepararte, tienes que hacer muchas cosas». La mente siempre tiene que estar haciendo.

Bienaventurados los que lloran, porque serán consolados.

Jesús dice: Está bien, sé como un niño pequeño que está desamparado. El niño sólo con llorar y gemir por su madre, ésta enseguida corre hacia él. Cuando el niño está triste, la madre acude a consolarlo. Por tanto, laméntate, deja que tus oraciones sean llantos de desesperación. Recuerda, la definición de oración es: meditar mediante lágrimas, meditar con lágrimas. Cuando las lágrimas son tu meditación, es oración. Cuando la meditación es con amor, y piensas que eres como un niño perdido, un niño pequeño, y la existencia es la madre o el padre... así es el planteamiento de Jesús. Él dice: Entonces reza, clama tu desesperación y serás asistido y consolado.

Bienaventurados los mansos, porque ellos heredarán la Tierra.

Sé sencillo, humilde, dócil; no seas arrogante. Escucha la diferencia. La primera era «pobre de espíritu». No dice que seas humilde, porque en la humanidad subyace un ego sutil. Tienes la idea de que «yo soy humilde» —el «yo» está allí. Primero pensabas «yo soy muy grande», ahora piensas «yo soy muy dócil». Pero el «yo» sigue estando allí.

Bienaventurados los mansos, porque ellos heredarán la Tierra.

Una pequeña barrera, por eso es en el futuro. No puede ser ahora mismo. Esa pequeña barrera de humildad, de docilidad seguirá rodeándote, y continuará manteniéndote dividido de la verdad.

Bienaventurados los que tienen hambre y sed de justicia, porque serán hartos.

Haz buenas obras, sé honesto y Dios te colmará.

Bienaventurados los misericordiosos, porque alcanzarán la misericordia.

Sé misericordioso, sé compasivo. Lo que quieras que Dios te dé, dáselo tú al mundo —al mundo de Dios. Ésa es la ley.

Bienaventurados los limpios de corazón, porque ellos verán a Dios.

Incluso en la pureza, hay una distancia.

La pobreza es lo más supremo. En la pureza aún hay algo de ego: «Soy puro, santo, sagrado, mejor que tú», y más cosas por el estilo. Pecador es aquél que reclama el ego —el ego bruto. Santo es quien reclama el ego sutil: la santidad. Y sabio es aquél que no reclama. El sabio es quien simplemente dice: «Yo no soy nadie, soy la nada». Y no es sólo una forma de hablar, lo sabe; existencialmente lo sabe.

Bienaventurados los que buscan la paz, porque ellos serán llamados hijos de Dios.

Bienaventurados los perseguidos por causa de la justicia, porque de ellos es el Reino de los cielos.

Alegraos y regocijaos, porque es grande vuestra recompensa en los cielos.

Pues así persiguieron a los profetas anteriores a vosotros.

Sois la sal de la tierra...

Jesús dice: ¡Regocijaos! Más no es el regocijo supremo, es un deseo; porque grande será la recompensa en el cielo. Existe el deseo de obtener algo, de alcanzar algo. Si no tienes ningún deseo —ni siquiera desear a Dios, ni tampoco desear el cielo—, entonces **ahora mismo** eres un rey, ahora mismo el reino de Dios es tuyo.

Y Jesús dijo a sus discípulos:

Sois la sal de la tierra...

Esto es muy absurdo, parece absurdo. Ellos eran gente pobre. Unos eran carpinteros, otros zapateros, pescadores —gente así. Y Jesús les dice: «Sois la sal de la tierra...». Y tiene razón aunque parezca absurdo. No eran ni reyes, ni grandes emperadores, ni virreyes, ni magnates, ni gente rica —no lo eran. Pero ¿por qué les dice: «Sois la sal de la tierra»? Porque si hay alguna cosa que conoce algo de Dios esto es la sal. Gracias a esta gente la tierra sigue teniendo sentido, sigue significando algo, la vida tiene algo de sabor y de alegría.

Y yo les digo lo mismo: son la sal de la tierra, porque aquel que haya empezado su marcha hacia Dios ha comenzado a ir hacia la alegría. Y cuando alguien va hacia la alegría, ayuda al resto del mundo a ir hacia ella, porque ustedes son el mundo.

porque

Sois la sal de la tierra; si la sal se desvirtúa, ¿con qué se la salará? Pero nada vale ya, sino para tirarla afuera, a que la pisen los hombres.

También les digo: son la sal de la tierra. Son la vanguardia de la futura evolución del hombre. Ustedes los *sannyasins*, sois portadores de las semillas del futuro.

¡Regocíjense! Y sean cada vez más salados, cada vez más llenos de Dios.

Capítulo 2

Primero, reconciliaos

Mateo 5

23. Si, pues, en el momento de llevar tu ofrenda al altar, recuerdas que tu hermano tiene algo contra ti.

24. Deja allí tu ofrenda delante del altar y vete primero a reconciliarte con tu hermano; luego volverás a presentar tu ofrenda.

25. Ponte a buenas con tu adversario pronto, mientras vas con él por el camino; no sea que te entregue al juez, y el juez al alguacil, y te metan en la cárcel.

26. En verdad te digo que no saldrás de allí hasta que no pagues el último céntimo.

27. Habéis oído que se dijo: No cometerás adulterio.

28. Pero yo os digo que todo el que mira a una mujer deseándola, ya adulteró con ella en su corazón.

29. Si, pues, tu ojo derecho te escandaliza, arráncalo y arrójalo de ti; más te vale perder uno de tus miembros, que no todo tu cuerpo sea echado al infierno.

38. Habéis oído que se dijo: Ojo por ojo y diente por diente.

39. Pero yo os digo que no resistáis al malo; al contrario, a quien te abofetea en tu mejilla derecha, preséntale también la otra.

43. *Habéis oído que se dijo: Amarás a tu prójimo y odiarás a tu enemigo.*

44. *Pero yo os digo: Amad a vuestros enemigos y orad por los que os persiguen.*

45. *Para que seáis hijos de vuestro Padre celestial, que hace salir el sol sobre buenos y malos y llover sobre justos e injustos.*

46. *Porque, si amáis a los que os aman, ¿qué recompensa merecéis? ¿No hacen también eso los publicanos?*

48. *Vosotros sed perfectos, como es perfecto vuestro Padre celestial.*

Moisés trajo la ley al mundo. Jesús trae amor. Antes de Jesús tiene que haber un Moisés. La ley es amor impuesto; el amor es ley espontánea. La ley viene desde el exterior; el amor desde el interior. La ley es externa, el amor es interno.

El amor solamente puede suceder cuando existe un cierto orden, una cierta disciplina, una cierta ley. El amor no puede existir en la jungla. Moisés civiliza al hombre, Jesús lo espiritualiza. Por esto Jesús dice una y otra vez: «No he venido a destruir, sino a cumplir».

Moisés proporciona los mandamientos, Jesús nos da su comprensión. Uno puede seguir los mandamientos en un nivel formal, superficial. Uno puede ser una persona justa, un puritano, un moralista, y en lo más profundo no cambia nada; todo continúa siendo igual. La vieja oscuridad, la vieja inconsciencia siguen estando allí. Realmente no ha cambiado nada; simplemente has pintado tu fachada. Ahora llevas puesta una hermosa máscara. No hay nada malo en llevar una máscara —si tu cara es fea, es mejor no mostrársela a los demás. ¿Por qué ser tan duro con los demás? Si tienes una cara fea, ponte una máscara—, al menos evitará que los demás te vean. Sin embargo, la máscara no va a cambiar tu fea cara. Nunca olvides ni por un solo momento que la máscara no es tu cara. También tienes que transformar tu cara.

Moisés le dio una disciplina muy cruda a la sociedad. No pudo hacerlo mejor, no había otra forma. La consciencia humana era muy, muy primitiva. Un poquito de civilización era más de lo que se podía esperar. Pero Moisés preparó el camino, y Jesús, la realización. Lo que Moisés comenzó, Jesús lo completó. Moisés puso los cimientos, Jesús levantó todo el templo. Aquellas piedras de los cimientos tenían que ser crudas y feas. Sólo sobre aquellas crudas y feas piedras podía construirse un hermoso templo de marfil. Recuerda siempre esto: que Jesús no está en contra de

Moisés. Pero los judíos lo malinterpretaron, porque Moisés habla sobre la ley y Jesús habla sobre el amor.

Para los judíos —particularmente sacerdotes y políticos— parecía que la ley iba a ser destruida por Jesús, por eso se enfadaron. Y también tenían razón. En un sentido, la ley iba a ser destruida porque una ley más elevada iba a ser introducida. La ley más baja tenía que desaparecer. Lo inferior tiene que cesar para dar paso a lo superior.

La ley se basa en el miedo, en la avaricia; la ley te castiga. La idea central de la ley es la justicia, pero la justicia no es suficiente, porque es cruda y dura, violenta. Sólo la compasión permite que tu ser pueda florecer, te puede ayudar a llegar a tu cima más alta —no la justicia. La ley es mejor que el desorden, pero comparándola con el amor, la ley en sí misma es desorden —comparada con el amor. Es relativa, porque la ley depende de los mismos demonios contra los que lucha.

Si alguien asesina, la ley lo asesina a él. Entonces, se está haciendo lo mismo que ha hecho la otra persona. No es más elevado, aunque sea justo. No es religioso, no hay ninguna espiritualidad en ello; es matemático. Uno ha matado a alguien… la ley lo mata a él. Pero si matar está mal, ¿cómo puede tener razón la ley? Si matar está mal, la ley tiene una gran carencia. Depende del mismo demonio, recuérdalo.

Cuando Jesús empezó a hablar sobre el amor, la gente que había sido respetuosa con la ley tuvo mucho miedo. Porque sabían que si se eliminaba la ley, entonces emergería el animal que se esconde dentro de ellos, destrozando toda la sociedad. Sabían que sus caras sólo eran bellas en la superficie —en lo más profundo, hay una gran fealdad. Y cuando Jesús les dijo: «Quitaos todas las máscaras», les dio miedo, se enfadaron. «Este hombre es peligroso, este hombre ha de ser castigado y destruido antes de que él destruya toda la sociedad».

Pero lo malinterpretaron, Jesús no estaba diciendo que se quitaran las máscaras. Él decía: «Os he traído una alquimia, de manera que podéis hacer que vuestra cara sea hermosa. ¿Por qué llevar una máscara? ¿Por qué llevar ese peso? ¿Por qué llevar esa cosa falsa de plástico? Yo puedo daros una ley superior que no requiere ni miedo, ni avaricia, ni ser aplicada desde el exterior. Que nace en el ser por medio de la comprensión, no por miedo». Recuerda, ésta es la diferencia: del miedo surge la ley, de la comprensión, el amor.

Moisés es un deber, pero también tiene que marcharse. Moisés ha hecho su trabajo, ha preparado el terreno. Cuando Jesús aparece, el trabajo de Moisés está realizado.

Pero los judíos se enfadaron. Es muy difícil para la gente desligarse de su pasado. Moisés se había convertido en el centro para la mente de los judíos. Creían que Jesús estaba en contra de Moisés. Y así ha sido durante años el malentendido.

En India, los hindúes creían que Buda estaba en contra de los Vedas —el mismo problema, exactamente lo mismo. Buda no está en contra de los Vedas —en un sentido sí, pero sólo en un sentido. Él está trayendo algo desde lo profundo y, una vez desvelada esa profundidad, ya no son necesarios los Vedas. Por eso parece estar en contra, hace que los Vedas no tengan sentido. Y éste es todo el propósito de Jesús, cumplir con Moisés y, sin embargo, hacer que tenga sentido. El nuevo designio ha tomado lugar.

Jesús era un hombre de amor, de inmenso amor. Amaba esta tierra, amaba el olor de esta tierra. Amaba los árboles, amaba a la gente. Amaba a las criaturas porque éste es el único modo de amar al creador. Si no puedes alabar la pintura, ¿cómo puedes elogiar al pintor? Si no puedes enaltecer la poesía, ¿cómo puedes ensalzar al poeta?

Jesús es muy afirmativo, decidor del sí. Y conoce un hecho muy significativo que una y otra vez introduce en sus sentencias: que Dios es una abstracción; no puedes estar cara a cara con Dios. «Dios» es una abstracción tanto como lo es la «humanidad». Cuando te cruzas con alguien, lo haces con seres humanos, nunca es con la humanidad. Siempre es con lo concreto. Nunca te cruzarás con un Dios abstracto, porque no tiene rostro alguno. No tiene semblante. No podrás reconocerlo. ¿Cómo encontrarlo?

Mira a los ojos de las personas con las que te cruzas, mira a cada ser que encuentres. Ésta es la forma de Dios en concreto: Dios materializado. Todo en el mundo es una encarnación de Dios —las rocas, los árboles, la gente y todo. Ama a esta gente, ama a los árboles, a las estrellas, y a través de este amor empezarás a sentir la inmensidad de ser. Pero tendrás que atravesar la pequeña puerta de un ser en concreto.

Jesús ha sido muy incomprendido. Fue malinterpretado por los judíos, a pesar de significar el clímax de inteligencia que habían estado esperando a través de los tiempos. Cuando por fin llegó, fue rechazado. Después fue incluso más incomprendido por los cristianos. Un gran decidor de sí fue convertido en un decidor del no. Los cristianos describieron a Jesús como una persona muy triste, de cara larga, con un gran sufrimiento como si estuviera siendo torturado. Esto es falso, ¡no es verdad! ¡No puede ser la verdad sobre Jesús! De ser así, ¿quién habría reído, quién habría amado y quién habría celebrado? Jesús es la celebración del ser y la más elevada celebración posible. Recuérdalo, sólo entonces podrás comprender estos sutras.

Una anécdota tremendamente hermosa:

Jesús estaba en la cruz y debajo estaba san Patricio rezando por su alma, pues su Maestro moriría pronto. Jesús lo llamó:

—Patricio, sube. Tengo que decirte algo.

Patricio, sin mirar hacia arriba, le contestó:

—Señor, no puedo porque estoy rezando por tu alma.

Jesús lo volvió a llamar un poco más alto, con un asomo de urgencia.

—Patricio, por el amor de Dios, deja esa estupidez y sube, es muy importante lo que tengo que decirte.

—Señor, no puedo. ¿No te he dicho que estoy rezando por tu alma? ¡Caramba!»

Jesús, una vez más, casi gritando, llamó:

—Patricio, ¡te lo digo por última vez, sube aquí! ¡Es sumamente urgente, no te lo puedes perder!

Patricio cedió de mala gana diciendo para sus adentros: «¡Maldita sea! ¡Este hombre es un tonto! ¡Me pide que suba ahora que estoy ocupado rezando por su alma!», y se fue a coger una escalera. Colocó la escalera junto a la cruz y despacio, con deliberada mala gana, empezó a subir peldaño a peldaño hasta llegar arriba.

—Bien, Maestro, aquí estoy. Ahora, ¿quieres decirme para qué me has hecho llegar hasta aquí?

—Mira, Patricio —dijo Jesús—. Más allá de aquellos árboles puedes ver nuestra casa.

Jesús, muriéndose en la cruz, y dice: «Mira más allá de aquellos árboles. ¿Puedes ver nuestra casa?». Amaba tremendamente esta Tierra. Ésa es la única manera de amar a Dios; no hay ninguna otra forma.

Si niegas la existencia, intrínsecamente estás negando a Dios. Si dices no a la vida, estás diciendo no a Dios, porque es la vida de Dios. Y recuerda siempre que Dios no tiene labios propios; él besa a través de los labios de otro. No tiene manos propias; te abraza mediante las manos de otro. No tiene ojos propios, porque todos los ojos son suyos; te mira a través de los ojos de otro. Te ve a través de los ojos de otro, es visto por tus ojos y sigue viendo a través de tus ojos también.

Los cuáqueros dicen con razón que lo único que Dios tiene eres tú; solamente tú —eso es lo que Dios tiene. Esta visión tiene que penetrar en lo más hondo, sólo entonces podrás comprender las palabras de Jesús; de lo contrario no lo entenderás, como han venido haciendo los cristianos durante siglos. Deja que ésta sea la mismísima primera piedra de los cimientos:

que la vida es Dios. Las cosas serán entonces muy, muy simples. Tendrás la perspectiva correcta. Di «sí» e inmediatamente sentirás una cierta oración creciendo dentro de ti.

¿Lo has intentado? Sentado en silencio, sin hacer nada, empieza a mecerte como en una danza interior y comienza a decir «Sí... sí...». Entra en ello. Deja que salga del corazón. Deja que se extienda por todo tu ser. Deja que palpite con los latidos de tu corazón, permite que pulse en tu sangre. Deja que este «sí» te electrice, te sorprenderá: por primera vez has saboreado lo que la oración es.

La palabra «sí» puede llegar a ser un mantra. Lo es. Su propio *sonido* es afirmativo, su sonido crea una afirmación en el corazón. Di no —intenta a veces el polo contrario— sentado en silencio, di «No... no...». Entra en ello. Deja que todo tu ser diga no y verás la diferencia. Diciendo no te enojarás. Si continúas diciendo no, te pondrás furioso. Si sigues diciendo no, sentirás que estás separado de la existencia, aislado, alienado —el puente ha desaparecido. La mente moderna es particularmente negativa. Descartes, el filósofo francés, dijo: «*Cogito ergo sum*»: «Pienso, luego existo». La mente moderna dice: «Digo no, luego existo». Es una mente negativa, continúa diciendo no. El «no» crea el ego. No puede crearse el ego sin decir no. Solamente diciendo una y otra vez no, puede crearse el ego.

El ego separa, el ego te hace irreligioso, porque el ego te aparta del todo, y empiezas a pensar que tú eres un todo en ti mismo. Olvidas que existes dentro de una inmensa complejidad, que eres parte de un vasto universo, que no eres una isla —«Nadie es una isla». Todos somos parte de un continente infinito. Decir sí es el puente con el continente. Decir sí es el puente con Dios. Di sí más a menudo y serás más religioso. Permite que el «sí» sea tu iglesia, tu templo. Jesús es alguien que dice sí.

Aunque estaba muriéndose en la cruz, y siendo su último momento, dijo: «Mira más allá de aquellos árboles. ¿Puedes ver nuestra casa?». Su amor por la existencia, por la vida aún permanece, está radiantemente presente. En el último momento reza a Dios: «Padre, perdónalos porque no saben lo que hacen».

Sabían *exactamente* lo que estaban haciendo. Sabían que lo estaban matando. Pero ese no era el asunto. Cuando Jesús dijo: «No saben lo que hacen», estaba queriendo decir: «Están dormidos, tan confinados en sus egos que no pueden ver, Padre. No tienen consciencia. Puedo ver una gran oscuridad en sus corazones. Perdónalos, no son responsables». Ésta es la voz del amor. No está condenándolos. Lo normal hubiera sido que pidiera: «Destruye a toda esta gente, ellos están destruyendo a tu unigénito hijo.

Mátalos de inmediato, ¡ahora mismo! ¡Cáeles como un rayo! Derrámales fuego, ¡quémalos aquí y ahora! ¡Enséñales lo que están haciéndole a tu hijo!». Eso hubiera sido lo justo, pero no estaba bien para Jesús.

Jesús no existe en un nivel de justicia, existe en el nivel de la compasión. La compasión perdona, la justicia castiga. Y cuando castigamos, estamos creando mucha ira en la mente del otro, se quedará esperando el momento de vengarse. Sólo el amor proporciona reconciliación, porque no crea cadenas. La ira, el miedo, la violencia, la agresión, el castigo —todos ellos crean cadenas horrorosas. Y una cosa lleva a una oscuridad todavía más profunda, a una tristeza aún mayor.

El mensaje completo de Jesús es «Sí». Le dice sí a su propia muerte, la acepta, le da la bienvenida, porque ésta es la voluntad de Dios —«Que así sea entonces». Se relaja en ello. Tú no te relajas ni siquiera en la vida, él se relaja incluso en la muerte también. Ésa fue la última prueba y él la pasó victoriosamente.

La muerte es el único criterio, la única piedra de toque, donde se conoce al hombre realmente —lo que es, de qué está hecho. Es muy fácil *hablar* sobre el amor, pero es difícil amar —porque el amor es una cruz. Es muy fácil hablar sobre compasión, pero para comprometerse con la compasión uno tiene que perderlo todo.

Justo el otro día leí esta anécdota:

El tío Simón y la tía Rosa estaban ya entrados en años, pero aún rezaban cada noche. Su oración era siempre: «Señor, cuando estés preparado para nosotros, tómanos. Estamos listos».

Un grupo de juguetones muchachos escucharon sus oraciones y decidieron divertirse un poco. Se subieron al tejado de la casa y a través de la chimenea dijeron..., con voz profunda:

—Simón, Simón...

La tía Rosa preguntó:

—¿Qué quieres?

—La voz contestó:

—Quiero a Simón.

—¿Quién eres?

—Soy del Señor y he venido a por Simón.

—Bien, pero no está aquí, se ha marchado.

—Bueno, si él no está aquí, te llevaré a ti, tía Rosa, en lugar de a Simón.

—Simón, sal de debajo de la cama —dijo bruscamente tía Rosa—. ¡Tú sabes que él sabe que estás aquí!

Cuando llega la muerte, uno se olvida de todo. Durante años habían estado rezando: «Señor, nosotros estamos listos cuando tú estés preparado». Y ahora que el Señor ya está preparado, la tía Rosa no está lista para marcharse.

He escuchado una vieja parábola sufí.

Un anciano venía del bosque —era un leñador. Llevaba un gran haz de leña y era realmente anciano —setenta, ochenta, cansado de la vida.

Muchas veces solía decir al cielo: «¿Dónde está la muerte? ¿Por qué no vienes a mí? Ya no me queda nada aquí por lo que vivir, ¡me estoy arrastrando! ¿Quieres que me suicide? Eso sería un pecado. ¿Por qué no vienes sin más?». Una y otra vez seguía rogando: «Muerte, llévame, estoy terminado». Y, efectivamente, ya no había nada por lo que vivir. Era un anciano y no tenía a nadie para cuidarlo, no le quedaba dinero. Tenía que ir todos los días al bosque, cortar leña y venderla, pero de alguna manera se las arreglaba para conseguir su pan y mantequilla.

Pero ese día sucedió que la muerte pasó cerca de allí. El leñador soltó su haz de leña y gritó al cielo: «¡Muerte! ¿Dónde estás? Vienes para todo el mundo. He visto a mucha gente morir, ¿por qué estás tan enfadada conmigo? ¿Por qué no vienes a por mí? ¡Ven! ¡Estoy listo!».

Por casualidad, la muerte estaba pasando por allí y se le acercó. Se le apareció delante y dijo: «Está bien, ¿Qué quieres?».

El hombre empezó a temblar y contestó: «No mucho, es sólo que soy un hombre viejo y no puedo ponerme este haz sobre la cabeza, y no hay nadie más por aquí para ayudarme. Por favor, ayúdame a ponerme este haz sobre la cabeza. ¡Gracias!».

Durante años había estado rezando para que llegara la muerte. Pero, de hecho, no estaba pidiendo la muerte; no se daba cuenta de lo que estaba haciendo.

Jesús es totalmente consciente y, sin embargo, duda por un momento.

¿Qué decir entonces de otra gente? Durante un momento titubea en la cruz y le dice a Dios: «¿Por qué me has abandonado? ¿Por qué? ¿Qué he hecho mal? ¿Por qué estás tan lejos? ¿Por qué me haces esto?». Durante un momento vaciló —a pesar de encontrarse en esa fase. Por tanto, qué decir sobre los seres humanos corrientes. Pero él comprendió en ese momento —era un hombre perceptivo, de gran visión interior— y se relajó, y dijo: «Venga a mí tu reino, hágase tu voluntad». Jesús murió y nació Cristo. Para mí, la resurrección ocurrió en ese momento, no después de la crucifixión. En ese momento sucedió la discontinuidad: Jesús desapareció. En el momento en que dijo: «Hágase tu voluntad» —ésa es la muerte de Jesús, la muerte de toda sensación de ser uno mismo... Jesús cesó de ser en ese momento; se transformó en Cristo. Ésta es la auténtica resurrección. Lo otro tal vez sea una sencilla parábola —significativa, pero no histórica; un mito— llena de gran significado pero no basado en hechos. Sin embargo, éste es el hecho real. Justo un momento antes estaba dudando, con miedo, temblando, y un momento después se serenó y se relajó. Se rindió. En ese momento dejó de estar separado de Dios.

Cuando tu **voluntad** está separada de Dios, tú estás separado de Dios. Cuando tu voluntad se ha rendido a la voluntad de Dios, dejas de estar separado; entonces su voluntad es la única que existe.

Algunos sutras:

Sí, pues, en el momento de llevar tu ofrenda al altar, recuerdas que tu hermano tiene algo contra ti, deja allí tu ofrenda delante del altar y vete primero a reconciliarte con tu hermano; luego volverás a presentar tu ofrenda.

Jesús dice: si vienes al templo con flores, con ofrendas, a rezar, a rendirte ante Dios y recuerdas que alguien está enojado contigo —porque has hecho algo, has irritado a alguien—, entonces lo primero que necesitas es volver y reconciliarte con tu hermano. Recuerda, aquí todos somos hermanos, porque el padre sólo es uno. Los árboles son tus hermanos, así es como San Francisco solía hablar con los árboles: «Hermanas, hermanos». Los peces, las gaviotas, las rocas, las montañas —todos son tus hermanos porque todos vienen del único origen.

Jesús dice que si no estás reconciliado con el mundo, no puedes venir a rezar ante Dios. ¿Cómo puedes venir al Padre si ni siquiera te has reconciliado con el hermano? Y el hermano es concreto, el Padre es abstracto. El hermano *existe*, y el Padre está oculto. El hermano es manifiesto, y el Padre no lo es. ¿Cómo puedes reconciliarte con algo que no está manifiesto? Si ni siquiera has podido reconciliarte con lo manifiesto. Ésta es una frase significativa. No sólo quiere decir tu hermano, no se refiere sólo a los seres humanos; significa toda la existencia —dondequiera que hayas ofendido. Si has sido cruel con alguien...

Un gran maestro zen, Rinzai, estaba sentado. Un hombre llegó. Empujó la puerta con brusquedad —debía de estar enfadado—, dio un portazo. No estaba de buen humor. Después tiró sus zapatos y entró. Rinzai le dijo: «Espera. No entres. Primero ve y pídeles perdón a la puerta y a tus zapatos».

El hombre dijo: «¿De qué estás hablando? He oído que esta gente zen está loca y parece ser verdad. Pensaba que sólo eran rumores. ¡Qué tonterías estás diciendo! ¿Por qué debería pedirle perdón a la puerta? Parece tan embarazoso..., ¡los zapatos son míos!».

Entonces Rinzai le dijo: «¡Sal de aquí! ¡No vuelvas aquí nunca más! Si puedes enfadarte con tus zapatos, ¿por qué no puedes pedirles perdón? Cuando te enfadaste, nunca pensaste que fuese estúpido enojarse con los zapatos. Si puedes relacionarte con la ira, ¿por qué no con el amor? Las relaciones son relaciones. La ira es una relación. Cuando golpeaste la puerta con tanta ira, te estabas relacionando con la puerta; te comportaste mal, inmoralmente. La puerta no te ha hecho nada malo. Primero ve, de lo contrario no entres aquí».

Impactado por el silencio de Rinzai, con la gente sentada allí, y esa presencia..., como un flash, el hombre lo entendió. Comprendió la lógica que encerraba, estaba muy claro. «Si puedes ser irascible, ¿por qué no puedes ser amoroso? Vete». Y se marchó. Tal vez esta fue la primera vez en su vida. Tocó la puerta y las lágrimas brotaron de sus ojos. No podía aguantar las lágrimas. Y cuando se inclinó hacia sus zapatos, sucedió en él un gran cambio. Cuando regresó y se dirigió hacia Rinzai, éste le estrechó en sus brazos, abrazándolo.

Esto es reconciliación. ¿Cómo puedes rezar si no te has reconciliado?

¿Cómo puedes acercarte a un Maestro si no estás reconciliado con la existencia?

Jesús dice:

Sí, pues, en el momento de llevar tu ofrenda al altar, recuerdas que tu hermano tiene algo contra ti, deja allí tu ofrenda...

Ahora, el altar es secundario, la oración es secundaria, porque ahora mismo no estás de humor para rezar.

Uno tiene que ganarse la oración. Reconciliándose con la existencia se gana la oración. La oración no es sólo entrar en el templo y rezar. No es algo que se hace, es un brotar de la consciencia de desconocida elevación. Pero esto sólo es posible si estás reconciliado, relajado con la existencia.

Esto es algo absolutamente distinto de lo que los cristianos han estado haciendo durante siglos. Ellos no están reconciliados. Ni siquiera están reconciliados con sus propios cuerpos —¿qué decir de los demás? No están reconciliados con su propia existencia. Tienen una gran condena dentro de ellos. ¿Cómo pueden rezar con esa condena? Su oración sólo será mediocre, poco entusiasta; no los transformará.

La oración es una fórmula mágica, es un mantra, es un hechizo. Pero ha de provocarse en el momento oportuno. No puedes rezar en cualquier momento, en cualquier lugar. Tienes que estar en correcta armonía. Por eso las religiones han elegido determinados momentos —por la mañana temprano justo cuando va a salir el sol y hay más posibilidad de sincronizarse con la existencia. Has dormido durante toda la noche. Durante ocho horas, al menos, has estado fuera del mundo. Durante al menos ocho horas, no has estado negociando, no te has estado cortando el cuello el uno al otro. Al menos, durante ocho horas has permanecido en un estado de relajación, profundamente dormido. Cuando te levantas por la mañana, tus ojos están limpios y tu ser está menos nublado. Hay una cierta inocencia —no sólo en ti, sino en todo el entorno. Los árboles son inocentes, ellos también han descansado. Las gotas de rocío en las hojas también son inocentes, el cielo es inocente, los pájaros son inocentes, y el sol está saliendo... Un nuevo día otra vez. Con gran inocencia todo regresa de su origen primordial, refrescado, rejuvenecido. Por eso las religiones se han decidido por Brama Muhurta —por la mañana temprano antes de la salida del sol. Porque con el sol, muchas cosas empiezan a despertarse en ti, porque el sol es una gran energía. Cuando empieza a bañarte, te devuelve todo tu vigor, reaviva tus deseos y todas tus quejas. Otra vez vuelves a entrar en el mundo.

Por eso se ha elegido la mañana como el punto más fácil desde donde armonizarse con la existencia.

La oración sólo se puede hacer cuando se está sincronizado. Jesús nos dice una cosa psicológica muy, muy válida. Si, ante el altar, recuerdas que has enojado a alguien, y por ti alguien está llevando aún una herida —alguien en algún lugar está enojado—, ve y ayuda a sanar a la persona, lleva las cosas a una reconciliación.

Henry Thoreau estaba muriéndose y su anciana tía fue a verlo. Dijo: «Henry, ¿estás reconciliado con Dios?».

Henry abrió los ojos y dijo: «Pero no recuerdo haber tenido nunca una disputa con él. Nunca hemos discutido».

Muy poca gente puede decir esto. Henry Thoreau era muy santo.

Tú discutes cada día. Recuerda, con quienquiera que discutas, estás discutiendo con Dios, porque no existe nada más.

Tu vida es una pelea continua. Y todas esas disputas van acumulándose; envenenando tu sistema, tu ser. Y de pronto un día quieres rezar, pero la oración se ve falsa en tus labios. No te surge, no te cuadra. No es posible rezar de repente; tienes que prepararte para ello.

Jesús dice que la primera preparación es: reconciliarte con tu hermano. «Con tu hermano» significa todos los seres humanos, animales, pájaros. Toda la existencia es tu hermano, porque todos venimos del único origen, de un padre o de una madre. Toda esta multiplicidad viene de la unidad.

Por tanto, recuerda, Dios sólo puede ser amado a través del hombre. Nunca te encontrarás con Dios, siempre te encontrarás con el hombre. Una vez que hayas empezado a amar a Dios a través del hombre, aún puedes profundizar más —puedes amar a Dios mediante los animales. Y después profundizar aún más —puedes amar a Dios mediante los árboles. Y todavía ir más profundo —puedes amar a Dios mediante las montañas y las rocas. Y cuando hayas aprendido a amar a Dios mediante todas sus formas, sólo entonces tu amor se transformará en oración.

Para mí, estas tres palabras son muy significativas: sexo, amor y oración. El sexo es la reconciliación de tu cuerpo con otros cuerpos. Déjame repetirlo: el sexo es la reconciliación de tu cuerpo con otros cuerpos. Por eso es tan satisfactorio, por eso te brinda tanto estremecimiento, tanta excitación, tanta relajación, tanto sosiego. Pero ésta es la reconciliación más baja. Si no conoces otra más elevada, entonces está bien. Pero estás viviendo en tu casa, sin saber que en ella hay muchas otras habitaciones. Vives en una celda oscura, y crees que eso es todo —sin embargo, hay muchas otras bellas habitaciones en tu casa. Pero sigues siendo un mendigo, porque te quedas sólo con el cuerpo. El cuerpo no es más que un pórtico, el portal del palacio.

El sexo te proporciona alegría porque es la reconciliación entre dos cuerpos materiales. Dos cuerpos vibrando con un solo acorde. Existe una canción, una canción física. Brota una poesía entre las dos energías de los cuerpos; danzan juntos de la mano, se abrazan, se pierden uno en el otro. Durante unos momentos hay éxtasis, después desaparece porque los cuerpos no pueden fundirse el uno en el otro —son demasiado sólidos para ello.

Lo segundo es el amor. El amor es una reconciliación entre dos mentes, dos energías psicológicas. El amor es más elevado, más profundo, más grande. Si puedes amar a una persona, poco a poco, verás desaparecer el sexo entre vosotros. Los occidentales tienen mucho miedo a ese fenómeno.

Cada día alguna que otra pareja viene a mí y me dice: «¿Qué nos está pasando? Nos amamos más; sin embargo, ¿por qué está desapareciendo el sexo?». Porque se les ha enseñado que el sexo y el amor son sinónimos.

No lo son. Y se les ha enseñado que al amar más a la persona, es mayor su implicación sexual con ella. Justo lo contrario es lo verdadero. Cuando amas más, el sexo empieza a desaparecer, porque estás llegando a una reconciliación mayor. ¿A quién le importa lo inferior? Esto satisface más, proporciona mayor contento, una alegría más duradera.

Y el tercer estado de la energía del amor es la oración. Ésta es la reconciliación entre el alma de la persona y el alma de la existencia. Es la reconciliación más elevada, no existe otra más allá. Por tanto, cuando esto sucede, lo que conocemos por amor también empieza a desaparecer —justo igual que cuando sucede el amor, el sexo empieza a desaparecer. Pero no estoy condenando al sexo— no hay nada de malo en ello—, es perfectamente hermoso, saludable en su medida, pero cuando llega una energía más elevada, la inferior comienza a desaparecer. Ya no es necesaria; su trabajo ha terminado.

Es como un niño creciendo en el vientre de la madre —nueve meses—, ya está listo para salir del vientre. Esos nueve meses... hermosos. Le estará agradecido a su madre durante toda su vida; no puede pagar esta deuda. Pero ahora ya está listo para salir. Ese vientre no puede seguir conteniéndolo; el niño está empezando a ser mayor que el vientre.

Así es exactamente como sucede. Si realmente profundizas en el sexo, llega un momento en que el amor es mayor de lo que el sexo puede contener. Entonces empiezas a desbordarte, a dirigirte hacia lo superior, y pronto estarás fuera del sexo. Un día vuelve a suceder otra vez. Cuando el amor es demasiado, empiezas a desbordar hacia la oración, y el amor desaparece.

Hay una parábola muy, muy hermosa sobre Jesús. Medita sobre ella.

Éste es un episodio muy curioso en el que Cristo le pregunta tres veces a Pedro: «¿Me amas?». Y Pedro lo afirma con creciente ardor.

¿Cuál es el significado de esta repetición aparentemente sin sentido?

¿Por qué tres veces? Una vez es suficiente. Cuando le pregunta a alguien «¿Me amas?», contesta sí o no y asunto terminado. ¿Por qué repetirlo tres veces?

Primero, tres es el símbolo de los tres niveles: sexo, amor, oración. Efectivamente éstas tres preguntas no son idénticas al original, pero el inglés es una lengua pobre —pobre comparada con cualquier lengua antigua, porque el inglés es más científico, más matemático. Y las lenguas antiguas no eran científicas ni matemáticas; ésa era su belleza —eran poéticas. Por eso, una simple palabra tenía muchos significados, y también había muchas palabras con un solo significado. Era más fluido, había más posibilidades. En el original no puede decirse que las tres preguntas sean todas iguales; no lo son.

Hay dos palabras distintas para el amor. En las preguntas originales de Cristo se utiliza el verbo *agapao*, que significa un estado de amor, no una relación. Cuando Jesús dice «¿Me amas?», lo que está diciendo es: «¿Estás en oración conmigo?». Está preguntando por lo más elevado. Hay que entender esta diferencia.

Una relación es un estado inferior. El estado más elevado de amor no es en absoluto una relación, sencillamente es un estado del ser. Igual que los árboles son verdes, un amante es amoroso. No son verdes por una razón particular, no es que se pongan verdes cuando tú llegas. La flor continúa derramando su fragancia tanto si llega alguien como si no, tanto si alguien la aprecia como si no. La flor no suelta su fragancia cuando ve que se acerca un poeta —«Este hombre va a apreciarlo, este hombre podrá comprender quien soy yo». Y no cierra sus puertas cuando ve pasar por allí a una persona estúpida, idiota —insensible, insulso—, un político o algo así. La flor no se cierra —«¿Qué sentido tiene? ¿Por qué echarles perlas a los cerdos?». No, la flor sigue esparciendo su fragancia. Es un estado, no una relación.

Cuando Jesús preguntó por primera vez «¿Me amas, Pedro?», está utilizando la palabra *agapao*; que quiere decir: «¿Estás en estado de amor conmigo?» —estado de amor conmigo. Jesús quiere decir «¿El amor que sientes por mí se ha transformado en amor hacia el todo? ¿Me he convertido en la puerta hacia el todo, hacia lo divino? ¿Me amas no sólo como persona, sino como representante de Dios? ¿Ves a mi Padre en mí? ¿Puedes ver en mí al mismo Dios?». Éste es el significado de *agapao*: implica oración, compasión.

«Compasión» es una hermosa palabra. Viene de la misma raíz que pasión. ¿Cuándo se convierte la pasión en compasión? La pasión es una relación, un deseo de relacionarse, una necesidad; crea dependencia, ataduras, y en su estela entran todo tipo de miserias. La compasión es la misma energía, pero ya no es un anhelo de relacionarse. No es que no se relacione, sino que ya no hay deseo. La compasión es un estado en el que puedes estar a solas y perfectamente feliz, absolutamente feliz. Puedes ser feliz con la gente, puedes ser feliz estando a solas —entonces has alcanzado la compasión. Pero si no puedes ser feliz estando a solas y sólo puedes serlo estando con alguien, entonces es pasión, eres dependiente. Y, naturalmente, te enfadarás con la persona sin la que no puedes ser feliz. Te enojarás —es por lo que los amantes se enfadan entre sí, siempre enfadados —porque a nadie le gustan las ataduras.

La libertad es el valor supremo del alma humana, por tanto, cualquier cosa que degrade tu libertad, que crea un confinamiento a tu alrededor, lo odias. Por eso los amantes se odian continuamente. Los psicólogos han llegado a ver que una relación de amor no es simplemente eso. Ahora lo llaman relación de «amor-odio», porque el odio siempre está presente. Así pues, ¿por qué llamarlo sólo amor?

No hay mucha diferencia entre un amigo y un enemigo. Con el amigo la relación es de amor-odio, y con el enemigo la relación es de odio-amor. Ésa es la única diferencia —sólo una diferencia de énfasis. El amor por encima del odio que esconde detrás —esto es amistad. El odio que se coloca por encima del amor —esto es enemistad.

Míralo. Obsérvalo. Compasión significa que has trascendido la necesidad de depender de alguien. Ahora puedes compartir, porque ya no necesitas. Sólo se puede compartir cuando ya no se necesita. Sólo se puede dar cuando no se necesita. Los mendigos no pueden dar porque anhelan que alguien les dé amor, ¿cómo vas a poder dar? A lo sumo puedes aparentarlo. Y la situación es igual a la inversa. El otro, él o ella, aparenta que te ama, para que tú puedas amarlo. Ambos os estáis engañando, por eso las lunas de miel no pueden ser muy largas.

¿Durante cuánto tiempo puedes estar engañando? ¿Cuánto? Cuanto más inteligente seas, menor será la luna de miel. Si eres realmente muy inteligente, entonces bastará con la primera noche, estarás terminado. Poco a poco irás viendo que tú eres un mendigo, y él o ella también lo es, y los dos mendigos están pidiendo que el otro lo satisfaga. Pero no tienen nada. Sólo están aparentando, prometiendo. Esa promesa es sólo para obtener. Pero, en primer lugar, nadie posee, por tanto, nadie puede obtener. Antes o después uno empieza a darse cuenta de que son pretensiones. La esposa se enfada porque la han engañado, y el marido se enfada porque también lo han engañado. Y realmente nadie ha engañado.

Los mendigos no pueden dar. Sólo se puede compartir cuando se tiene. La compasión se puede compartir porque es desbordante —como una nube llena de lluvia, lista para ser derramada.

La primera vez Jesús pregunta: ¿Me amas? Utiliza la palabra *agapao*. *Agapao* es compasión, *agapao* es amor consciente, amor por medio de la comprensión, no por encaprichamiento; amor mediante la consciencia, no por un gusto inconsciente —porque te gusta el tipo de la mujer, o la nariz del hombre, o te gusta el color del pelo o de sus ojos. Todo esto son tonterías; ¿cómo puede suceder el amor por estas cosas? El amor no es un gusto, es una comprensión. No es emocional. Cuando contiene una inmensa inteligencia, una compasión, en esa intensidad de compasión, *agapao* sucede.

En su respuesta Pedro utiliza la palabra *filo*. Pedro dice «Sí, mi Señor, ¡te amo!». Pero está utilizando otra palabra. No está usando agapao, está utilizando filo —el prefijo que forma la palabra «filosofía» o la palabra «filántropo»—. *Filo*, tiene la cualidad del afecto personal, es una relación, no un estado. No es consciencia, es inconsciencia. En *agapao* uno se eleva, en *filo* uno cae. Por eso se dice «caer en el amor», se tropieza con él, se sucumbe a él, con él se cae dentro de un hoyo oscuro. *Filo* es inconsciencia, no procede de estar alerta, de darse cuenta, de la comprensión, la observación; no viene de un alma integrada, no sale de la individuación. Proviene de algún impulso oculto, del instinto, del enamoramiento —es deseo.

Cristo pregunta por segunda vez, volviendo a utilizar la palabra *agapao*. El Maestro golpea una y otra vez. Pedro ha perdido; era tan sencillo. Pero tú también sigues perdiendo el camino, recuérdalo. No se da cuenta de que Jesús está preguntando con una palabra y él está respondiendo con otra distinta; no es más que algo inconsciente.

Jesús tiene que volver a preguntar una segunda vez. Una vez más, utiliza la palabra agapao para que Pedro pueda oírlo bien —tal vez ahora lo escuche. Pero, una vez más, la respuesta de Pedro es en el plano personal. De hecho, se puso algo enojado. Debió de pensar «¿Qué está pensando de mí Jesús —que soy estúpido o algo así? He dicho «te amo» y otra vez vuelve a hacerme la misma pregunta». Debió de enfadarse un poquito. Pero otra vez volvió a usar la palabra filo. Cuando te enojas eres aún más inconsciente. Ahora ya no puede oír lo que Jesús está diciendo, no puede ver quién es Jesús. Le ha molestado que le haga otra vez la misma pregunta. Una vez más se lo pierde.

La tercera vez, Cristo acepta la falta de comprensión de Pedro, y él mismo utiliza la palabra *filo*. ¿Por qué? Porque Jesús ve que Pedro no va a comprender ese estado —nunca lo ha probado; está más allá de él. Cuando el Maestro ve que tú no puedes llegar a él, es él quien viene a ti. Cuando él está llamándote a gritos y tú no acudes, él desciende a tu oscuridad, te agarra de la mano y te saca de allí.

La tercera vez, Jesús usa la palabra *filo*, y Pedro, agraviado por la insistencia, protesta de su amor aún más ardientemente. Debió de enfadarse todavía más. «¿Por qué sigue Jesús preguntándome una y otra vez cuando ya le he contestado? ¿Tendrá Jesús algún tipo de recelo en su mente? ¿Tendrá alguna duda sobre mi amor?» Debió de plantearse todas estas preguntas. Sigue perdiéndoselo. Aún utilizando la palabra *filo* —Jesús se ha acercado mucho a su comprensión. Pero incluso allí... Ahora está muy enfadado, y Jesús está justo a su lado tomándolo de la mano, pero él no puede ver. Sigue declarando: «Te amo», pero es la declaración de su egoísmo.

Cristo le dice con suavidad: «Ve y da de comer a mis corderos».

«No sirve de nada», dice Jesús, «tendré que esperar otro momento. Ahora no va a suceder». El Maestro a veces tiene que esperar durante años. El discípulo, por un lado, quiere que suceda, pero, por otro lado, no hace más que poner todo tipo de impedimentos, obstáculos. Pero esto también es natural, porque, ¿cómo se puede espera más de una mente inconsciente? ¿De una mente que realmente no sabe lo que significa consciencia, que vive en una mazmorra oscura sin haber visto nunca ninguna luz? Y tú sigues hablando de amor y de luz... Por compasión, Jesús dice: «Está bien, Pedro, ve y da de comer a mis corderos. Olvídalo. Ahora no es el momento oportuno. En primer lugar, no debería haberte preguntado. Tendré que esperar».

Maurice Nicoll, uno de los discípulos más significativos de George Gurdjieff, dijo: «Al cesar de inventarnos a nosotros mismos, cesamos de inventar a los demás. Empezamos a sentir una existencia común **sin** pasión, que simplemente es lo que es, sin más definición».

Cuando dejas de inventarte a ti mismo —tu ego es tu invención—, cuando dejas de crear una falsa personalidad en torno a ti, cuando empiezas a ser justo aquello que eres, cuando empiezas a relajarte en la existencia... «Al cesar de inventarnos a nosotros mismos, cesamos de inventar a los demás». Ambas cosas van juntas. Si tú te inventas a ti mismo, inventarás también a los demás. Continúas creando una imagen muy hermosa de ti mismo y, correspondientemente, sigues creando hermosas imágenes de los demás. Ni tu imagen de ti mismo es verdad, ni tampoco la imagen que tienes de los demás. Por tanto, vives en un tipo de ilusión, una y otra vez te quedas frustrado, porque nada está de acuerdo con tu imagen. No puede estarlo —tu imagen no es más que tu invención, no es la verdad.

Maurice Nicoll tiene razón. Dice: «Cuando dejamos de inventarnos a nosotros mismos, dejamos de inventar a los demás», y de pronto hay una base común, una existencia común. La pasión desaparece, y cuando la pasión desaparece, aparece la compasión.

El significado de la palabra «compasión» es tener una pasión tan intensa que ella misma arde de tal intensidad. Es tan intensa que arde y desaparece en el fuego —el fuego de su propia intensidad. Entonces surge un tipo de amor totalmente distinto: la compasión. Te inunda, formando olas continuamente, día y noche, año tras año. Y aquél que esté listo para participar de ella, puede hacerlo; aquél que esté preparado para recibirla y digerirla, puede hacerlo y realizarse a través de ella.

Fluye para todos, para todas las cosas.

En el mismo fuego de la pasión nace la compasión. De la pasión nace la compasión. El sexo no puede contener al amor, el amor no puede contener la oración. Sin embargo, el amor existe en el sexo igual que el niño existe en el vientre, o el pájaro existe en el huevo —el huevo lo protege durante un tiempo y después estorba. El huevo tiene que romperse entonces, porque el pájaro ha de salir y volar por el cielo.

El sexo es un huevo donde crece el pájaro del amor. También, el pájaro en sí —el amor en sí— es otro huevo donde crece la oración. Y cuando la oración ha crecido al máximo, sólo Dios existe, tú ya no estás. Entonces, dondequiera que te encuentres, estás en el templo. Quienquiera que seas, eres totalmente dichoso. Éste es el significado del cielo, el significado de: «Reino de Dios».

Por eso Jesús dice: Primero ve y reconcíliate con tu hermano, reconcíliate con la creación.

Habéis oído que se dijo: «No cometerás adulterio». Pero yo os digo que todo el que mira a una mujer deseándola, ya adulteró con ella en su corazón.

La cuestión no es cometer algo, la cuestión es pensarlo.

Ésta es la diferencia entre crimen y pecado. Crimen es aquello que has cometido, pecado es el crimen en el que has estado pensando. Crimen es el pecado realizado en el mundo de las cosas: ya lo has hecho, lo has expuesto al mundo. Pecado es el crimen que estás alimentando dentro de ti.

Jesús dice: Si piensas en términos de deseo, ya has cometido adulterio. La ley de Moisés dice: No cometerás adulterio, éste es uno de los mandamientos. Pero solamente te previene de la acción, no dice nada sobre el pensamiento. Sólo habla de cómo relacionarte con la gente, no dice nada de lo que está pasando en tus sueños.

Jesús dice: Esto no va a transformarte. Puedes ser absolutamente moralista por fuera, pero por dentro contener todas las serpientes, todos los escorpiones y todos los venenos del mundo entero. El problema auténtico tiene que salir.

¿Qué quiere decir? ¿Quiere decir «No mires a las mujeres hermosas»? Esto no es posible. No puede querer decir eso, porque si dice «Mira a los lirios del campo», ¿cómo va a decir «No mires a las mujeres hermosas»? Si los lirios son bellos, ¿por qué no una mujer o un hombre hermosos? Si los lirios representan a Dios y su belleza, entonces el hombre representa a Dios en un punto más elevado, la mujer representa el fenómeno más hermoso del mundo. Jesús no puede decir eso. Entonces, ¿qué está diciendo? Intenta comprenderlo.

Ves una mujer bella. Si disfrutas con su belleza, su tipo, su forma de andar, la gracia que la rodea —sencillamente tiemblas de miedo, tiemblas de la belleza de Dios que hay en ella— no hay deseo. El deseo interviene sólo cuando ves a una mujer hermosa e inmediatamente empiezas a pensar «¿Cómo podré poseerla?». El pensamiento es el culpable, el deseo es el culpable. Cuando aparece el pensamiento «¿Cómo podré poseerla? ¿Cómo podré tenerla? ¿Cómo arrebatársela a los otros?», entonces te has vuelto feo. La violencia ha tomado lugar.

¿Sabes de dónde procede la palabra «violencia»? Viene de la misma raíz que «violación». Has violado una sutil ley de Dios en el momento en que piensas en poseer. Es una profanación. La belleza era inmensa pero tú la has profanado; has empezado a pensar en cómo utilizarla. Es como si al ver una flor empiezas a pensar «¿Cómo arrancarla? ¿Cómo robarla?», o «¿Cómo hacer para cogerla y venderla en el mercado?». Esto es violación, es una profanación —por tanto, es violencia.

Cuando surge el deseo —el deseo de poseer y de explotar—, entonces la belleza se pierde. Ya has hecho que esta mujer sea fea para tu corazón. Era tan puro, tan hermoso, tan esplendoroso de ver. Ahora lo has destruido todo; y en lugar de disfrutarlo, de temblar, de regocijarte con ello, ahora estás preocupado. ¿Qué hacer? —porque ella le pertenece a otro, es la esposa de otro. Ahora te sentirás molesto. Empezarás a pensar «¿Cómo llevármela? ¿Qué hacer?». Has perdido todo el punto. Una puerta se abría con su belleza. Te lo has perdido; o de lo contrario lo has corrompido. En eso consiste el adulterio.

Jesús no dice: «Sé insensible a la belleza». No puede decir eso —puedo garantizarlo, no puede decirlo—, a pesar de lo que han estado enseñando los cristianos a la gente. Él es un hombre de inmensa sensibilidad, de gran amor. ¿Cómo podría ser insensible a la belleza? Él únicamente está diciendo «No desees. Disfruta». No hay ninguna necesidad de disfrutar mediante la posesión. De hecho, ¿cómo puedes disfrutar de algo una vez que lo posees? La propia posesión destruye la belleza. La has envenenado, la has corrompido. En eso consiste el adulterio.

Si, pues, tu ojo derecho te escandaliza, arráncalo y arrójalo de ti; más te vale perder uno de tus miembros, que no todo tu cuerpo sea echado al infierno.

Esto ha sido malinterpretado durante siglos por gente neurótica. Ha habido gente que se ha cortado los órganos genitales —los santos cristianos. Ha habido gente que se ha sacado los ojos de acuerdo con esto. El hombre parece ser demasiado estúpido. Pero esta gente ha sido reverenciada y respetada; han sido santificados, se han convertido en santos. No eran más que gente neurótica, histéricos, ¡completamente estúpidos! Éste no es el significado. Es sólo una forma de decir que la parte tiene que ser sacrificada por el todo. El todo no puede ser sacrificado por la parte —eso es todo. Es sólo una manera de decir que si descubres que una parte de tu ser está creando molestias entre tú y el todo, tiene que ser sacrificada.

Y, hasta donde yo sé, cualquier parte que tenga la pretensión de ser el todo, ésa es la molestia. Y eso es sólo tu mente, nada más. Solo la mente pretende ser el todo —ser suficiente en sí misma.

La mente es la única pretenciosa. Origina la idea de separación, de ego.

Jesús está diciendo: Sacrifica la parte. Si se trata de tu cabeza, sacrifícala. Lo cual no significa que te cortes la cabeza. Únicamente quiere decir que la inclines, que renuncies a ella. Si lo que te está creando el problema es tu mente, tu proceso de pensamiento, sacrifícalo; no merece la pena. Por el todo, es necesario sacrificarlo todo; sólo entonces podrás ser total.

Habéis oído que se dijo: Ojo por ojo y diente por diente. Pero yo os digo que no resistáis al malo; al contrario, a quien te abofetea en tu mejilla derecha, preséntale también la otra.

Lo más grande que Jesús dijo: No hagáis frente al malvado. Y los antiguos dijeron:

Ojo por ojo y diente por diente...

Este es el concepto de ley, de justicia. Jesús trae el amor. Él dice: No hagáis frente al malvado. ¿Por qué? Parece una afirmación muy extraña —

«**No** hagáis frente al malvado», entonces el malvado crecerá y nadie podrá resistírselo. El significado es completamente distinto; se refiere a la alquimia interior. Lo mismo significa la oración de Jesús que dice: Danos el pan nuestro de cada día.

Los hindúes, musulmanes y otros se han reído de esta oración cristiana —parece muy infantil— «Danos el pan nuestro de cada día». ¿No podía Jesús haber pensado en algo más que en pedir el pan de cada día? Pero esa gente no sabe qué quiere decir con «el pan de cada día».

Jesús dijo: Así como vuestro cuerpo necesita del aire, el alimento, el agua para existir, así también vuestra alma recibe nutrientes de Dios. Éste es el pan de cada día —la nutrición diaria. Cada día recibes una cierta cantidad de energía espiritual. Ahora bien, con esa energía puedes destruir o crear. Si la usas para la destrucción, estarás mal utilizándola; será violencia —violación, profanación. Si la usas de manera creativa, será tu camino hacia Dios. Crecerá dentro de ti para llevarte a cimas más elevadas, a las altitudes. Te dará la plenitud, el pleroma.

La energía divina que se derrama sobre ti es lo que él llama «pan de cada día». Si esta energía no es utilizada adecuadamente, sino que es despilfarrada en actividades inútiles y destructivas, entonces, Dios sigue dando, y tú sigues desperdiciando, sin saber lo que tiras.

Sucedió una vez... Una parábola sufí...

Un hombre fue al río muy temprano por la mañana para dar un paseo y se tropezó con un saco. Abrió el saco; estaba lleno de piedras. Se sentó en la orilla y juguetonamente empezó a tirar las piedras al río. Disfrutaba viendo cómo salpicaban las piedras. Poco a poco empezó a amanecer y el sol empezó a salir. Ya sólo le quedaba una piedra. La miró, pues ahora había bastante luz, y empezó a golpearse en el pecho llorando. Algunas personas se reunieron a su alrededor preguntándole «¿Qué es lo que pasa?».

Él contestó: «Es un diamante, y he tirado miles. Los he estado lanzando continuamente sin saber lo que estaba tirando. Pensaba que sólo eran piedras. Y ya sólo me queda una».

Y yo les digo, que así y todo, tuvo suerte —al menos se dio cuenta cuando aún le quedaba una. Millones de personas no se dan cuenta, ni siquiera en la última etapa; simplemente siguen tirando. Viven y mueren y nunca llegan a conocer el pan de cada día, el diamante que desciende sobre ellos cada día.

Es tu energía. Puedes ponerla en la ira, es la misma energía. Puedes ponerla en el amor, es la misma energía. Es tu elección. Por eso dice Jesús: No hagáis frente al malvado —porque si te resistes a él, toda tu energía irá hacia la resistencia. Hay mucho de malvado. No es una enseñanza moral, es una enseñanza alquímica.

Habéis oído que se dijo: Ojo por ojo y diente por diente. Pero yo os digo que no resistáis al malo; al contrario, a quien te abofetea en tu mejilla derecha, preséntale también la otra.

No malgastes tu energía. Si quiere abofetearte, ya lo ha hecho —vuélvele también la otra mejilla. Y dale las gracias, dile: «Gracias, señor. Y si alguna vez me necesitas, estaré preparado». Y sigue tu camino. No malgastes tu energía, porque es demasiado preciosa. Sólo por venganza, reacción, lucha, ira —no la malgastes. Estarás tirando diamantes.

Vivimos en un ambiente de continua discusión interior, de queja, de condena, de negación. Diciendo no, nos perdemos lo que tenemos justo delante de la nariz. Es la constante objeción interna: «¡Eso no está bien! ¡Eso no es bueno! ¡Las cosas deberían ser así!». Se emplea demasiada energía en estas objeciones. Empezamos a poner las cosas bien, pero la vida es corta y efímera —y nunca ponemos nada bien. Simplemente nos sumergimos en nuestra actividad.

Jesús dice: Permanece atento. Tu energía es preciosa y sólo dispones de una cantidad limitada. Cuando hayas utilizado esa cantidad, tendrás más. Jesús dice: Aquéllos que tienen, tendrán más —sus afirmaciones son las más hermosas jamás hechas—, y aquéllos que no tengan, incluso lo que tengan les será quitado. Muy paradójico, pero absolutamente verdad.

Si guardas esta energía, tendrás más. Cuanta más ahorres, más tendrás, y más te será dada, porque estás demostrándote a ti mismo que lo mereces. Cuanta menos tengas, menos te será dada. Y cuando no tengas nada, incluso la que tengas te será quitada. Permanecerás como una concha vacía sin sentido…, «… como el cuento narrado por un idiota, lleno de sonido y furia que no significa nada».

Por este constante mal uso de nuestra energía creamos una prisión a nuestro alrededor. Sin embargo, las puertas de la prisión están siempre abiertas, porque no hay otro carcelero que tú mismo. Tú eres la prisión, el prisionero y también el carcelero. Sólo podemos sacrificar nuestras estúpidas y habituales actitudes, y la misma energía que crea la prisión se convierte en nuestra libertad, nuestra salvación.

Nicolás de Cusa mantenía que vivir correctamente implicaba sólo una cosa —lo que él llamaba «ignorancia aprendida». Aprender a ser inocente otra vez. «Aprender la ignorancia», solía decir. Sé un niño. No te resistas, no luches. Disfruta la energía que se derrama sobre ti. Hazte sumamente primario. Aprende otra vez a ser inocente. No sigas aferrado al monótono y muerto pasado, al conocimiento, a la mente. «Ignorancia aprendida» significa conocer la ignorancia.

Existe un tipo de ignorancia que sabe, y también hay un tipo de conocimiento que es ignorante. El conocimiento del *pandit*, de los sacerdotes, justamente es conocimiento porque así se le llama; no por saber. Y la ignorancia de un Jesús o de un Buda...

Cuando el emperador Wu le preguntó a Bodhidharma: «¿Quién eres?», simplemente contestó «No lo sé».

Esta ignorancia, esta ignorancia sabe.

Deja de crear seguridades para ti. Deja de pelear con la gente. Deja de luchar. Jesús dice concretamente: «No te resistas al malvado», porque tu mente dirá: «Pero, cuando existe un malvado, uno tiene que resistirse. El malvado no puede ser consentido; tiene que ser combatido y destruido». Nunca nadie ha destruido al demonio. El demonio es eterno. Si combates con él, tú serás destruido. Él no puede ser destruido. Toma nota de esta falacia, de esta idea falaz.

Habéis oído que se dijo: «Amarás a tu prójimo y odiarás a tu enemigo». Pero yo os digo: Amad a vuestros enemigos y orad por los que os persiguen.

Todo el mensaje es muy claro y muy alto. Jesús está diciendo: Ni una pizca de energía tiene que malgastarse por nada. Toda la energía ha de conservarse. Cuando la energía llega a un cierto grado, la transformación sucede automáticamente. Ésta es la ciencia de la alquimia.

Para calentar agua, le pones energía de calor. Cuando el calor alcanza los cien grados, el agua se evapora. A los noventa y nueve... está caliente, pero todavía es agua. Noventa y nueve punto nueve... está muy, muy caliente, pero aún sigue siendo agua. Cien grados... ¡y sucede el salto!

Así ocurre en el mundo interior.

Esto no es una máxima de moralidad. Esto se refiere a la transformación interior. Si continúas guardando tu energía y no la despilfarras por ahí... Un perro empieza a ladrar y tú también te pones a ladrar. Dices: «Tengo que resistir al malvado. Tengo que darle una lección a este perro». Puedes enseñarle una lección al perro. Nunca se ha oído que hayan aprendido ninguna lección —sólo saben ladrar. Muchos como tú ya han estado allí, enseñando lecciones a los perros. Los perros son muy testarudos; continúan ladrando. Estás malgastando tu tiempo. Ladrando a los perros pierdes tu capacidad de rezar a Dios, porque ladrar y rezar no pueden ir juntos.

La pelea, el odio, la ira y el amor no pueden existir juntos. Es una cuestión de simple economía interior.

Para que seáis hijos de vuestro Padre, que está en los cielos...

Si quieren ser los hijos de Dios, ha de hacerse esto —tienes que conservar tu energía. Él te da energía todos los días. Si un hombre simplemente conserva, no necesita nada más. Jesús está dando una gran llave. La llave que puede abrir la última puerta.

...que hace salir el sol sobre malos y buenos y llueve sobre justos e injustos.

Y Jesús dijo: No os preocupéis por lo justo y lo injusto. Mirad a Dios. Sus nubes llegan y llueven tanto sobre los justos como sobre los injustos. Su sol sale y da luz y vida a buenos y a malos. Por tanto, ¿por qué se preocupan? Dios da energía para todos.

Entonces, por favor no seas un reformador. Recuerda, si quieres reformarte a ti mismo, no seas un reformador, porque o bien haces una cosa o haces la otra. Si eres un reformador, empiezas a cambiar a los demás. No seas un reformador si quieres ser reformado. Conserva tu energía. El milagro consiste en que si tú te reformas, si te transformas, muchos serán transformados a través de ti. Tu propia presencia catalítica será suficiente. Sólo con estar allí, muchos temblarán con lo desconocido. Tu simple toque hará que algo empiece a vibrar dentro de ellos. No es que tengas mucho que hacer, sencillamente, si tu luz está encendida, la gente vendrá hacia ti; a tientas en la oscuridad, empezarán a dirigirse hacia ti. Y según vayan acercándose más y más, un día la lámpara que estaba apagada se encenderá con aquella que ya está encendida. La llama saltará de un lugar a otro. Sólo se necesita proximidad.

Permanece cerca de un Maestro. Mantente cerca de alguien que ya lo haya alcanzado, y acércate más y más sin ninguna resistencia, sin luchar, sin protección. Sé vulnerable. Todo lo demás viene por sí solo.

Para que seáis hijos de vuestro Padre celestial, que hace salir el sol sobre buenos y malos y llover sobre justos e injustos.

Por tanto, ¿quién eres tú para preocuparte sobre lo bueno y lo malo? Quién eres tú para preocuparte sobre cómo debería ser el mundo? Una vez más, sólo es una cuestión de ego.

Porque, si amáis a los que os aman, ¿qué recompensa merecéis? ¿No hacen también eso los publicanos?

Los puritanos, los publicanos, los moralistas, los formalistas —ellos también hacen lo mismo. Cuando la gente los ama, ellos aman. No hay mucho en ello, nada que pueda decirse en especial. Cuando la gente te ama, tú amas; cuando alguien te sonríe, tú sonríes. Pero ése no es el punto.

Cuando alguien te golpea y tú sonríes... Cuando alguien está lleno de odio hacia ti, y tu amor sigue floreciendo... ¡éste es el milagro! ¡Ésta es la magia! Sólo esta magia puede haceros hijos de Dios. Nada más ayudará.

Vosotros sed perfectos, *como es perfecto vuestro Padre celestial.*

Esto también es una de las sentencias fundamentales: Ser, pues, perfectos... Recuerda, puedes ser perfecto sólo porque intrínsecamente **eres** perfecto. Vienes de Dios, ¿cómo puedes ser imperfecto? Perteneces a Dios, ¿cómo podrías ser imperfecto? Intrínsecamente, tú eres Dios, porque Dios está en ti y tú estás en Dios. Pero no te has dado la oportunidad de verlo. Estás demasiado ocupado en lo externo —haciendo esto y aquello, haciéndole un poco de bien al mundo, justicia para el mundo, reformando esto y aquello. Estás tan involucrado en el exterior, que no has podido pararte a mirar tu santuario más íntimo. Y Dios está **allí**. Dios reside dentro de ti.

Sí, puedes ser perfecto, porque eres perfecto. Sólo lo perfecto puede ser perfecto.

Por tanto, la perfección no ha de ser creada, sólo tiene que ser descubierta. Ya está allí, tal vez escondida, velada quizá, pero está allí. Retira los velos y la encontrarás. No tienes que inventarla, sólo tienes que descubrirla. O, tal vez, descubrir no es la palabra acertada. Déjame decirte... redescúbrela.

Capítulo 3

Reza al Padre en secreto

Mateo 6

Jesús dijo a sus discípulos:

5. *Y cuando oréis, no seáis como los hipócritas, que gustan de orar en las sinagogas y en los ángulos de las plazas, bien plantados para ser vistos por los hombres. En verdad os digo que ya recibieron su paga.*

6. *Tú, cuando ores, entra en tu habitación, cierra la puerta y ora a tu Padre que está en lo secreto; y tu Padre, que ve en lo secreto, te premiará.*

7. *Y al orar, no charléis como los gentiles, que creen que por hablar mucho van a ser escuchados.*

8. *No seáis como ellos, porque vuestro Padre conoce vuestras necesidades antes que se los pidáis.*

9. *Vosotros orad así: «Padre nuestro que estás en los cielos, santificado sea tu nombre;*

10. *Venga tu reino; hágase tu voluntad, así en la tierra como en el cielo.*

11. *El pan nuestro de cada día, dánoslo hoy;*

12. *Y perdónanos nuestras deudas, así como nosotros perdonamos a nuestros deudores;*

13. *Y no nos dejes caer en la tentación; más líbranos del mal».*

6. *No deis lo santo a los perros, ni echéis vuestras perlas delante de los puercos, no sea que las pisoteen, y, revolviéndose, os destrocen.*

7. *Pedid, y se os dará; buscad, y hallaréis; llamad, y se os abrirá.*

8. *Porque todo el que pide recibe, el que busca halla, y al que llama se le abre.*

12. *Todo lo que queráis que hagan con vosotros los hombres, hacedlo también vosotros con ellos; porque esto es la Ley y los Profetas.*

13. *Entrad por la puerta estrecha; que es ancha la puerta y espacioso el camino que lleva a la perdición, y son muchos los que entran por él.*

14. *Y es estrecha la puerta y angosto el camino que lleva a la vida, y son pocos los que lo hallan.*

El hombre es mente.

La palabra «hombre» (en inglés «*man*») viene de la raíz sánscrita *man*, que significa mente. Si comprendes cómo trabaja la mente, entenderás la realidad del hombre y su posibilidad también. Si comprendes el mecanismo interno de la mente, entenderás el pasado del hombre, el presente y el futuro también.

El hombre en sí no es un ser, sino un pasaje. En sí mismo, el hombre no es un ser, porque continuamente se está transformando. No hay descanso siendo un hombre. El descanso está por debajo del hombre o por encima de él. Por debajo está la naturaleza, por encima está Dios. El hombre se encuentra justo en medio —es un enlace, una escalera. No se puede descansar sobre una escalera, no se puede estar sobre una escalera. La escalera no puede ser tu morada. El hombre tiene que ser sobrepasado, tiene que ser trascendido.

El hombre es un viaje entre sus dos infinidades. Una infinidad es su naturaleza; la otra infinidad es su Dios oculto. El hombre está justo entre las dos, es un transbordador. Utilízalo, pero no te quedes confinado en él. Utilízalo, pero no te definas por él. Recuerda siempre que tienes que ir más allá.

Todo el mensaje de Jesús consiste en cómo ir más allá del hombre. Por eso dice una y otra vez: Soy el Hijo del hombre y el Hijo de Dios. Él continúa insistiendo en esta contradicción, porque quiere dejar claro que el hombre es las dos cosas: por un lado es parte de la naturaleza, por otro lado es parte de Dios. Éste es el significado de la palabra «hijo»: hijo significa una parte del padre.

Y puesto que el hombre pertenece a estas dos realidades —dos realidades separadas— tiene lugar la ansiedad, la tensión, el constante conflicto del hombre, porque las dos naturalezas están en continua lucha. De ahí, como hombre, no existe la posibilidad de paz. O bien tienes que volverte completamente inconsciente, como el alcohólico que de tanto beber llega a perder la consciencia —entonces tiene paz; o tienes que ser tan consciente que todos los escondrijos y rincones de tu ser se llenen de luz— te transformas en un buda o en un cristo—, entonces existe la paz. O bien caes por debajo del hombre, o vas más allá de él. No sigas aferrándote a ser humano, porque estarás aferrándote a una enfermedad.

Eso es exactamente lo que el hombre es: una enfermedad, una tensión constante —ser o no ser, ser esto o ser aquello—, una lucha constante entre el alma y el cuerpo, lo inferior y lo superior, inconsciencia y consciencia. Es de inmensa ayuda entender que el hombre es un conflicto constante, una tensión constante, porque entonces dejas de aferrarte al hombre como tal. Por el contrario, mejor empiezas a pensar: «¿Cómo ir más allá, cómo trascender, cómo superarse?».

Friedrich Nietzsche tenía razón al decir que el hombre es el único animal que intenta superarse a sí mismo, el único animal que puede superarse a sí mismo. Es el mayor milagro del mundo: superarse uno mismo. Pero esto ha ocurrido. Le ha ocurrido a Cristo, a Buda, a Krishna. ¡Puede ocurrirte a ti! Tú eres una gran promesa, un proyecto, una aventura. Pero no empieces a pensar como si ya lo hubieras conseguido. Entonces estarás aforrándote a algún lugar entre medias, y una parte de ti tirará hacia un lado y la otra parte hacia el otro —te harás pedazos. Y permanecerás en la angustia, y tu existencia no será más que una pesadilla interminable.

Antes de adentrarnos en los sutras, unas cuantas cosas sobre la mente —porque el hombre es mente.

Podemos llamar «pre-mente» al primer estado mental. Existe en los niños muy pequeños —es muy primitivo, muy parecido al animal. De ahí la belleza de los niños, su inocencia y su gracia —porque esa ansiedad a la que llamamos hombre no se ha desarrollado aún. El niño está en paz. El niño todavía no es un viajero, aún no ha dejado su casa para buscar otro hogar. El peregrinaje no ha empezado todavía. El niño descansa —perfectamente en paz y feliz de ser lo que quiera que sea. Por eso la ansiedad no se refleja en sus ojos y está envuelto por una cierta gracia.

Pero esta gracia se va a perder. Esta gracia no puede quedarse para siempre, porque es inconsciente, porque no se ha ganado, porque es un don natural y el niño es completamente ajeno a ella. No puede sujetarse a ella.

¿Cómo puedes sujetarte de algo de lo que no eres consciente? Tienes que perderlo. La única forma de ganarlo es perderlo. El niño tendrá que corromperse, pervertirse. El niño tendrá que introducirse en la astucia de la mente, y entonces comprenderá que ha perdido algo —algo de inmenso valor.

Pero uno sólo puede saberlo cuando lo ha perdido. No hay otra forma de saberlo. Entonces empieza la búsqueda. La religión no es otra cosa que la búsqueda de la infancia perdida. Todos llevamos su memoria, muy viva, en algún lugar muy profundo. Tal vez no sea muy consciente, pero funciona como sustrato inconsciente de algo que se ha perdido, de algo que se ha olvidado, de algo que estaba allí y ya no está; algo se ha perdido, y uno empieza a buscarlo.

El primer estado es el de pre-mente. No existe la responsabilidad, porque el niño no conoce de deberes, no sabe nada de valores, de virtudes. El niño no sabe nada de santidad, por tanto, tampoco se da cuenta del pecado. Existe antes de la desviación, existe antes de que los caminos del pecado y la santidad se bifurquen, se separen. Está en un tipo de unidad primitiva. Esto no puede durar mucho, tiene que desaparecer, pero aún no lo ha hecho. Éste es el estado del niño de aproximadamente tres años.

Entre los tres y los cuatro años el niño pierde su inocencia, pierde su virginidad, su naturaleza, y se convierte en parte del mundo *civilizado* —se hace realmente un hombre.

Esta pre-mente es instintiva. Es muy inteligente, pero no es una inteligencia intelectual, es puramente instintiva. El comportamiento del niño es muy inteligente, pero no es intelectual. La inteligencia que muestra el niño es natural, no la ha aprendido. Es parte de la sabiduría de su cuerpo, es heredada.

El niño no tiene idea de lo bueno y lo malo, por eso nunca está en conflicto. Sus deseos son puros. Lo que desea, lo desea apasionadamente, totalmente. En su mente no surge ningún problema de si es un deseo correcto o equivocado. Cuando está en un determinado estado de ánimo, lo está totalmente —pero sus ánimos son momentáneos. No tiene identidad, es impredecible: en un momento es amoroso y en el momento siguiente se enfada. Y no puedes decirle «Eres contradictorio». Es muy inconsistente porque siempre es sincero con el momento. No es que haga las cosas conscientemente, es sólo algo natural.

La inocencia está presente, pero no es muy profunda. Existe la inocencia, pero no es meditativa, está hueca, es momentánea, temporal, provisional.

El niño se parece más a un animal que a un hombre. El niño es el enlace entre el hombre y el animal. El niño pasa a través de todas las etapas que el hombre ha pasado a lo largo de los tiempos. Los científicos dicen que durante los nueve meses que el niño permanece en el vientre materno, atraviesa los millones de años de evolución. Comienza como un pez —así empezó la vida en la Tierra— y, poco a poco, va creciendo. Durante días pasa a través de miles, millones de años; en nueve meses atraviesa toda la evolución. Pero aun después de nacer, el niño todavía no es un hombre —al menos, no está civilizado— es primitivo, el hombre de las cavernas.

El niño vive en un caos interior. No tiene ni idea de qué va a hacer. No tiene futuro, no tiene pasado; vive completamente en el presente. Pero, puesto que vive en el presente total e inconscientemente, su vida no puede tener una disciplina, un orden. Es caótica, es anárquica. Esta es la primera etapa del hombre, la primera etapa de la mente. Y recuerda que, aunque lo pierdas antes o después, permanece en ti como un sustrato. Solamente puedes perderlo por completo cuando la meditación ha entrado muy profundo, cuando la meditación ha transformado tu ser. De lo contrario permanece allí, y puedes caer en ello en cualquier momento; en caso de estrés, de tirantez, puedes volver a ser infantil.

Por ejemplo, tu casa se quema, y empiezas a llorar como un niño. No eres un hombre que normalmente llore —tal vez nadie te haya visto llorar nunca. Pero cuando tu casa se incendia, de pronto olvidas que eres un adulto. Te vuelves como un niño pequeño, empiezas a llorar —las lágrimas invaden tus ojos—, estás completamente perdido, desconsolado. ¿Qué ha ocurrido? La pre-mente se ha apoderado de ti. Siempre ha estado allí. Has desarrollado una segunda capa sobre ella, tapándola, pero permanecía allí en la profundidad. Cuando la segunda capa no puede funcionar, en la gran desesperación vuelves a caer en la primera capa. Esto ocurre cada día.

Cuando estás enfadado te vuelves más infantil, también lo eres más cuando estás enamorado. Escucha la conversación entre dos enamorados, encontrarás que es muy infantil. Recuerda tus propias memorias cuando te enamoraste por primera vez, cómo te comportaste, lo que le decías a tu amado o amante, y lo encontrarás infantil. O recuerda cuando alguien te provoca y te enfadas —empiezas a hacer cosas ilógicas, no inteligentes, indisciplinadas, caóticas. Más tarde te arrepientes de ello, porque después, cuando vuelve la segunda capa, esta segunda capa se arrepiente de la primera. Cuando vuelve la mente civilizada, cuando vuelve a imponerse otra vez, se arrepiente. Dice: «No estuvo bien por mi parte. No estuvo bien hacerlo».

La primera capa nunca desaparece por completo, excepto que te conviertas en un cristo o un buda. Allí permanece. Obsérvalo.

La primera capa es muy caótica. La segunda es colectiva. A la segunda capa yo la llamo la «mente colectiva». Ahora el grupo, la familia, la sociedad, la nación se vuelven más importantes que tú mismo. El niño está muy orientado hacia sí mismo, sólo piensa en él. No le importa nada más, es completamente egoísta. La segunda mente empieza a pensar en los demás, a sacrificar sus propios intereses, se vuelve más colectiva, más parte de la sociedad, un clan, una tribu —empieza a ser civilizada. Civilización significa formar parte de una sociedad, formar parte entre mucha gente: ser responsable, no vivir una existencia egoísta. Civilización significa sacrificarse uno mismo por los demás.

Esta segunda mente es muy duradera. Excepto en raras ocasiones, la primera mente antes o después desaparece. En algunos imbéciles, idiotas —en ellos la primera capa nunca desaparece, sigue predominando. Ellos nunca aprenden cómo ser sociales, siguen siendo primitivos. De otro modo, normalmente la segunda capa evoluciona —la escolaridad, la educación familiar, los profesores, la sociedad, las experiencias, la observación... El niño empieza a aprender que no es una isla, sino un miembro de un organismo —sociedad, iglesia, nación.

Esta mente segunda, colectiva, tiene una determinada identidad. La primera mente no conoce ninguna identidad. Si le preguntas a un niño «¿Quién eres?», no puede contestar. No conoce la respuesta —quién es. Pero un adulto puede decir: «Sí, soy católico, soy comunista, soy hindú, soy indio, soy alemán, soy italiano». ¿Qué está diciendo? Dice: «Pertenezco a este grupo llamado hindú, cristiano o musulmán. Pertenezco a esta nación, esta geografía: India, Alemania, Italia». O «Pertenezco a esta ideología — comunismo, catolicismo, fascismo». Está contestando: «Soy a quien pertenezco».

Tiene una identidad. Puede decir: «Soy doctor, ingeniero o negociante» —ahora también está diciendo: «Esto es lo que hago. Ésta es mi función en la sociedad». Cuando le preguntas a alguien: «¿Quién eres?» —contesta mostrándote dónde pertenece, a quién pertenece, cuál es su función en esta sociedad. Esto no tiene mucho que ver con el conocimiento de uno mismo. Si esto es el autoconocimiento, entonces todo el mundo sabe quién es. Sin embargo, para fines utilitarios es suficiente, y mucha gente se detiene ahí.

Si te paras ahí, nunca sabrás quién eres. Habrás tomado una identidad falsa. Sólo unas cuantas etiquetas y piensas: «Éste soy yo». Éste no eres tú. Tú existes en un plano muy superior, o en una profundidad mucho mayor. Estas etiquetas que reúnes acerca de ti mismo son buenas para funcionar en la sociedad como uno de sus miembros, pero no muestran nada de tu realidad. La realidad interior permanece intacta. Ésta es la segunda capa, donde casi todo el mundo se detiene. La sociedad no quiere que vayas más allá. La escuela, el colegio, la universidad —su empeño es que no debes seguir siendo infantil, que debes civilizarte, y ahí termina su esfuerzo. Ahí termina el trabajo de la sociedad.

La sociedad te ha hecho miembro de la masa, ha hecho de ti una especie de esclavo, te proporciona un cierto encarcelamiento, te ha quitado todo lo que era peligroso para ti —el caos, la libertad, la irresponsabilidad; te ha hecho responsable, dándote valores de lo que es bueno y lo que no lo es; te ha encasillado, clasificado. Ahora la sociedad ha acabado. Ya puedes vivir silenciosamente, ir a la oficina, volver a casa, cuidar de tus hijos, tus padres, y así sucesivamente —y un día mueres: tu existencia se ha completado. Pero muy falsamente completada: es una existencia rutinaria.

Friedrich Nietzsche a este estado lo llamó «camello», la bestia de carga. Éste es el «estado del camello». La gente sigue acarreando grandes fardos de carga sin ninguna razón en absoluto. Y siguen andando por el desierto, como lo hace el camello. Pueden verse estos camellos por los alrededores secos, taciturnos, muertos, llevando grandes cargas. Cargas que los están triturando, matando, pero ellos las soportan —tal vez sólo por hábito. Porque las cargaban el día antes y también el anterior; se ha convertido en parte de una costumbre, en parte de su definición. Su carga, su ansiedad, su tristeza, su miseria se han vuelto parte de su definición, de su identidad. Pueden encontrarse estos camellos por todas partes, este desierto está por todo el mundo.

El niño tiene que pasar de la primera a la segunda etapa, pero nadie debería pararse allí. Ser un camello no es el objetivo. Se necesita algo más, algo más existencial. Sí, tendrás una gran respetabilidad si eres un buen camello que carga grandes fardos. La gente te respetará, todos ellos te harán honores. Es una especie de entendimiento mutuo. Cuando una persona lleva demasiada carga, debe dársele alguna recompensa —en eso consiste el respeto.

La palabra «respeto» es hermosa, significa volver a mirar: miramiento. Cuando una persona lleva una gran carga de responsabilidad, de deber, familia, sociedad, la gente lo mira y dice: «¡Mira, qué gran hombre!». Respeto: lo miran una y otra vez y dicen: «¡Mira, cuánta carga porta, qué sacrificio!». Ha sacrificado todo su ser.

Naturalmente, si te sacrificas por la religión, ésta te santificará, te nombrará santo. Si te sacrificas por el país, te darán respeto. Si te sacrificas por cualquier otra cosa, te respetarán. Uno puede seguir recogiendo este respeto, pero también puede seguir muriendo sin haber vivido en absoluto. ¡Ten cuidado de esta situación!

En este estado hay una responsabilidad colectiva: la mente colectiva funciona; todavía no tienes una responsabilidad personal. El niño no tiene responsabilidad. La segunda etapa tiene una responsabilidad, la cabaña es colectiva. Personalmente no te sientes responsable de nada, solamente te sientes responsable porque formas parte de un determinado colectivo.

En los pueblos de India se puede ver este estado de camello muy, muy pronunciado. Un brahmín no tiene responsabilidad propia. Toda su responsabilidad consiste en ser un brahmín, tiene que comportarse como tal. En los pueblos de India no encontrarás individualidades, sólo encontrarás colectivos. El brahmín, el *shudra*, el *kshatriya* —todos ellos funcionan según su comunidad, según sus leyes. Nadie tiene ninguna responsabilidad de pensar, nadie se cuestiona pensar. Las normas se mantienen a lo largo de los tiempos, figuran en las sagradas escrituras. Todo está bien definido —no hay necesidad de especular, filosofar, sopesar, meditar. Todos los problemas han sido resueltos —Manu, el Moisés hindú, lo ha resuelto todo.

Allí es donde Jesús encontró a los judíos —en la segunda etapa. Moisés hizo el primer trabajo, llevó la mente primitiva al estado civilizado. Después se necesitó a Jesús para traer otra revolución, otra transformación. La gente existía como si fueran los dientes de una rueda, como partes de un gran mecanismo. Su única pregunta era cómo funcionar eficientemente.

Esto no es suficiente para vivir una vida alegre. Ser eficiente hace de ti un buen mecanismo, pero no te proporciona un alma. No te aporta celebración, no puede ser extático. Pero existen unas cuantas cosas sobre la segunda mente que tienes que recordar; te ayudarán a comprender la tercera.

La segunda mente no es tensa, no hay ansiedad en ella. Los aldeanos de India o la gente de Oriente son más sosegados, más tranquilos. Se mueven con una cierta facilidad, dignidad. Aunque estén muriéndose de hambre, enfermos, tienen paciencia, una profunda aceptación. No se rebelan. La rebelión no tiene ningún atractivo para ellos, viven en la aceptación. No tienen tanta individualidad como para rebelarse. Los hindúes se sienten muy bien con esto, piensan que América se ha vuelto loca; piensan «somos afortunados». Pero ésta no es mi observación.

América está en dificultades. América tiene una gran angustia; sin embargo, esa angustia es más sublime que lo que en India se conoce por paz. Esa angustia puede ser más creativa, puede traer al mundo un estado de mente y de consciencia más elevado que esta paz al estilo de las vacas. Esta paz no es muy creativa. Sí, de alguna manera está bien —uno puede vivir su vida sin demasiada angustia. Pero esa vida no aportará nada. Únicamente pacifismo y más pacifismo, pero una paz que nunca es creativa —creativa de algo externo o creativa de algo interno. Esa paz parece ser muy impotente. En esta segunda etapa están presentes la paz, la obediencia y la paciencia, y existe el sentimiento de pertenecer a la comunidad, a la iglesia. Nadie se siente sólo.

En América la gente está muy sola. Aunque estén entre una multitud están solos. En India, aunque estén solos, no lo están. Saben que pertenecen, saben que en algún lugar tienen una función, saben que son necesarios. Saben que no tienen que elegir, todo ha sido elegido de antemano. Un brahmín nace brahmín. Será respetado por la sociedad, se convertirá en sacerdote. No tendrá que trabajar para ello, ya está decidido por el destino, por Dios.

Cuando no tienes que decidir, por naturaleza no sientes ansiedad alguna. Decidir conduce a la ansiedad. Cuando tienes que decidir, ahí está el problema. ¿Cuál camino tomar? Hay miles de caminos y muchísimas alternativas —y elige temblando, porque ¿quién sabe si estás eligiendo bien o mal? La única forma de saberlo es eligiendo. Pero entonces será demasiado tarde. Si después de diez años te das cuenta de que elegiste mal, será demasiado difícil volver atrás y elegir otra vez, porque para entonces esos diez años se habrán ido —ido por el desagüe.

Hay una especie de agrupamiento, de pertenecer a algo, en el segundo estado de la mente. No se necesita elegir, todo ha sido elegido ya, decidido; existe una especie de fatalismo. Todo lo que pase tiene que ser aceptado porque no puede ser de otra manera. Si no puede ser de otra manera, ¿por qué preocuparse entonces? Por eso en India hay menos depresiones psicológicas que en América. Pero recuerda, no es un estado bueno. No estoy diciendo que una crisis psicológica sea algo bueno, ni tampoco que tener tensión o ansiedad sea algo valioso. Lo que digo es que no tener ni ansiedad ni tensión tampoco es un logro.

Este estado —el segundo estado— es una especie de patriarcado. La figura del padre sigue siendo muy importante. Se supone que Dios es el padre.

Hay una diferencia entre la madre y el padre. El padre es muy exigente, la madre no lo es. El amor de la madre es incondicional, el del padre es condicional. El padre dice: «Haz esto, y te querré; si no haces esto, no te querré». También el padre puede enfadarse mucho.

Este estado es el del patriarcado, el padre sigue siendo importante, la madre no. No se conoce el amor incondicional. La sociedad te aprecia, te respeta si la sigues. Si te desvías un poquito, la sociedad te retira todo el respeto y está preparada para destruirte. El Dios judío dice: «Soy un Dios muy celoso. Si vas en mi contra, ¡te destruiré! —eso es lo que el Estado dice, el gobierno dice, los sacerdotes, el Papa. Todos ellos son muy celosos, muy dominantes.

Este estado es muy represivo: no permite a nadie tener su propia opinión, ni tampoco su propio ser. Es represivo: no permite tener impulsos propios. Es dictatorial: enseña a decir sí, no acepta un no por respuesta; el sí es impuesto violentamente, agresivamente. Desde luego este sí no es de mucho valor, porque si no puedes decir no, el sí será impotente. Sin embargo, éste es el sí que existe por todas partes. La gente cree en Dios porque eso es lo que les han dicho que hagan. La gente va a la iglesia porque eso es lo que les han dicho que tienen que hacer. La gente sigue haciendo las cosas de manera formal, ritual. Jesús llamó hipócritas a esta gente.

Antes de adentrarnos en los sutras, y para que queden suficientemente claros, sería conveniente haber comprendido estas cosas.

Este estado de la mente sólo está pintado por el exterior, el interior permanece intacto, sin evolucionar. Una especie de teísmo —la gente cree en Dios, cree en el infierno y en el cielo, cree en el castigo y la recompensa—, pero la gente cree, no sabe. El sí está allí, pero ha sido forzado. No se ha dado la oportunidad de evolucionar y descubrirlo dentro de uno. Existe una solidaridad comunitaria porque nunca te encuentras solo, siempre estás con gente, la multitud te rodea y te hace sentir bien. En el momento en que estás a solas, empiezas a temblar. Cuando te sientes rodeado por la gran multitud, puedes confiar. Tanta gente no puede estar equivocada. Por lo tanto, uno tiene que estar en lo cierto porque toda la gente va en una misma dirección, por el mismo camino, y tú también vas con ellos.

A la tercera mente yo la llamo «mente individual»; Nietzsche la llama «el león». Es independencia, reivindicación, rebeldía. El ego ha evolucionado. El ego se ha cristalizado mucho. El hombre deja de ser parte de la iglesia, del país, la tribu, el clan, la familia; empieza a ser él mismo. La auténtica cultura empieza sólo cuando uno es individual. El sentido de ser uno mismo es un deber, éste es el tercer estado de la mente.

La identidad ya no consiste en pertenecer a algo, ser hindú, musulmán o cristiano. La identidad es más personal —se es pintor, poeta. La identidad es más creativa; no consiste en pertenecer a algo, sino en contribuir —en la contribución al mundo.

En la mente nebulosa poco a poco surge un centro. En la mente infantil no existía ningún centro. En la mente colectiva había un falso centro impuesto desde el exterior. En la mente individual nace un centro interior. La primera era una especie de caos —sin orden. La segunda un patriarcado —un orden impuesto por el padre, por la sociedad exigente y la figura del padre. La tercera es un tipo de fraternidad, surge la hermandad. No perteneces a ninguna masa, nadie puede imponerte nada y tú tampoco quieres imponerle nada a nadie. Respetas la libertad de otros tanto como respetas la tuya. Todos son hermanos.

En la primera, la pregunta básica era: «¿Quién es la figura del padre?». En la segunda, la pregunta no es quién es la figura del padre —no existe ninguna, Dios está muerto. Ésta es la situación en la que Nietzsche declara que Dios está muerto: Dios, como padre, está muerto. Es también la situación en la que Buda y Mahavira dicen que no hay Dios. Patanjali dice que Dios no es más que una hipótesis —necesaria en ciertas etapas e innecesaria después.

Nace la responsabilidad, una responsabilidad muy personal. Comienzas a sentirte responsable de cada uno de tus actos, ahora ya conoces lo que está bien y lo que está mal. No porque alguien te diga «Esto está bien», sino porque tú sientes que lo está, tú sientes lo que es bueno. Será necesario tener una mayor comprensión, una mayor consciencia. La alegría será mayor porque estarás más cristalizado, pero también será mayor la ansiedad porque ahora, si algo va mal, tú también vas mal. Tú eres el único responsable de cada paso que des. No puedes fijarte en la figura del padre, no puedes poner tu responsabilidad en nadie —no hay destino, no hay padre, estás sólo en el camino con miles de alternativas y tienes que elegir. Cada elección será decisiva porque no se puede volver atrás en el tiempo. Surge una tremenda ansiedad. Es aquí donde la gente empieza a tener depresiones. Esta etapa es más elevada que la segunda; Occidente está en una etapa más elevada que lo que se conoce como Oriente. Pero desde luego existen problemas. Esos problemas pueden y deben resolverse en lugar de volver sigilosamente hacia un estado de mente inferior.

Existe libertad, por lo tanto, existe tensión. Existe pensamiento, concentración —nace la filosofía abstracta y el «no» se vuelve muy importante.

La duda pasa a ser muy significativa. En la mente colectiva la fe era la norma; en la mente individual la norma es la duda. El «no» se vuelve muy básico porque la rebeldía no puede existir sin el «no», y el ego no puede desarrollarse y madurar sin el «no». Hay que decir no a mil y una cosas, para poder decir sí a las cosas que quieres. Ahora, el «sí» es significativo, porque cabe la posibilidad de decir no. Ahora el «sí» tiene potencia, poder.

La persona que siempre dice sí, su sí no tiene gran valor. Pero quien dice no noventa y nueve veces, y dice sí una vez, lo quiere decir realmente. Tiene una autenticidad.

Es una crisis muy creativa porque, si la superas, será creativa. Si sucumbes a ella, no caerás en la segunda mente, caerás en la primera. Esto ha de ser entendido. Si sucumbes en la tercera, la mente individual, inmediatamente caerás en la locura, porque ya no es posible volver a la segunda. Has aprendido a decir no, has aprendido a ser rebelde, has saboreado la libertad, ya no puedes volver a caer en la segunda. Esa puerta ya no existe para ti. Si sucumbes a la tercera, caerás a la primera, te volverás loco.

Eso es exactamente lo que le sucedió a Friedrich Nietzsche. Era un «león», pero el león se volvió loco, rugiendo, rugiendo y rugiendo, y no pudo encontrar el camino más allá de la tercera mente.

Cuando alguien cae desde la tercera mente, cae a la primera. Esto ha de ser recordado. Ya no puede volver a la segunda —esta etapa ha terminado para siempre. Una vez que el «no» se ha hecho muy consciente, uno no puede volver a la fe. Quien ha dudado, quien ha aprendido a dudar, no puede volver a la fe —es imposible. Ahora, la fe será simple astucia y decepción, y uno no puede decepcionarse a sí mismo. Una vez te vuelves ateo, el teísmo ordinario ya no sirve. Entonces tendrás que encontrar a alguien como yo. El teísmo común ya no sirve —ya has ido más allá de él.

Nietzsche necesitó a un hombre como Buda. Y puesto que Buda no estaba disponible y la mente occidental aún no era capaz de hacer que la gente pudiera ir más allá de la tercera mente, tuvo que volverse loco. En Occidente es casi una certeza que cuando una persona realmente evoluciona en la tercera etapa, empieza a retroceder hacia la locura, porque allí aún no está disponible la cuarta etapa. Si la cuarta está disponible, la tercera es muy creativa. Si existe la posibilidad de renunciar al ego, entonces el ego es de gran valor. ¡Pero su valor reside en la renuncia! Si no puedes renunciar a él, se convertirá en una carga —una gran carga sobre ti. Será insostenible. El león rugirá y rugirá y no habrá ninguna otra salida más que volverse loco.

Ésta es una etapa muy crítica —la tercera; está justo en el medio. Hay dos mentes por debajo de ella y dos por encima. Es exactamente la conexión intermedia. Si caes, entras en el abismo de la locura; si te levantas, entras en la beatitud de ser un cristo o un buda.

La cuarta mente es la «mente universal». Recuerda, parece colectiva pero no lo es. «Colectiva» significa pertenecer a una sociedad, en un determinado tiempo, un cierto periodo, un país concreto. «Universal» significa pertenecer a toda la existencia, a la existencia como tal. El ego, cuando está maduro, puede ser abandonado; de hecho, desaparece por sí solo si la cuarta puerta está disponible. Éste es el problema en Occidente ahora, la tercera mente se ha desarrollado al máximo y la cuarta puerta no está disponible. Occidente necesita urgentemente la cuarta puerta.

Carl Gustav Jung dijo en sus memorias que, observando a miles de personas durante toda su vida, llegó a unas cuantas conclusiones. Una de ellas es que la gente, alrededor de los cuarenta a cuarenta y cinco años, se enfrenta a una crisis religiosa. Su problema no es psicológico sino religioso. Próximo a la edad de cuarenta y dos, cuarenta y cinco, el hombre empieza a buscar la cuarta mente. Si no puede encontrarla, enloquece. Tiene hambre, pero no hay alimento disponible. Si la encuentra, nace una gran beatitud, una gran bendición.

Es casi igual que cuando a los catorce años te vuelves sexualmente maduro. Empiezas a buscar pareja —un hombre o una mujer. Cuando te aproximas a los catorce años, quieres un objeto de amor. Exactamente alrededor de los cuarenta y dos años madura otra cosa dentro de ti, empiezas a buscar el Samadhi, la meditación, algo que sea más elevado que el amor, más elevado que el sexo, algo que te lleve hacia un orgasmo eterno, un orgasmo más total. Si puedes encontrarlo, la vida continúa siendo suave. Si no puedes encontrar la puerta —el hambre se ha despertado y no hay alimento disponible— ¿qué harás? Empiezas a deprimirte, toda tu estructura se tambalea. Y cuando uno se deprime, siempre cae en la primera etapa, cae en lo más bajo.

A la cuarta etapa yo la llamo «mente universal» —el ego puede disolverse porque ha madurado. Recuerda, déjame repetirlo: el ego puede disolverse sólo cuando ha madurado. No estoy en contra del ego, estoy a favor de él —pero no me confino dentro de él. Uno tiene que ir más allá de él.

Justo el otro día estuve leyendo el libro de Frankl. Dice: «Tenemos que desear descartar la personalidad». ¿Por qué debemos descartarla? ¿Y cómo hacerlo si no la hemos desarrollado? Solamente puede descartarse lo que está perfectamente maduro.

¿Qué es la personalidad? La personalidad es una persona, una máscara. Es necesaria. El niño no tiene máscara, por eso se asemeja a los animales. La mente colectiva tiene máscara, pero impuesta desde el exterior; no tiene definición interna de su ser. La mente individual, egoísta, tiene una definición interior; sabe quién es, tiene una cierta integración. Desde luego, no es una integración total y habrá de ser abandonada, pero sólo puede ser abandonada cuando haya sido alcanzada.

«Tenemos que desear descartar la personalidad. Dios no respeta a las personas». Eso es verdad. Dios ama a los individuos, pero no a las personas. La diferencia es grande. La persona es alguien que tiene un ego definido. El individuo es alguien que ha abandonado su ego, y sabe quién es. La persona es un círculo con un centro; el individuo es un círculo sin centro —es sólo puro espacio.

«La personalidad no es más que una máscara, es una creación teatral, un mero accesorio teatral». El anhelo de libertad, de salvación o de nirvana; significa sencillamente el deseo de liberarse de lo que llamamos personalidad y la prisión que esta crea.

«El problema del *yo* es que se deriva de otros». El ego también se deriva de los demás. Para tu ego dependes de los demás. Si te vas a una cueva en los Himalayas, ¿qué ego vas a tener? Poco a poco irá desapareciendo. Necesita soporte. Necesita que alguien lo aprecie. Necesita que alguien le diga lo bella persona que eres. Necesita que alguien lo alimente. El ego solamente puede existir en sociedad. A pesar de que intenta librarse de la sociedad, de forma sutil e inconsciente sigue dependiendo de ella.

«El problema del *yo* es que se deriva de otros. Está construido en un intento de vivir para las expectativas de otros. Los demás se han instalado en nuestros corazones, y cuando hablamos de ellos lo hacemos como si fuese de nosotros mismos».

El yo no eres tú. Pertenece a los otros que te rodean. Existe dentro de ti, pero son los demás quienes lo poseen. Por eso es tan fácil manipular a una persona egoísta. Eso es la adulación: un truco para manipular a la persona egoísta. Vas y le dices que es el hombre más grande del mundo, y está dispuesto a caer a tus pies; lo estás manipulando. Tanto él, como tú y todo el mundo sabéis que esto es completamente falso. Él también sabe que no es el hombre más grande del mundo, pero se lo creerá. Querrá creérselo y hará cualquier cosa que le pidas. Al menos, una persona en el mundo cree que es la persona más grande. No puede permitirse perderte.

El ego existe dentro de ti, pero es posesión de los demás. Es la esclavitud más sutil hasta ahora inventada por los sacerdotes y los políticos. Es como un electrodo delgado insertado en tu cabeza y manipulado por control remoto.

La sociedad es muy lista. Primero intenta mantenerte en el segundo nivel. Si vas más allá, entonces empieza a manipularte mediante halagos.

Te sorprenderá saber que en India no ha habido nunca una revolución. ¿La razón? La razón es que el brahmín, el intelectual, ha sido tan halagado a lo largo de los siglos que nunca se irritó lo suficiente para rebelarse en contra de la sociedad. Y sólo los intelectuales se sublevan —sólo los intelectuales, porque son la gente más egoísta. Los más independientes —la intelectualidad. Y puesto que en India el brahmín es lo más elevado... no había nadie más alto que él —incluso el rey estaba por debajo del brahmín. Un mendigo brahmín estaba por encima del emperador, el emperador solía tocarle los pies. Por lo tanto, no existía ninguna posibilidad para la revolución porque, ¿quién iba a hacerla?

Ésta es la gente, estos intelectuales son los que crean el problema. Son altamente respetados, sumamente elogiados... La revolución no podía existir —no era posible.

Pasó lo mismo en la Rusia soviética. Durante esos cincuenta años en la sociedad soviética, los intelectuales han sido más alabados que nada. Los académicos, escritores, poetas, profesores son las personas más altamente respetadas. ¿Quién va a hacer la revolución? No es posible, porque los revolucionarios han invertido mucho en el modo convencional de la sociedad, en la sociedad tradicional.

En India, la revolución no ocurrió y en Rusia no puede suceder. La revolución sólo es posible por los egoístas. Pero los egoístas pueden ser manipulados muy fácilmente. Entrégale el premio Nobel, dale el doctorado y ya está dispuesto a hacer cualquier cosa.

Este tercer estado de la mente actualmente prevalece en todo el mundo. Si lo satisfaces, eres absorbido por él. Si no lo satisfaces, retrocedes y te vuelves loco. Ninguna de estas dos situaciones es saludable.

Uno tiene que ir más allá del tercero y ha de crear el cuarto estado: la mente universal. La separación con el cosmos tiene que desaparecer. Has de ser uno con el todo. De hecho, **eres** uno, sólo que no te lo crees. Hay que disolver esa barrera del pensamiento. Es entonces cuando se produce la relajación, la paz, la no-violencia. En India decimos: Satyam, Shivam, Sunderam: entonces hay verdad, hay bien y hay belleza. Con la mente universal florecen estas tres cosas: Satyam: verdad; Shivam: bien, Sunderam: belleza. Con la mente universal estas tres flores se abren y se produce una gran alegría. Tú has desaparecido y toda la energía relativa al ego es liberada. Esta energía se convierte en belleza, bien, verdad.

Éste es el estado de matriarcado. La mente colectiva es patriarcado; la mente individual es fraternidad, y la mente universal es matriarcado. El amor materno no exige, y así es el amor del universo hacia ti. No te pide nada, es incondicional, simplemente se derrama sobre ti. Puedes tomarlo o no, pero se vierte sobre ti. Si tienes ego, las puertas están cerradas y no lo aceptas. Si el ego ha desaparecido, el amor del universo sigue volcándose sobre ti, sigue nutriéndote, realizándote.

El primer estado era caótico, el segundo intelectual, el tercero inteligente y el cuarto es emocional, es un estado de amor, del corazón. Con el tercero, el intelecto llega a su cima; con el cuarto, el amor empieza a fluir. Este estado puede llamarse «Dios como madre». Cuando Dios como padre ha muerto, Dios como madre tiene que surgir. Es un estado de religión más elevado. Cuando lo importante es el padre, la religión es más institucional, más formal —porque así también lo es el padre. La madre es más natural, más biológica, más intrínseca. El padre es externo, la madre es interna.

La mente universal introduce el matriarcado. La madre es más importante. Dios deja de ser masculino y pasa a ser femenino. Se piensa sobre la vida basados en el amor, no en la lógica.

El poeta Schiller lo llamó «el beso universal». Si estás abierto, la madre universal puede besarte, puede abrazarte, puede volver a acogerte en su vientre. El sí vuelve otra vez a la existencia, pero ya no impuesto desde el exterior, sino desde la más profunda esencia del ser. Esto es confianza. La mente colectiva vive en la fe. La mente individual vive en la duda, la mente universal vive en la confianza —Shraddha. No es creencia, no es que alguien te haya forzado a creer; es tu propia visión, tu propia experiencia.

Ésta es la verdadera religión, cuando tú puedes llegar a ser un testigo de Dios, del Samadhi, de la oración; cuando eres un testigo; cuando no lo has tomado prestado —deja de ser un conocimiento, una creencia— ahora es tu propia experiencia existencial. La solidaridad vuelve a formar parte, pero es solidaridad con la propia existencia, no con la sociedad. Vuelve la creatividad, pero ya no es una creatividad egoísta. No eres tú quien hace —tú eres un instrumento—, Dios es quien hace. Entonces, Dios fluye a través de ti. Puedes crear gran poesía. De hecho, antes de esto no podías crearla. El ego crea sombras, nunca puede ser transparente. La auténtica creatividad sólo es posible con lo universal.

Debes haber leído los libros de Gopi Krishna sobre kundalini. Dice que cuando se despierta la kundalini nace una gran creatividad. Eso es verdad. Pero los ejemplos que da no son verdaderos. Dice que Aurobindo fue creativo cuando se le despertó la kundalini. La poesía que ha escrito Aurobindo es simplemente mediocre. Aunque no es creativa, al menos es mediocre. Sin embargo, Gopi Krishna ha escrito poesía que ni siquiera puede calificarse de mediocre —sólo son sandeces, basura.

Sí, cuando alcanzas lo universal nace una gran creatividad. Tu simple toque es creativo.

Hay un antiguo relato en las escrituras sagradas budistas...

Un hombre muy rico acumuló muchos bienes —guardó tanto oro que no había lugar donde amontonarlo. Pero de repente sucedió algo. Una mañana despertó y vio que el oro se había convertido en polvo. Puedes creer que se volvió loco.

Alguien le sugirió acercarse a Buda —Buda se encontraba en la ciudad— y el hombre fue a verlo. Y Buda le dijo: «Haz una cosa. Lleva todo tu oro al mercado, y si alguien lo reconoce como oro, tráeme a ese hombre».

El hombre contestó: «¿Pero cómo me va a ayudar eso?». Buda dijo: «Te ayudará. Ve».

Así que cogió todo su oro —miles de carretas de bueyes llenas de polvo, porque ahora todo era polvo. Todo el mercado se llenó con sus carretas. La gente se acercaba y preguntaba: «¿Qué tontería es ésta? ¿Por qué traes tanto polvo al mercado? ¿Para qué?».

El hombre se mantuvo en silencio.

Entonces llegó una mujer. Se llamaba Kisagautami. Le dijo al hombre: «¿Tanto oro? ¿De dónde has sacado tanto oro?».

Él preguntó a la mujer: «¿Puedes ver oro aquí?». Ella dijo: «Oh sí. Estas carretas están llenas de oro».

Sujetó a la mujer y le preguntó cuál era su secreto. «¿Cómo puedes verlo? Porque nadie..., ni siquiera yo puedo ver que haya nada de oro; todo es polvo.»

Llevó a la mujer junto a Buda, y este dijo: «Has encontrado a la mujer correcta... ella te enseñará el arte, es sólo una cuestión de ver. El mundo es como lo ves. Puede ser el infierno o puede ser el cielo. El oro puede ser polvo y el polvo puede ser oro. Sólo es cuestión de cómo lo mires. Ésta es la mujer correcta. Hazte discípulo de Kisagautami. Ella te enseñará. El día que aprendas a ver correctamente, el mundo entero se convertirá en oro. Este es el secreto de la alquimia».

Kisagautami era una mujer rara de esos días, y el hombre, por medio de ella, aprendió el arte de convertir el mundo entero en oro.

Cuando entras en la mente universal puedes desarrollar la creatividad —no por ti como tal, sino como Dios. Te vuelves un bambú hueco y su canción comienza a descender por medio de ti. Te transforma en una flauta.

Si caes desde la tercera, no estando disponible la cuarta, caerás en la locura. Nietzsche habla solamente de tres mentes: el niño, el camello y el león. Desde el león vuelve a caer al niño: se vuelve loco.

Hay también otra puerta, y consiste en la mente universal —que es realmente otra vez la infancia, pero una segunda infancia. Ya no es como la primera; no es caótica, en ella existe la autodisciplina. Tiene un cosmos interior, un orden interior —no es irresponsable como la primera, ni responsable como la segunda. Es una nueva responsabilidad, no hacia ningún valor, no hacia la sociedad, sino que nace un segundo tipo de valores, porque puedes ver lo que está bien. ¿Cómo podrías actuar de otra manera? Puedes ver lo que está bien, y eso es lo que has de hacer. El conocimiento aquí se vuelve virtud. Actúas de acuerdo con tu consciencia; tu vida se ha transformado. Tienes inocencia, inteligencia, amor, pero salen de tu más profunda esencia; tu fuente interior está fluyendo.

La quinta, y última, es cuando vas más allá incluso de lo universal. Porque pensar que la mente es universal también es pensar. Todavía te quedan unas cuantas ideas sobre lo individual y el universo rezagadas en algún lugar. Aún sigues siendo consciente de que eres uno con el todo, pero el tú sigue estando allí, tú eres uno con el todo. La unidad todavía no es total, no es completa, no es suprema. Cuando la unidad es realmente suprema, no existe el individuo, ni lo universal. Ésta es la quinta mente: la mente de Cristo, la mente de Buda.

Ahora aparecen tres características más: **Satchitananda**. «Sat» significa *ser*, «Chit» significa *consciencia*, «Ananda» significa *dicha*. Aparecen ahora estas tres cualidades, estas tres flores se abren ahora dentro de tu ser. Por primera vez eres un ser, ya no tienes que transformarte. El hombre se ha superado a sí mismo, ya no existe ningún puente. Has vuelto a casa, eres un ser: Sat. Y eres completamente consciente porque ya no queda más oscuridad: Chit. Y eres Ananda, porque ya no hay ansiedad, tensión, ni miseria. Todo esto ya no existe; la pesadilla ha pasado. Estás totalmente despierto. En este despertar reside la condición de Buda, de Cristo.

Éstas son las cinco etapas. Y recuerda, la tercera es la central. Hay dos por debajo de ella y otras dos por encima. Si no vas hacia arriba, caerás hasta abajo. Y recuerda, no puedes ir hacia arriba sin pasar por la tercera. Ésta es la complejidad. Si intentas evitar la tercera, permanecerás estancado en la segunda, y puede que pienses que es la universal. No lo es, simplemente es la colectiva. Si tratas de evitar la tercera, hasta puedes quedarte en la primera, lo cual es idiota. A veces los idiotas se asemejan a los santos.

En hindi tenemos dos palabras que provienen de la misma raíz para esas dos etapas, la raíz es *Budh*. A la última etapa la llamamos Buda y a la primera *Buddhu*, el estado de idiota.

A veces los idiotas parecen santos —tienen algunas similitudes, y otras veces los santos parecen idiotas. Pero están muy alejados —el punto más lejos de la existencia. Jesús a veces parece idiota. Y han existido muchos idiotas que se parecían a Jesús. La similitud es que ninguno de ellos tiene mente. El idiota está por debajo de la mente y Cristo está por encima, ambos están más allá de la mente. En esto se parecen, pero más allá de esto no se asimilan en nada.

Recuerda que la primera no es el objetivo, es el comienzo. La segunda es muy cómoda, pero no se trata de comodidad, sino de creatividad. La tercera es creativa pero muy incómoda, muy ansiosa, muy tensa. ¿Cuánto tiempo puedes ser creativo? —existe demasiada tensión. Ha de perderse la tensión, y ahí llega la cuarta. En la cuarta todo es silencio. Sólo queda lo último del persistente ego, ése que siente que «Yo soy uno con el todo».

Un discípulo de Rinzai se acercó al Maestro y le dijo: «¡Ya soy uno con el todo! ¿Qué tengo que hacer ahora?».

El Maestro se volvió hacia él diciendo: «Quítate esa idea de que eres uno con el todo. Deshazte de esa idea: ésa es la última barrera».

Otro de los discípulos dijo a Rinzai: «He alcanzado la nada». Y Rinzai contestó: «Abandona eso. ¡Deja eso también!».

En la cuarta sólo permanece una fina pared —casi transparente, que no puedes ver. Eso también has de abandonarlo. Entonces surge la quinta.

Estos sutras de Jesús son aplicables a la quinta.

Y cuando oras, no seáis como los hipócritas, que gustan de orar en las sinagogas y en los ángulos de las plazas, bien plantados para ser vistos por los hombres. En verdad os digo que ya recibieron su paga.

Jesús dice: No seas hipócrita. No ores sólo para mostrar a los demás que estás rezando. Esto es una creación de la mente colectiva. Siempre mirando a los demás —qué piensan de ti. Estás pidiendo respetabilidad.

Hipócrita es quien vive por respetabilidad. Hace todo lo que le proporciona respeto, no importa si quiere hacerlo o no. Puede incluso estar en contra de lo que hace. Puede querer hacer justo lo contrario, pero sigue cumpliendo con el deseo de la gente porque necesita su respeto.

Jesús dice:

Y cuando oréis, no seáis como los hipócritas...

Al menos cuando reces, olvídate de la sociedad, de la mente colectiva. Al menos cuando reces, olvídate de las formalidades. Reza sólo para Dios, para nadie más.

En verdad os digo que ya recibieron su paga.

Si rezas sólo para mostrar a los demás que eres un gran orador, ésa será tu recompensa —el respeto que obtengas será todo lo que consigas. Eso no tiene ningún valor.

Tú, cuando ores, entra en tu habitación, cierra la puerta y ora a tu Padre que está en lo secreto.

Jesús dice: Reza en secreto, reza en privado. Reza fuera de la mente colectiva. Olvídate de la sociedad, de la iglesia y de la gente —olvídate de todo. Porque cuando te olvidas de todo, sólo entonces puedes recordar a Dios, no de otra manera. En secreto, en privado, deja que tu oración sea.

Y al orar no charléis, como los gentiles, que creen que por hablar mucho van a ser escuchados.

Y Jesús dice: No es cuestión de repetir una oración formal, lo auténtico es que sea del corazón —no lo que dices, sino lo que quieres expresar. No debe ser formal; las cosas formales están muertas. Debe estar vivo, auténtico, latiendo. Debe enseñar tu corazón y el momento en el que estás —debe representarlo. Debe ser verdadero y real. Y no te preocupes, dice Jesús, no tienes que hablar mucho con Dios. La única manera de hablar con él es en silencio.

No seáis como ellos, porque vuestro Padre conoce vuestras necesidades antes que se lo pidáis.

No hay ninguna necesidad de decir nada, bastará con inclinarse en silencio. Será suficiente estar completamente callado. El silencio es el lenguaje de la oración. Pero puede ser difícil entrar directamente en el silencio, porque lo único que conocemos es el lenguaje.

Por eso, entonces, Jesús dice:

Vosotros orad así...

Es muy difícil estar en silencio, completamente en silencio, así pues, empieza de esta manera. Recuerda, Jesús dice: así pues, habéis de orar..., no dice «exactamente así». Encuentra ¡tu propia manera, crea tu propia oración. Al menos crea tu propia oración si es que no puedes crear ninguna otra cosa.

Vosotros orad así: «Padre nuestro que estás en los cielos, Santificado sea tu nombre; venga tu reino; hágase tu voluntad, así en la tierra como en el cielo. El pan nuestro de cada día, dánosle hoy; y perdónanos nuestras deudas, así como nosotros perdonamos a nuestros deudores; y no nos dejes caer en la tentación; más líbranos del mal.

Jesús dice: Así pues, habéis de orar... Sólo está dando un ejemplo, no está dando una oración, recuérdalo, simplemente está diciendo «De esta manera...», sólo para enseñarte una forma. Después, tú creas tu propia oración.

Todo consiste en que debes rendirte, debes estar lleno de gratitud, de alabanzas, que debes estar dispuesto para recibir... abierto, escuchando. Que debes estar en silencio, en secreto, en privado. Tienes que verter tu amor a sus pies. Así pues, habéis de orar... Descubre tu propia oración, crea tu propia oración. Haz que sea tuya. Una oración prestada es una oración falsa.

No deis lo santo a los perros, ni echéis vuestras perlas delante de los puercos, no sea que las pisoteen y, revolviéndose, os destrocen.

Jesús dice: No necesitas rezar en el mercado, no es necesario rezar sólo para demostrar a los demás que estás orando. Eso no estará bien, será como dar cosas santas a los perros. Si rezas allí donde la gente no entiende de oración, serás malinterpretado.

...ni echéis vuestras perlas delante de los puercos...

No deberás tirar a los puercos estas perlas de tu corazón.

…no sea que las pisoteen y, revolviéndose, os destrocen. Pedid, y se os dará…

Simplemente pídele a Dios, dirige tu oración hacia él, únicamente para él.

Pedid, y se os dará; buscad, y hallaréis; llamad, y se os abrirá.

Dios siempre está dispuesto. No sólo tú lo buscas a él, él también te busca a ti. LLAMAD, Y SE OS ABRIRÁ… Él ha estado allí esperándote durante mucho tiempo. La búsqueda del hombre no está orientada en una sola dirección. Desde el otro lado también existe un gran deseo de encontrar — este es el significado de este mensaje.

Pedid, y se os dará… Buscad, y hallaréis; llamad, y se os abrirá. Porque quien pide recibe, quien busca halla y al que llama se le abre.

Todo lo que queráis que hagan con vosotros los hombres, hacedlo vosotros con ellos; porque esto es la Ley y los Profetas.

Ora en secreto… La oración debe ser un diálogo entre tú y Dios. Y después tu comportamiento… Jesús ha completado el esquema completo para la vida religiosa.

Con la gente, haz sólo aquello que te gustaría que te hicieran a ti. ¡Eso es todo! Este es, abreviado, el mensaje completo de la Ley y los Profetas: Haz a los demás lo que te gustaría que te hicieran a ti. Esta deberá ser tu conducta y es suficiente preparación para orar. Y después, cierra las puertas, ve en secreto y ora a tu Dios.

Si no has hecho nada malo a la gente, nada estará bloqueando tu camino. Si nadie está irritado, si nadie está en contra de ti, si no has herido

a nadie —estás preparado. Tu oración va a ser escuchada. Deja que sea tu propia oración, auténtica, informal.

Entrad por la puerta estrecha; que es ancha la puerta y espacioso el camino que lleva a la perdición, y son muchos los que entran por él. Y es estrecha la puerta y angosto el camino que lleva a la vida, y son pocos los que lo hallan.

Jesús dice: Hay dos puertas. Una es la de la multitud, la mente colectiva, y la otra es la de la mente universal. Las dos en cierta manera son similares —ambas son puertas. Pero la diferencia es:

... que es ancha la puerta y espacioso el camino que lleva a la perdición...

Naturalmente, por donde va la gente, la puerta es ancha, y la senda es espaciosa. Por allí pasa la multitud. Pero la auténtica puerta es estrecha, sólo tú puedes pasar por ella. Las dos son puertas —la colectiva y la universal se parecen—, pero en la colectiva tú eres sólo parte de la masa, en la universal no. Antes de la universal has alcanzado una cierta libertad, ego, individualidad, autodefinición —vas a solas.

Y es estrecha la puerta y angosto el camino que lleva a la vida, y son pocos los que lo hallan.

Es necesario recordar esto: Solamente puedes llegar a Dios en absoluta soledad. Ni siquiera puedes ir con tu amigo, tu amado. Uno tiene que ir sólo, la puerta es muy estrecha. No puedes dirigirte allí como hindú, no puedes llevarte a los hindúes contigo. Tampoco puedes ir como cristiano, no puedes ir como parte de la masa cristiana. Tienes que ir como individuo y, para tener una individualidad, tendrás que desarrollar la tercera mente. Sólo viniendo desde la tercera puedes entrar en la cuarta y lentamente, la quinta llega por sí sola. Crece, se abre como un loto.

Estas son las cinco etapas de la mente. Observa. La primera está en todo el mundo, la segunda también en el noventa y nueve por ciento de la gente, la tercera en muy pocos —tres, cuatro, cinco por ciento como mucho, la cuarta ni siquiera en el uno por ciento, y la quinta muy raras veces.

Solamente una vez nace un cristo o un buda, su meta es la quinta. Mantén este objetivo en tu perspectiva y persíguelo, lentamente, despacio, desde la primera hacia la segunda, desde la segunda hacia la tercera, desde la tercera hacia la cuarta.

El hombre es transformable. Con el surgimiento de la quinta mente, de la mente de Buda, la mente de Cristo, el hombre se transforma en ser. Deja de ser un hombre porque ya no es mente, es Dios. Sólo esto puede satisfacer, autorrealizar —nada más. Nunca te conformes con menos.

Capítulo 4

Rendición a la oscuridad

Mateo 7

Jesús dijo a sus discípulos:

21. *No todo el que me dice: «¡Señor, Señor!», entrará en el Reino de los cielos, sino el que hace la voluntad de mi Padre celestial.*

22. *Muchos me dirán aquel día: «¡Señor, Señor!, ¿no profetizamos en tu nombre, y en tu nombre expulsamos demonios, y en tu nombre hicimos muchos milagros?».*

23. *Y entonces les declararé: «Nunca os conocí; apartaos de mí, agentes de maldad».*

24. *«El que escucha estas palabras mías y las cumple, es como el sabio que edifica su casa sobre piedra.*

25. *Cae la lluvia, vienen los torrentes, soplan los vientos y se echan sobre esa casa; pero no cae, porque está cimentada sobre roca.*

26. *Y el que escucha estas palabras mías y no las cumple, es como el necio, que edifica su casa sobre arena;*

27. *Cae la lluvia, vienen los torrentes, soplan los vientos y se echan sobre esa casa: y cae y es grande su ruina».*

Ser hombre no es un significado, sino una oportunidad. Cabe la posibilidad de darle un significado, pero no lo tiene. Puede crearse un significado, pero aún no existe. Es una tarea, no un don. La vida es un regalo, y también una oportunidad abierta. Su significado no es un don, sino una búsqueda. Aquéllos que lo busquen ciertamente lo encontrarán, pero aquéllos que únicamente esperen se lo perderán. El hombre tiene que crear su sentido, su logos. El hombre tiene que transformarse a sí mismo para llegar a comprender su sentido. No puede ser algo que es exterior a él, únicamente puede ser interior.

El ser interior del hombre tiene que llegar a iluminarse.

Antes de adentrarnos en los sutras, unas cuantas cosas sobre el hombre nos ayudarán a comprender, sólo entonces puede hacerse el trabajo.

Lo primero que ha de comprenderse es que el hombre es un continuo espacio-tiempo de cuatro dimensiones, exactamente igual que toda la existencia. Tres dimensiones son de espacio y una es de tiempo. No están separadas, la dimensión de tiempo es la cuarta dimensión de espacio. Las tres dimensiones de espacio son estáticas; la cuarta dimensión de tiempo introduce el movimiento, hace que la vida sea un proceso. La existencia no es una cosa, sino que se convierte en un acontecimiento.

Y así es el hombre. El hombre es el universo en miniatura. Si pudieras comprender al hombre en su totalidad, comprenderías toda la existencia. El hombre lo contiene todo —en semilla. El hombre es un universo condensado. Éstas son las cuatro dimensiones del hombre.

La primera dimensión es lo que Patanjali llama *Sushupti*, profundamente dormido, donde ni siquiera existen los sueños. Uno está en completo silencio, sin un sólo pensamiento que se mueva, ni un soplo de viento. Todo está ausente. Esta ausencia en el sueño profundo es la primera dimensión. Es desde aquí desde donde empezamos. Tenemos que comprender nuestro sueño, sólo entonces podemos pasar por la transformación. Sólo entonces podemos construir nuestra casa sobre roca, no de otra forma. Pero existe muy poca gente que comprende su sueño.

Duermes cada día, vives una tercera parte de tu vida en un sueño profundo, pero no comprendes lo que es. Entras en él cada noche, y también obtienes mucho de él. Pero todo es inconsciente: no sabes exactamente dónde te lleva. Te lleva a la dimensión más simple de tu vida —la primera dimensión. Es muy simple porque no existe la dualidad, porque no hay complejidad. Es muy simple porque solamente hay unidad. Aún no te has desarrollado como ego, todavía no te has dividido —pero esta unidad es inconsciente.

Si la unidad llega a ser consciente, en lugar de Sushupti tendrás un Samadhi. Si esta unidad se hace consciente, iluminada, entonces habrás llegado a Dios. Por eso Patanjali dice: El sueño profundo y el Samadhi, el estado supremo de la consciencia, se parecen mucho. Se parecen porque son simples. Se parecen porque en ninguno de ellos hay dualidad. Se parecen porque en ninguno existe el ego.

En la primera, el ego aún no se ha despertado; en la segunda, el ego se ha disuelto —pero existe una gran diferencia también. La diferencia es que en Samadhi tú sabes qué es el sueño. Aunque estés dormido, tu consciencia está presente, te das cuenta de ella. Tu consciencia sigue ardiendo como una pequeña luz dentro de ti.

«A un Maestro zen le preguntaron…», éste es un dicho muy famoso en el zen:

Así pues, antes de estudiar el zen nos dicen que las montañas son montañas y que los ríos son ríos. Sin embargo, mientras estamos estudiándolo, las montañas dejan de ser montañas y los ríos dejan de ser ríos. Pero cuando completamos nuestro estudio del zen, las montañas vuelven otra vez a ser montañas y los ríos vuelven a ser ríos.

«¿Qué quiere decir esto?», preguntó un discípulo al gran Maestro.

El Maestro explicó: «Sencillamente significa que el primer estado y el último son parecidos. Pero justo en el medio… está la perturbación. Primero las montañas son montañas, y otra vez al final las montañas vuelven a ser montañas. Pero en el medio las montañas dejan de ser montañas y los ríos dejan de ser ríos —todo está perturbado, confuso y enturbiado. Ese empañamiento, esa confusión, ese caos, sólo existen en el medio. Tanto en Sushupti como en Samadhi todo es como debe ser. El problema se encuentra entre los dos, allí está el mundo, la mente, el ego, todo el complejo de miseria, el infierno».

Cuando el Maestro explicó esto, el discípulo exclamó: «Bien, si eso es verdad, entonces no hay diferencia entre el hombre ordinario y el iluminado».

«Cierto», contestó el Maestro. «Realmente no existe ninguna diferencia. Lo único es que el hombre iluminado está seis pulgadas por encima del suelo».

Esas seis pulgadas constituyen toda la diferencia. ¿Por qué está el Maestro seis pulgadas por encima del suelo? Vive en el mundo y, sin embargo, no está en él —ésas son las seis pulgadas, la diferencia. Aunque coma, él no es el comensal; permanece siendo un testigo —ésas son las seis pulgadas. Aunque esté enfermo, conoce el dolor de la enfermedad, pero no lo padece; ésa es la diferencia —las seis pulgadas. Cuando muere, sabe que la muerte está ocurriéndole, pero, no obstante, no está muriéndose, ésa es la diferencia —ésas seis pulgadas. Duerme sin estar dormido, sigue en estado de alerta.

El primer estado es el de Sushupti. Lo llamaremos «la primera dimensión». No existen los sueños, tampoco la división, es una unidad inconsciente, es ignorancia, pero con mucha dicha; aunque esta dicha es también inconsciente. Sólo cuando vuelves a despertarte por la mañana, empiezas a sentir que has tenido un buen sueño durante la noche, que has estado en alguna tierra lejana, que te sientes rejuvenecido, muy fresco, otra vez joven y vivo. Pero sólo por la mañana —no exactamente en el momento en que estás dormido, sino más tarde. Queda sólo alguna fragancia rezagada en la memoria, que te recuerda que has estado en una profundidad interior, ¿pero dónde, qué? —no puedes imaginarlo. No puedes dar ninguna cuenta de ello. Sólo una vaga memoria, un breve recuerdo de haber estado en algún lugar, en un espacio bueno. Todavía no existe el ego, por lo tanto, tampoco existe la posibilidad de miserias, porque la miseria no es posible sin el ego.

Este es el estado de las rocas, las montañas, los ríos y los árboles. Por eso los árboles son tan bonitos —están rodeados por una dicha inconsciente. Por eso las montañas parecen tan silenciosas: están en Sushupti, están en un sueño profundo, continuamente están en un sueño profundo. Por eso en los Himalayas se siente un silencio eterno —un silencio virgen. Nadie jamás la ha podido perturbar. Piensa en una montaña y de inmediato empezarás a sentir el silencio. Piensa en árboles y sentirás la vida fluyendo dentro. Toda la naturaleza existe en el primer estado, por eso es tan simple.

La segunda dimensión es la de los sueños —lo que Patanjali llama *Swabha*. Los sueños son la primera intranquilidad que surge al dormir. Ahora dejas de ser uno para siempre, aparece la segunda dimensión. Las imágenes empiezan a flotar dentro de ti, es el comienzo del mundo. Ahora eres dos: el soñador y lo soñado, puedes ver el sueño y también ser el sueño. Estás dividido. Ya no existe ese silencio del sueño profundo, con la división ha llegado la perturbación.

División, dualidad, perturbación —éste es el significado de los sueños. A pesar de que la dualidad todavía es inconsciente, está allí; aunque no tengas conocimiento de ella. El alboroto está allí, ha nacido el mundo. Pero las cosas siguen sin estar definidas, apenas están saliendo de la nebulosa; están tomando forma. La forma no está todavía clara, aún no es concreta, pero debido al dualismo —aunque sea inconsciente— la miseria se ha introducido. La pesadilla no está muy lejos. Los sueños se volverán una pesadilla.

Aquí es donde existen los animales y los pájaros. Ellos igualmente tienen una belleza, porque están también muy cerca de Sushupti. Los pájaros posados en un árbol son como sueños posados en el dormir. Los pájaros, haciendo sus nidos en un árbol, son como los sueños haciendo sus nidos en el dormir. Hay un tipo de afinidad entre los pájaros y los árboles. Si los árboles desaparecen, los pájaros desaparecerán, y si los pájaros desaparecen, los árboles dejarán de ser tan bellos. Hay una inmensa relación; es una familia. Viendo a los loros gritando y volando alrededor de un árbol, casi parece como si las hojas del árbol tuvieran alas. No están separados... están muy juntos. Los pájaros y los animales son más silenciosos y más felices que el hombre. Los pájaros no se vuelven locos. No necesitan psiquiatras, no necesitan a ningún Freud, ni a Jung, ni a Adler. Están completamente sanos.

Si vas al bosque y miras a los animales, te sorprenderás: ¡todos se parecen! Y todos están sanos. Nunca encontrarás ni un sólo animal en su estado natural que esté gordo. No estoy hablando del zoológico, allí las cosas no van bien, porque el zoológico ha dejado de ser natural. Los animales en el zoológico siguen al hombre, hasta empiezan a volverse locos y cometen suicidio, incluso se vuelven homosexuales. El zoológico no es su estado natural, está creado por el hombre. En la naturaleza los animales son muy silenciosos, felices, saludables, pero esta salud es también inconsciente —no saben lo que está ocurriendo.

Éste es el segundo estado: cuando te encuentras en un sueño. Es la segunda dimensión. La primera es dormir sin soñar, Sushupti —sencillamente unidimensional; lo «otro» no existe. La segunda es soñar, Swabha; en ella existen dos dimensiones: el soñador y lo soñado, el contenido y la consciencia —ha nacido la división—, el que mira y lo mirado, el observador y lo observado. La dualidad se ha introducido. Ésta es la segunda dimensión.

En la primera dimensión solamente existe el tiempo presente. El dormir no conoce pasado ni futuro. Y, por supuesto, al no conocer ni pasado ni futuro, tampoco puede conocer el presente, porque el presente sólo existe en el intermedio. Tienes que darte cuenta del pasado y del futuro, sólo entonces puedes observar el presente. Puesto que no hay ni pasado ni futuro, duermes sólo en el presente. Es puro presente, aunque inconsciente.

Con los sueños se introduce la división. Con los sueños el pasado es importantísimo. Los sueños están orientados hacia el pasado, todos los sueños vienen del pasado. Son fragmentos del pasado flotando en la mente, polvo del pasado que aún no se ha asentado.

Siente pena por su viejo. La otra noche estaba en la cama profundamente dormido y, de pronto, ella se dio cuenta de que estaba sonriendo y pensó: «¡Vaya, otra vez está con uno de esos sueños!». Así que sacó todas sus fuerzas y lo despertó.

El viejo dijo: «¡Caray, tú también lo harías! Tenía un sueño fantástico. Estaba en la subasta donde venden bocas. Tenían unas como capullitos por una libra. Otras como monederos muy alegres por dos, y otras pequeñas y sonrientes por cinco».

Ella exclamó: «¡Oh! ¿No tenían una boca de mi tamaño?».

«Sí. Allí dentro celebraban la subasta».

Cualquier cosa que sueñes tiene que ver con tu pasado. Es posible que estés viendo una subasta —donde se venden sonrientes bocas como capullitos—, pero que está teniendo lugar dentro de la boca de tu mujer. Quizá nunca le hayas dicho a tu mujer: «¡Cállate y mantén cerrada esa bocaza!». O tal vez no se lo hayas dicho tan claro, pero lo has pensado muchas veces. La idea ha quedado rondando por ahí dentro de tu mente. A lo mejor nunca has sido tan sincero despierto como lo eres dormido. ¡Y puedes serlo! Puedes permitirte ser sincero. Todos los sueños flotan desde el pasado. Con ellos el pasado toma existencia, de manera que el presente coexiste con el pasado.

Con la tercera etapa, la tercera dimensión, se introduce la multiplicidad, el estado de estar despierto que Patanjali llama *Jagrut*. La primera es unidad, la segunda dualidad y la tercera es multiplicidad. Surge una gran complejidad. Nace el mundo entero. Cuando duermes, estás profundamente dentro de ti; en los sueños no estás ni dentro de ti, ni tampoco estás fuera —estás justo en el medio, en el umbral. Cuando al despertar tomas consciencia, sales de ti mismo y entras en el mundo.

En estas tres dimensiones puedes comprender la historia bíblica de la expulsión de Adán. Cuando Adán estaba en el Jardín del Edén, pero sin haber comido aún el fruto prohibido del Árbol del Conocimiento; se encontraba profundamente dormido, inconsciente —era una inconsciencia dichosa. No había nada que lo perturbara, todo era sencillamente hermoso. No conocía ninguna miseria y entonces comió el fruto del Árbol del Conocimiento. Aquí surge el conocimiento, empiezan a flotar las imágenes, los sueños comienzan a funcionar. Ha dejado de ser él mismo. Todavía está en el Jardín del Edén pero ha dejado de formar parte de él —es un ajeno, un extraño, un intruso. Aunque aún no ha sido expulsado, de forma sutil ya no está centrado allí. Está desarraigado. Éste es el estado de los sueños —saborear por primera vez el conocimiento, la dualidad, la distinción entre el observador y lo observado. Después es expulsado del Jardín del Edén, arrojado fuera —éste es el tercer estado, el estar despierto. Ahora ya ni siquiera puede volver; no existe el camino de vuelta: Ha olvidado que también posee su lado interior.

Cuando estás profundamente dormido te encuentras dentro de ti. Despierto, estás fuera. En los sueños estás justamente en el centro, colgando, sin saber aún a dónde ir, todavía indeciso, dudoso, vacilante. En el estado de despierto el ego se introduce. En la etapa de los sueños surgen unos cuantos rudimentarios fragmentos del ego, pero se estabilizan en el tercer estado. El ego se convierte en el fenómeno más concreto, sólido y decisivo. Ahora cualquier cosa que hagas, la haces por el ego.

El tercer estado aporta un poco de consciencia —sólo el uno por ciento, no mucho más, únicamente un pequeño retazo de consciencia, una consciencia momentánea. El primero era totalmente inconsciente, el segundo inconsciencia perturbada y el tercero es el primer vislumbre de consciencia. Y por este momentáneo vislumbre de consciencia, ese uno por ciento crea el ego. Ahora también se introduce el futuro.

Primero estaba el presente inconsciente, después el pasado inconsciente y ahora el futuro. Pasado, presente y futuro, toda la complejidad del tiempo gira a tu alrededor. Es en este estado donde la gente se estanca, donde estás atascado, donde todo el mundo se bloquea. Y si continúas edificando tu casa con estas tres dimensiones, la estarás construyendo sobre arena, porque todo tu esfuerzo será inconsciente.

Hacer algo inconscientemente es inútil —es como disparar flechas en la oscuridad sin saber dónde está la diana. No va a aportar ningún resultado. Lo primero que se necesita es luz. Ha de verse el objetivo, ha de buscarse. Y tiene que haber suficiente luz como para poder ir conscientemente hacia el objetivo. Esto solamente es posible cuando comienza a funcionar la cuarta dimensión. Sucede muy raramente, pero cuando ocurre, ya ha nacido el significado, ha nacido el Logos.

Estarás viviendo una vida sin sentido si vives sólo en tres dimensiones. Tu vida no tendrá sentido porque no podrás crearte a ti mismo. ¿Cómo vas a poder crear con tal inconsciencia?

La cuarta dimensión es de atención, de testimoniar —lo que Patanjali llama *Turiya*. En los Evangelios, Jesús les dice una y otra vez a sus discípulos: ¡Despierten! ¡Estén atentos! ¡Observen! Todas estas palabras son lo mismo que Turiya. Una de las desgracias de la historia es que el cristianismo no haya podido hacer llegar este mensaje con claridad al mundo. Ha fracasado completamente.

Raras veces una religión ha tenido un fracaso tan total como el cristianismo. Jesús no tuvo mucha suerte, porque sus discípulos resultaron ser muy corrientes, y la religión se convirtió casi en una organización política. La Iglesia no fue una seguidora de Jesús, sino que en el fondo fue antagonista realmente. La Iglesia ha permanecido haciendo cosas en contra de Jesús y en su nombre.

Buda tuvo más suerte. Sus seguidores nunca constituyeron una iglesia, nunca se organizaron tanto políticamente y nunca fueron tan mundiales. Ellos han llevado pequeños fragmentos del mensaje de Buda a lo largo de los siglos.

Esta cuarta dimensión ha de ser comprendida tan profundamente como sea posible, porque éste es el objetivo. Es pura consciencia, simplicidad una vez más. La primera era simple pero inconsciente; la cuarta es simple pero consciente. Una vez más la unidad, la dicha otra vez —con una única diferencia: ahora todo es consciente, la luz interior brilla radiantemente. Estás totalmente alerta. En tu interior ya no hay una noche oscura, sino una noche de luna llena, iluminada por la luz de la luna. Ése es el significado de iluminación: de la iluminación interior.

Una vez más solamente queda un tiempo —el presente, pero ahora es un presente consciente. El pasado ha dejado de merodear alrededor. Alguien que está atento no puede moverse en el pasado, porque ya no existe. Quien está atento tampoco puede moverse en el futuro, porque todavía no ha llegado. El hombre que permanece atento vive en el presente, aquí-ahora. Aquí es su único espacio y ahora es su único tiempo. Y puesto que solamente está en el aquí-ahora, el tiempo, como tal, desaparece. Nace la eternidad, nace la intemporalidad. Y cuando uno está totalmente alerta, el ego no puede existir.

El ego es una sombra lanzada a la inconsciencia. Cuando hay luz, el ego no puede existir. Podrás ver la falsedad que hay en él, su condición de seudo. Y al verlo se produce su desaparición.

Éstas son las cuatro dimensiones de la consciencia humana. Pero la gente vive sólo en las tres primeras. La cuarta contiene el sentido, por eso la gente que vive sólo en tres, tiene una vida sin sentido. Ellos lo saben. ¡Tú lo sabes! Si miras tu vida, no hallarás ningún sentido, sólo una progresión fortuita de cosas, accidental. Una cosa sigue a otra, pero sin ninguna consistencia en particular, sin ninguna relevancia concreta. Las cosas se suceden unas a otras accidentalmente.

Esto es lo que Jean-Paul Sartre quería decir con: «El hombre es una pasión inútil», es accidental. Sí, tiene razón si se refiere a las tres dimensiones: primera, segunda y tercera; pero no es así con la cuarta. Y él no puede hablar de la cuarta porque no la ha experimentado. Sólo un cristo o un buda pueden decir algo sobre la cuarta.

Tanto la consciencia de Cristo como la de Buda pertenecen a la cuarta. Mantenerse confinado en tres es estar en el mundo. Entrar en la cuarta es alcanzar el Nirvana, o llámalo el «Reino de Dios». No son más que distintas formas de expresar lo mismo.

Unas cuantas cosas más: la segunda dimensión es una sombra de la primera: dormir y soñar. Los sueños no pueden existir sin dormir, dormir es una obligación. Dormir sin soñar es posible. Por tanto, dormir es primario, los sueños son secundarios —sólo una sombra. Y así es también con la tercera y la cuarta. La tercera es la sombra de la cuarta, porque la tercera sólo puede existir si hay algo de consciencia, al menos un poquito —un rayo de luz. No es necesaria mucha luz, pero al menos se necesita una chispa. La cuarta puede existir sin la tercera, pero la tercera no puede sin la cuarta. La cuarta es atención consciente, atención absoluta, y la tercera es un pequeño rayo de luz en la oscura noche. Pero existe **debido** a ese pequeño rayo de luz. Si esta luz desaparece, pasará a ser la segunda, dejará de ser la tercera.

Tu vida parece estar ensombrecida porque vives en la tercera, que es la sombra de la cuarta. Sólo con la cuarta llegas a casa, sólo con ella te fundamentas en la existencia.

La primera es oscuridad absoluta, la cuarta es luz absoluta. Entre las dos se encuentran sus dos sombras, que se han vuelto tan importantes para nosotros que pensamos que en eso consiste toda nuestra vida. Por eso los hindúes lo han llamado el mundo de *maya*, ilusión, debido a estas dos dimensiones tan predominantes —la segunda y la tercera. Hemos perdido la pista de la primera y todavía no buscamos la cuarta.

Y una cosa más: si encuentras la cuarta, encontrarás la primera. Sólo quien encuentre la cuarta podrá saber sobre la primera, porque una vez alcanzada la cuarta puedes estar dormido y permanecer alerta. En el Gita, Krishna define al yogui como «el que está despierto mientras duerme». Ésta es su definición de yogui. Una definición extraña: el que está despierto mientras duerme.

Justo lo contrario es tu situación. Duermes mientras estás despierto. Ésta es la definición de uno que no es yogui: duerme mientras está despierto. Parece que estás despierto, pero no lo estás.

Este estado de permanecer despierto no es más que una idea. El noventa y nueve por ciento consiste en dormir —sólo un uno por ciento para estar despierto. Y ese uno por ciento cambia. A veces lo hay y a veces no lo hay en absoluto. Si en ese uno por ciento alguien viene y te insulta, desaparece. Te enfadas y pierdes incluso ese pequeño grado de atención. Si alguien te pisa, la atención desaparece. Es muy delicada. Cualquiera puede cogerla y destrozarla muy fácilmente. Estabas sintiéndote perfectamente bien, recibes una carta y de repente dejas de sentirte bien. Todo se ha trastornado. ¡Una simple palabra puede crear tal incomodidad! Tu atención no es muy grande.

Son raros los momentos en los que estás despierto: sí cuando estás en peligro, porque en peligro tienes que estarlo. Pero cuando no existe ningún peligro empiezas a roncar. Puedes oír a la gente roncando —roncan mientras caminan por la calle. Están enjaulados en su propia inconsciencia.

Un borracho se golpeó con una señal de *stop*. Aturdido y desorientado, retrocedió y después volvió hacia delante en la misma dirección. Otra vez se chocó con la señal. Se retiró unos cuantos pasos, esperó un momento y volvió a marchar hacia delante. Otra vez se colisionó con el poste, se abrazó a él derrotado y dijo: «No hay manera. Estoy cercado. Me paran en todas las direcciones».

No se había movido en ninguna otra dirección. Una y otra vez se dirigió hacia el poste y, al ser golpeado, naturalmente concluye que le han cercado todas las direcciones.

Ésta es la situación de la consciencia humana corriente. Siempre te mueves de la misma forma inconsciente, en la misma dirección de inconsciencia. Eres golpeado una y otra vez, y piensas: «¿Por qué hay tanta miseria, por qué? ¿Para empezar, por qué creó Dios un mundo tan miserable? ¿Es que es un sádico? ¿Quiere torturar a la gente? ¿Por qué ha creado una vida casi como una prisión en la que no hay libertad?».

La vida es absolutamente libre. Pero para poder ver esa libertad, primero tendrás que liberar tu consciencia. Recuérdalo como criterio: cuanto más consciente seas, más libre serás; cuanto menos consciente, menos libre. Cuanto más consciente, más dichoso; cuanto menos consciente, menos dichoso. Depende de tu grado de consciencia. Existen personas que buscan en las sagradas escrituras la forma de ser más libres, más dichosos, la manera de alcanzar la verdad. Esto no los va a ayudar porque no es cuestión de escrituras sagradas. Si eres inconsciente, no te va a ayudar leer la Biblia, el Corán, los Vedas o el Gita, porque tu inconsciencia no puede cambiarse por tus estudios. De hecho, los libros sagrados no pueden cambiar tu consciencia, pero tu inconsciencia sí puede cambiar los libros —su significado. Allí encontrarás tus propios significados. Lo interpretarás de tal manera que la Biblia, los Vedas, el Corán, empezarán a funcionar como prisiones, así es como los cristianos, los hindúes o los musulmanes están todos presos.

Me contaron...

Después de registrarse en un gran hotel, el evangelista estuvo durante una o dos horas leyendo la Biblia en su habitación, entonces bajó al bar y, después de un par de copas, entabló conversación con la camarera pelirroja. Se quedó allí hasta la hora de cerrar y, después de limpiar, la muchacha y él subieron a la habitación del evangelista.

Cuando empezó a inmiscuirse con su ropa, pareció que la camarera había tenido un segundo pensamiento-

—¿Estás seguro de que esto está bien? Después de todo eres un hombre santo.

—Mi querida —replicó él—, está escrito en la Biblia.

Ella le tomó la palabra y pasaron una noche muy placentera juntos. Sin embargo, a la mañana siguiente, cuando la muchacha se preparaba para marchar, ella dijo:

—¿Sabes? No recuerdo de qué parte de la Biblia hablabas anoche.

El evangelista cogió su Biblia de encima de la mesilla, la abrió y le mostró la cubierta, donde estaba escrito con lápiz: «La camarera pelirroja lo hace».

Una hora leyendo la Biblia y éste fue su descubrimiento. Alguien lo había escrito en la cubierta.

Si lees la Biblia, recuerda, léela. El significado que le des será el tuyo, la interpretación será la tuya. No te puede ayudar, porque ni siquiera puede protegerse de ti. ¿Cómo podría ayudarte? La única manera de tener un cambio en la vida es cambiando la consciencia. Y para cambiar la consciencia no tienes que dirigirte a la Biblia o los Vedas, tienes que ir hacia dentro, tienes que entrar en meditación. No sirve una beca de estudios.

Un ciego fue invitado a una fiesta donde comió un pudín delicioso. Se quedó tan encantado con su sabor que pidió a quien estaba sentado a su lado que le explicara qué aspecto tenía el pastel.

—Es blanco —dijo el hombre.

—Y ¿qué es blanco? —preguntó el ciego.

—¿Blanco? Como un pato —fue la respuesta.

—¿Qué aspecto tiene un pato? —insistió el ciego.

Confundido por un momento, finalmente el hombre dijo:

—Aquí, siente esto —y tomándole la mano lo guio a lo largo de su brazo que mantenía doblado por la muñeca y el codo simulando la forma de un pato.

El ciego exclamó:

—¡Oh, este pudín está torcido!

Esto es lo que pasa. No puedes ayudar a un ciego a saber cómo es el blanco, que es un color o que es la luz. Tu ayuda sólo va a equivocarlo. No hay manera de ayudar a un ciego con definiciones, explicaciones, teorías, dogmas ni escrituras sagradas. La única manera de ayudarlo es curándole los ojos.

Buda dijo: «Soy médico. No estoy dándote definiciones de la luz, simplemente estoy curándote los ojos». Es lo mismo con Jesús, todos los milagros que se narran en la Biblia no son tales, sino parábolas —cuando un hombre se acercó a él y poniéndole la mano sobre los ojos, curó su ceguera y pudo ver inmediatamente. Si se trata de la vista física, no es gran cosa. Jesús estaría obsoleto, porque la ciencia médica ya lo hace. Antes o después, Jesús sería olvidado por completo. Si únicamente estuviera curando los ojos físicos, no tendría mucho significado para el futuro, pues la ciencia puede hacerlo. Y lo que pueda ser hecho por la ciencia, ha de ser ella quien lo haga, la religión no debería entrar en ello —no hay necesidad. La religión tiene cosas mucho más importantes que hacer.

Una y otra vez insisto en que estas historias no son milagros, sino parábolas. La gente **está** ciega y el toque de Jesús es un toque mágico. Los ayuda a ver, los ayuda a darse cuenta, a ser más conscientes. Trae la cuarta dimensión.

Para entrar en la cuarta es necesario trabajarlo. Trabajo en el sentido en que Gurdjieff solía utilizar esta palabra. Trabajo significa un gran esfuerzo para transformar tu ser, un gran esfuerzo para centrar tu ser, para abandonar todo aquello que crea oscuridad y traer lo que pueda ayudar a aportar un poco de luz. Si hay que abrir alguna puerta, ábrela y deja que entre la luz. Si has de derribar una pared, tírala y deja que entre la luz. Trabajo significa el esfuerzo consciente de buscar, preguntar, explorar en la cuarta dimensión —en la luz, en poner atención consciente— y un esfuerzo consciente para abandonar todo aquello que te ayuda a permanecer inconsciente, para abandonar todo lo que mantiene tu comportamiento mecánico.

Un hombre se compró una granja y una cerda. Le pidió a su esposa que vigilara a la cerda, explicándole que si se comía la hierba era señal de que ya estaba lista para aparearse y que la llevaría a la granja de al lado. Un par de días después, la esposa le contó que ya había empezado a comerse la hierba, así que el granjero puso la cerda en un carro y la llevó a la granja vecina para aparearla. Cuando regresaron, le dijo a su mujer que volviera a observarla.

—Si vuelve a comer hierba, es que no ha cogido —le explicó.

Unos pocos días después, la esposa le comunicó que la cerda estaba comiendo hierba de nuevo. La pusieron otra vez en el carro y la volvieron a llevar a la granja vecina para aparearla. Al volver, una vez más el granjero pidió a su esposa que la vigilara muy de cerca. Pasados dos días el granjero preguntó a su mujer si la había vuelto a ver comiendo hierba.

—No —contestó ella—, pero está sentada en el carro.

La mente mecánica, la mente instintiva, la mente repetitiva —esto tiene que romperse y abandonarse. Trabajo significa un cambio alquímico. Se necesita un gran esfuerzo. El camino es difícil y arduo, es un asunto cuesta arriba.

Y ahora los sutras:

No todo el que me dice: «¡Señor, Señor!», entrará en el Reino de los cielos, sino él que hace la voluntad de mi Padre celestial.

Jesús dice: La oración es necesaria, pero no es suficiente. Tiene que ser apoyada por el trabajo.

No todo el que me dice: «¡Señor, Señor!», entrará en el Reino de los cielos...

No por alabarme, dice Jesús, entrarás en el reino de los cielos. No sólo por alabar a Dios... Las adulaciones no sirven. La gente sigue alabando a Dios en la esperanza de que funcionará. Sólo servirá de ayuda el trabajo, el esfuerzo consciente, el duro esfuerzo —nada más puede ayudar. Orar está bien, orar prepara el sendero, ¡pero después habrás de caminar por él!

... sino el que hace la voluntad de mi Padre celestial.

Dos cosas que deben entenderse. Esta frase es extraña porque dice: «Sino el que hace la voluntad de mi Padre, que está en los cielos». Cielo significa lo desconocido, cielo quiere decir aquello donde todavía no has entrado, aquello que aún no has experimentado. Puedes aceptarlo por cuestión de fe, porque confías en Jesús. Si lo amas, confiarás en él. Pero el Dios de Jesús no está disponible para ser inspeccionado por ti. No puedes verlo. Jesús puede verlo; es su experiencia, pero para ti es sólo un asunto de confianza. Jesús dice... «Sino el que hace la voluntad de mi Padre, que está en los cielos».

Primera, tú no conoces a Dios, ni siquiera conoces su paradero. Cielo significa lo desconocido, lo misterioso, lo inexplicable. Su paradero es desconocido. Nunca te has encontrado con Dios, y lo que se te pide es que renuncies a *tu* voluntad por la *suya*, sólo entonces...

En esta afirmación tan asombrosa existen dos cosas: tienes que renunciar a tu voluntad y seguir la voluntad de Dios. Primero, la renuncia sólo es posible si tienes voluntad. Normalmente la gente piensa que quien tiene voluntad no es capaz de rendirse. Piensan que renuncian los débiles, los que no tienen una voluntad muy fuerte. Esto no es así. Sólo la gente de mucha voluntad, con gran fuerza de voluntad, puede rendirse, porque para la voluntad la rendición es lo máximo, es lo último, no hay nada más allá. Para rendirte necesitas una gran voluntad. Tendrás que poner toda tu fuerza de voluntad en ello, sólo entonces puede suceder la rendición. Por eso digo que es una afirmación asombrosa. Es muy contradictoria, pero así es la vida, paradójica. Ésta es una de las paradojas fundamentales: voluntad y rendición.

La rendición sólo ocurre cuando existe una gran voluntad. Pero cuando sucede, la voluntad desaparece sin dejar ni rastro. La rendición es el suicidio de la voluntad. Sólo con el suicidio de tu voluntad puede la voluntad de Dios fluir hacia ti. Estos dos opuestos pueden encontrarse: tu rendición y la voluntad de Dios.

Rendición significa receptividad. Cuando eres receptivo, totalmente receptivo, Dios puede descender sobre ti. No puedes decir: «Primero tengo que encontrar a Dios y después me rendiré», porque no puedes encontrarlo, no hay manera. La única forma de encontrarlo es rendirse, sólo después de la rendición él viene. Sólo puedes conocerlo después de rendirte, no antes.

Esto es pedir lo imposible. Pero la religión pide lo imposible y han existido unas cuantas personas que han sido capaces de hacerlo. Aquellos que han logrado hacer lo imposible, han conseguido lo imposible. Así es como funciona, no puede ser de otra manera. No puedes obtener una muestra de la experiencia de Dios y decidir después si lo compras o no. No puedes echarle un vistazo, no está disponible en los escaparates. Primero tienes que rendirte —y tienes que hacerlo en la oscuridad, en la absoluta ignorancia... sin pruebas, sin argumentos que te ayuden. Es necesario un gran coraje —un coraje temerario. Por eso digo que los religiosos son las personas con más coraje del mundo. Los que caminan por la luna no son nada. Sí, corren un gran riesgo, pero no es nada comparado con la religión. La propia petición es imposible.

Primero te rindes, y después llegas a saber. Pero ¿cómo rendirse primero? ¿Cómo saber cuál es la voluntad de Dios? La única manera de conocer la voluntad de Dios es renunciar a la tuya. Primero te apartas tú, te quitas de en medio, simplemente desapareces. Con tu desaparición, aparece Dios. Tu ausencia es su presencia. Cuando te vacías en cuanto a ti se refiere, te llenas con su presencia. Él sólo viene cuando tú no estás.

Y entonces ocurre la gran transformación —el encuentro de la gota con el océano, el encuentro de la parte con el todo. Y se produce un gran júbilo.

Una y otra vez Jesús les dice a sus discípulos: «¡Regocíjense!». ¿De qué está hablando? ¿Por qué sigue diciendo «¡Regocíjense! ¡Celebren! ¡Estén contentos!?» —porque los está acercando cada vez más a la última revolución donde se rendirán y Dios se hará cargo de ellos. Cada paso es regocijo, una celebración, porque cada paso dado hacia Dios te lleva hacia tu realización. Sólo puedes sentirte realizado cuando Dios reside dentro de ti, de otra forma estás vacío, hueco, relleno de paja y nada más. Sólo cuando él venga tendrá tu templo una deidad. Él puede realizarte siendo un huésped en tu ser.

No todo el que me dice: «¡Señor, Señor!», entrará en el Reino de los cielos, sino el que hace la voluntad de mi Padre celestial.

Muchos me dirán aquel día: «¡Señor, Señor!, ¿no profetizamos en tu nombre, y en tu nombre expulsamos demonios, y en tu nombre hicimos muchos milagros?».

Y entonces les declararé: «Nunca os conocí; apartaos de mí, agentes de maldad».

Jesús dice: En ese momento, en ese espacio, muchos querrán decirme: «He estado haciendo milagros en tu nombre».

Hay muchos en el mundo que están curando en nombre de Cristo, que sirven a la gente en nombre de Cristo, que están convirtiendo a la gente en nombre de Cristo y haciendo mil y una cosas buenas en nombre de Cristo. Pero en el fondo, si te fijas, el nombre de Cristo no es más que una etiqueta; en lo profundo está el ego.

Una mujer se acercó a Jesús y tocándole la túnica quedó curada. La mujer estaba muy agradecida; cayó a sus pies dándole gracias de corazón. Y Jesús le dijo: «No me lo agradezcas. No he hecho nada. Ha sido tu fe lo que te ha curado. Si quieres agradecerlo, se lo debes a Dios. Yo no soy nadie, sólo soy un pasaje, un instrumental. ¡Olvídate de mí! Ha sido tu fe y la presencia de Dios lo que te ha curado. Yo sólo he estado allí de enlace —un puente».

Cuando cruzas un río no se lo agradeces al puente. Ni siquiera te acuerdas, no te fijas en el puente. Jesús dice: «Sólo soy un puente, un vehículo». Pero los otros...

Jesús dice:

Muchos me dirán aquel día: «¡Señor, Señor!,
¿no profetizamos en tu nombre, y en tu nombre expulsamos demonios,
y en tu nombre hicimos muchos milagros?».

Detrás de todos sus milagros está el ego. Están reclamando. Su exigencia viene del ego —el demandante siempre es el ego. Si tú no estás allí, si no hay un ego, no puedes reclamar; estarás en silencio en ese momento. No empezarás a alardear, que «he hecho esto, he hecho aquello».

Jesús dice:

Y entonces les declararé: «Nunca os conocí...».

Jesús solamente conoce a aquéllos que están en absoluto silencio, que no tienen reclamaciones. Jesús únicamente conoce a aquellos que han desaparecido por completo, que sólo son vehículos de Dios —que no pueden reclamar, porque no son.

Y entonces les declararé: «Nunca os conocí; apartaos de mí, agentes de maldad».

Jesús utiliza la palabra «iniquidad». Significa maldad, perversidad, injusticia grande. Siempre es Dios quien hace milagros a través de ti, y si reclamas, es una tremenda injusticia.

Míralo, obsérvalo, medita sobre ello. Si ves a un hombre hundiéndose en el río, sales corriendo y te tiras al agua para salvarlo. De vuelta en la orilla empiezas a alardear: «He salvado a este hombre». ¿Es eso verdad? Cuando el hombre se estaba hundiendo y tú estabas en la orilla, ¿pensaste en ello? ¿Acaso pensaste: «Ese hombre se está hundiendo, tengo que salvarlo; si no lo hago yo, quién va a hacerlo»; o: «Salvar es una buena acción, es justo, virtuoso», y todo eso? No. En ese momento fuiste poseído por Dios. No pensaste en nada de eso. Sencillamente saltaste al agua, no fuiste tú quien lo hizo, lo hizo Dios a través de ti. Pero más tarde, de vuelta en la orilla, empiezas a alardear: «He salvado a este hombre».

Esto es injusticia. Una tremenda injusticia. Jesús dice que es una perversidad. Algo que Dios ha hecho a través de ti y ¿tú lo reclamas como gloria de tu ego? ¿Lo reclamas para adornar tu ego?

Recuerda, cuando algo bueno sucede, es a través de Dios. ¡Bueno es lo que sucede a través de Dios! Y malo es lo que ocurre a través de ti. Esto es comprensión religiosa.

Una persona que es religiosa no puede reclamar ninguna virtud. Sí, puede arrepentirse de todos sus pecados, pero no puede demandar ninguna virtud. Podrá llorar y decir: «¡He hecho esto y aquello mal! Pero ni por un simple momento se le pasará por la cabeza pensar: «Mira, también he hecho esto otro que está bien». Esto no cabe en una mente religiosa. La mente religiosa sabe cuándo algo va mal: «He debido interponerme en el camino de Dios. He debido interpretarlo mal, he debido desviar la energía, desvirtuarla. Y cuando algo sale bien... ¿quién soy yo? Eso demuestra que no lo he distorsionado, eso es todo».

Cuando al mirarte en un espejo ves tu imagen perfectamente reflejada en él, no hay nada de especial en ello; así es como debe ser. Pero si ves tu cara distorsionada, algo está fallando con el espejo, las cosas no son como debieran. Buenas son las cosas que ocurren a través de Dios, y malas son las que pasan a través del ego. Por lo tanto, cuando el ego reclama lo que está bien, entonces deja de ser bueno y pasa a ser malo también. Demandar no está bien.

Buda, cuando se iluminó, volvió a su casa después de doce años. Naturalmente, su padre estaba muy enfadado —comprensible. El padre era ya un anciano y su único hijo lo había abandonado. Estaba realmente enfermo, viejo y tenía que cargar con toda la responsabilidad del reino. Cuando estaba pensando que su hijo se haría cargo, este se escapó. Se marchó sin decir nada. Sencillamente desapareció una noche. El padre se enfadó.

El primer encuentro entre padre e hijo se produjo en la gran puerta de la ciudad, y el padre dijo: «Hijo, aunque estoy enfadado, voy a perdonarte. Vuelve a casa y olvida toda esta necedad».

A lo que Buda contestó: «Señor, ¿me mirarás sin prejuicios? No soy el mismo que se escapó de palacio. ¡No soy tu hijo!». El padre empezó a reírse y dijo: «¿A quién estás tomando el pelo? ¿No eres mi hijo? ¿Es que no voy a reconocerte? ¿No puedo ver mi propia sangre? ¡Yo te he dado el nacimiento! ¿Qué estás diciendo que no eres la misma persona?».

Y Buda contestó: «Señor, no te ofendas. He venido por medio de ti, pero tú no me has dado el nacimiento».

Esto es lo que Jesús está diciendo. Que cuando algo pasa a través de ti, tú no eres quien lo origina. Si algo bueno sucede a través de ti, Dios es quien lo origina.

Nunca reclames la vida de tu hijo; la vida le pertenece a Dios. Tú no puedes producir vida; sólo eres un instrumental. Mientras hacías el amor con tu mujer, ¿qué era lo que hacías exactamente? —no eras más que instrumento. De hecho, ¡el amor también ha intervenido! No fue algo que hicieras de tu parte. Se produce el amor, lo haces y algo sucede. Aunque no sabes exactamente qué —sigue siendo un misterio. Después, la mujer queda embarazada, nace un niño y demandas: «Este niño es mío».

Yo solía vivir en Raipur durante un año. Un día vi a mi vecino golpeando a su pequeño, salí corriendo, entré en su casa y le dije: «¿Qué estás haciendo? ¡Voy a llamar a la policía!». A lo que él contestó: «¿De qué estás hablando? ¡Es mi niño y puedo hacer con él lo que quiera! ¿Tú quién eres?». «Este niño no es tuyo, le pertenece a Dios y yo puedo reclamarlo tanto como tú», le dije.

No podía entender la estupidez que le estaba diciendo y replicó: «Este niño es mío. ¿Es que no lo sabes? —llevas un año viviendo aquí».

No podía entenderlo debido a su derecho a reclamar: «Éste es mi hijo, y puedo hacer con él lo que quiera». Durante siglos se les ha permitido a los padres matar a sus hijos si querían. Se les permitía porque se aceptaba el pensamiento de que «Tú le has dado el nacimiento». ¿Cómo puedes tú dar nacimiento? Solamente has sido un instrumento. No reclames. Ningún niño te pertenece. Todos los niños le pertenecen a Dios, vienen de él. A lo sumo tú eres su cuidador. Y todo lo bueno viene de Dios. Si algo va mal, ciertamente tú has debido distorsionarlo. Si el demonio nace, es a través de ti. Éste es el significado de las palabras de Jesús cuando dice:

Y entonces les declararé: «Nunca os conocí; apartaos de mí, agentes de maldad».

¿Reclaman que han hecho milagros, que han hecho esto y aquello? La propia reclamación los hace irreligiosos. Y Jesús dice: Tendré que decirles que no los conozco en absoluto.

Y el que escucha estas palabras mías y no las cumple, es como el necio,
que edifica su casa sobre arena...

Mediante los hechos, no por la oración.

Orar es barato. Uno puede hacerlo porque no arriesga nada. Por eso la gente se ha convertido en visitantes de la iglesia, en adoradores. Van a la mezquita, al gurudwara, al templo. Es muy barato y fácil —la religión de los domingos. Puedes ir a la iglesia una hora: es una especie de formalidad social que puedes realizar. Pero ¿crees que has realizado tu vida, tu meditación, tu más íntima pasión por Dios?

El que escucha estas palabras mías y las cumple, es como el sabio que edifica
su casa sobre piedra.

Solamente si haces, si trabajas duro, si intentas transformarte... Mil y una veces puedes fallar, pero si sigues adelante llegará el éxito. Ciertamente llega, porque a Jesús y a Buda les llegó; ¡le puede llegar a todo el mundo! Es el derecho de nacimiento de todo el mundo. Puedes tenerlo, pero no a un precio barato. Tendrás que pagar por ello, y tendrás que pagar con toda tu vida. Por menos de eso, no lo alcanzarás.

Esto es lo que Gurdjieff quiere decir con la palabra «trabajo».

Cae la lluvia, vienen los torrentes, soplan los vientos y se echan sobre esa casa:
y cae y es grande su ruina. Pero el que me escucha estas palabras y no las pone
por obra, será semejante al necio, que edificó su casa sobre arena. Cayó la
lluvia, vinieron los torrentes, soplaron los vientos y dieron sobre la casa, que
se derrumbó estrepitosamente.

Estoy hablando sobre la cuarta dimensión. Si edificas tu casa inconscientemente, la estarás construyendo sobre arena. El tiempo es la arena. Si construyes tu casa sobre la eternidad, sobre lo intemporal, sobre la cuarta dimensión, de Turiya, de atención consciente, de ser testigo, entonces la estarás edificando sobre roca. Y si la edificas sobre roca, nada podrá destruirla; es inmortal, imperecedera. Si la haces sobre arena, entonces cualquier cosa —el viento, la lluvia— va a destruirla. Y serás totalmente aplastado bajo ella, porque allí es donde vives.

La gente se está construyendo castillos de arena —con dinero, con poder, con prestigio, inconscientemente, dormidos, roncando, siguen haciéndose su casa, sin saber lo que están haciendo. Serán aplastados bajo ella.

... y cae y es grande su ruina.

Construye tu casa sobre roca. La única roca que existe es la consciencia. Jesús llamó Pedro a uno de sus discípulos. La palabra «Pedro» significa roca. Llamó Pedro a ese discípulo concretamente porque era el más consciente de todos ellos. Y les dijo a sus discípulos que Pedro sería como una roca para su iglesia.

Esto son cosas simbólicas. Pedro era el más consciente de todos. Lo llamó Pedro porque era consciente, porque era como una roca. Y dijo: Mi iglesia será edificada sobre Pedro. Él será la piedra angular, los propios cimientos.

Pero nunca se hizo esa iglesia. La iglesia nunca utilizó a Pedro como fundamento. En su lugar utilizó a Pablo, y Pablo no se parece a Cristo en nada, Pablo es un sujeto peligroso.

Al principio estaba en contra de Jesús y de su mensaje. Fue a Jerusalén a perseguir a los cristianos y en el camino algo sucedió.

A veces ocurre esta conversión; es algo muy psicológico. Estaba tan obsesionado con Jesús y en cómo destruir su mensaje que continuamente pensaba en él, soñaba con él. Jesús era su obsesión las veinticuatro horas del día. Pero una noche, cuando se dirigía sólo hacia Jerusalén, tuvo la sensación de que Jesús le gritaba diciendo: «¿Por qué me persigues, por qué?». Pudo ser su propia inconsciencia, pudo ser debido a su completa obsesión por lo que su inconsciente empezó a sentir... Su consciencia estaba en contra de Jesús, y lo inconsciente siempre está en contra de lo consciente —es justo el polo opuesto. Como la consciencia estaba demasiado en contra de Jesús, el inconsciente poco a poco fue interesándose por él. La voz debió de llegarle desde su fuero más interno: «¿Por qué, por qué me persigues?».

Al escuchar esta voz, cayó desplomado en el suelo polvoriento. Estaba muy impresionado, esto demostraba que Jesús era poderoso. Se convirtió. Se llamaba Saúl; ahora su nombre era Pablo —se convirtió. Primero persiguió a los discípulos de Jesús. No era contemporáneo de Jesús: Jesús ya se había marchado. Y ahora le cambió toda la energía. Primero perseguía a los cristianos y después empezó a convertir a la gente al cristianismo. Este Pablo fue después la base de la iglesia del Vaticano. Nunca conoció a Jesús. Nunca caminó con el Maestro; no eran contemporáneos. Pero este Pablo era un hombre peligroso —obsesionado, irascible, violento, agresivo. Pero convirtió el mundo al cristianismo, fue sus cimientos.

Pedro se perdió, él fue la roca elegida por Jesús. ¿Por qué eligió a Pedro? ¿Y por qué lo llamó «roca»? Porque era el más consciente.

Todo el mensaje de Jesús es un mensaje de consciencia. Pero es necesario un gran trabajo, sólo entonces puedes construir tu vida sobre roca; de otra manera, la estarás haciendo sobre arena.

Y el que escucha estas palabras mías y las cumple...

La cuestión es hacer, porque sólo haciendo alcanzarás el ser; no por hablar, no por pensar. Hacer significa estar comprometido con aquello que sientas que está bien.

Justo la otra noche estuvo aquí una joven que decía: «Yo ya soy *sannyasin* y te llevo en mi corazón, pero todavía no puedo tomar *sannyas*». Si estoy en tu corazón, si piensas que ya eres una *sannyasin*, entonces, ¿por qué no comprometerte?, ¿por qué no involucrarte? Es fácil decir te llevo en mi corazón —es muy fácil. Es muy fácil decir: «Yo ya soy *sannyasin* en mi corazón»; pero comprometerse, declarar al mundo «Soy *sannyasin*», es más difícil, requiere más coraje, más agallas.

Jesús dice: A menos que hagas lo que piensas que está bien, nada va a suceder. Puedes seguir pensando más y más. Pensar nunca transforma a nadie; los pensamientos son impotentes. Sólo los actos son potentes, sólo los hechos se transforman finalmente en tu ser.

... es como el sabio...

Aquél que hace lo que le estoy diciendo.

... Que edifica su casa sobre piedra. Cae la lluvia, vienen los torrentes, soplaron los vientos y se echan sobre esa casa; pero no cae, porque está cimentada sobre roca.

Muchos vientos vendrán, muchas lluvias caerán, y torrentes... Y todos ellos tratarán de destrozar tu casa, porque la vida es un reto, y todo lo que consigas será puesto a prueba con retos. Cuanto mayor sea tu grado de elevación, mayores serán los retos que tendrás que afrontar.

Cae la lluvia, vienen los torrentes, soplan los vientos y se echan sobre esa casa; pero no cae, porque está cimentada sobre roca.

Si no tienes nada, tampoco tendrás ningún interés. Esto ha de ser comprendido. Si no amas, no existirá ningún desafío; si amas, tu vida tendrá un gran estímulo. Si no meditas, no habrá ningún aliciente; si meditas, la mente te importunará, se volverá antagonista, tratará de destruir tu meditación. Ésta es una ley básica de la vida: cuando intentas alcanzar algo que es más elevado, tiene que ser comprobado, tiene que pasar muchas pruebas y muchos criterios. Esas pruebas son como vientos que te golpearán fuertemente. Pero son buenas, porque sólo ellas te harán fuerte y cristalizado. Y únicamente ellas te demostrarán si has edificado sobre roca o sobre arena.

Recuerda, sólo si haces lo que sientes, lo que piensas que está bien, habrá un cambio, una mutación —no de otra manera. Sé prudente, no seas necio. Construye sobre lo intemporal. Construye con consciencia, para que la muerte no pueda destruirlo. Hay algo que es inmortal y, a menos que lo alcances, vivirás en agonía, sufriendo y temiendo. Una vez llegues a ello, toda la agonía, la miseria, el infierno desaparecen. Entonces hay belleza, hay bendición.

Capítulo 5

Yo tampoco te condeno

Juan 8

1. *Jesús se fue al monte de los Olivos.*

2. *Y al amanecer estaba de nuevo en el Templo; todo el pueblo iba a Él, y Él, sentándose, les enseñaba.*

3. *Le llevaron los escribas y los fariseos una mujer sorprendida en adulterio y le dijeron:*

4. *«Maestro, esta mujer ha sido sorprendida en flagrante adulterio.*

5. *En la Ley, Moisés nos manda apedrear a éstas. Tú, ¿qué dices?».*

6. *Decían esto para probarle y tener de qué acusarle. Pero Jesús, agachándose, escribió con el dedo en la tierra.*

7. *Como insistían en preguntarle, se incorporó y les dijo: «El que de vosotros no tenga pecado, que tire el primero una piedra».*

8. *Y de nuevo, agachándose, se puso a escribir en tierra.*

9. *A estas palabras, se fueron uno detrás de otro, comenzando por los más viejos; Él se quedó sólo con la mujer en medio.*

10. *Entonces Jesús se levantó y le dijo: «Mujer, ¿dónde están esos?, ¿ninguno te condenó?».*

11. *Ella contestó: «Ninguno, Señor», Jesús le dijo: «Yo tampoco te condeno. Vete y ya no peques más».*

La religión siempre degenera en moralidad. La moralidad es religión muerta, y la religión es moralidad viva. Nunca se encuentran, no pueden encontrarse, porque la vida y la muerte nunca coinciden, la luz y la oscuridad nunca se juntan. Pero el problema está en que son muy parecidas —un cadáver se parece mucho a un vivo. Todo es igual que cuando estaba vivo: la misma cara, los mismos ojos, la misma nariz, el pelo, el cuerpo. Sólo le falta una cosa, y es invisible.

Le falta la vida, pero la vida no es tangible, no es visible. Por eso, cuando un hombre muere, parece como si todavía estuviera vivo. Y con el problema de la moralidad, se vuelve más complejo.

La moralidad se parece mucho a la religión, pero no es lo mismo. Es un cadáver: huele a muerte. La religión es juventud, frescura —la frescura de las flores y del rocío de la mañana. La religión es esplendor —el esplendor de las estrellas, de la vida, de la existencia misma. Donde existe la religión, no hay moralidad en absoluto; sin embargo, la persona es moral. Pero no existe ninguna moralidad; no existe ninguna idea sobre qué es la moralidad. Es algo natural; te sigue como tu sombra. No necesitas cargar con tu sombra, no necesitas prestarle atención. No necesitas mirar hacia atrás una y otra vez para ver si tu sombra todavía te sigue o no te sigue.

Exactamente igual, la moralidad sigue a la persona religiosa. Uno nunca lo considera, nunca piensa en ello deliberadamente; es su condimento natural. Pero cuando la religión está muerta, cuando la vida ha desaparecido, entonces uno empieza a pensar continuamente en la moralidad. El conocimiento ha desaparecido, y la conciencia se convierte en el único refugio.

La conciencia es un fenómeno ficticio. El conocimiento es tuyo, la conciencia es prestada. La conciencia pertenece a la sociedad, a la mente colectiva; no sale de tu propio ser. Cuando tienes conocimiento, actúas correctamente porque es un acto consciente, y lo consciente nunca puede estar mal. Cuando tienes los ojos completamente abiertos y hay luz, no intentas pasar a través de la pared, entras por la puerta. Cuando no hay luz y tus ojos tampoco funcionan bien, naturalmente vas a tientas en la oscuridad. Tienes que pensar mil veces dónde está la puerta: «¿A la izquierda, a la derecha? ¿Voy en la dirección correcta?». Te tropiezas con los muebles e intentas pasar a través de la pared.

Una persona religiosa es aquella que tiene ojos para ver, que se da cuenta. Con esa atención las acciones son naturalmente buenas. Déjame repetirlo: naturalmente buenas. No que lo arregles para que sean buenas. Lo bueno dirigido no es bueno en absoluto. Es falso, es pretensión, es hipocresía. Cuando lo bueno es natural, espontáneo, como los árboles son verdes y el cielo es azul, así es la moral del hombre religioso —totalmente desconocedor de su moralidad. Es consciente de sí mismo pero no de su moralidad, no tiene ni idea de que es moral, de que es bueno, de que lo que está haciendo está bien. De su consciencia proviene su inocencia, su actuación correcta —por su propio acuerdo. No es algo que haya que desarrollar, que cultivar, ni que practicar. Así pues, la moralidad tiene una belleza, pero deja de ser moralidad; es simple moral. De hecho, sólo es una manera religiosa de vivir.

Pero cuando la religión ha desaparecido, entonces tienes que componértelas. Tienes que pensar constantemente en qué está bien y qué está mal. ¿Y cómo vas a decidirlo? No tienes ojos propios para verlo, no tienes corazón propio para sentir. Estás muerto y apagado. No posees inteligencia propia para analizar los asuntos, tienes que depender de la mente colectiva que te rodea.

La religiosidad tiene un aroma —tanto si eres cristiano, hindú o musulmán, no hay diferencia alguna. Una persona religiosa simplemente es religiosa. No es ni hindú, ni musulmán, ni cristiano. Sin embargo, una persona moral no es sólo moral. Tiene que ser hindú, cristiano, musulmán o budista, porque la moralidad se aprende desde fuera. Si naces en un país budista, en una sociedad budista, aprenderás la moralidad budista. Si naces en un mundo cristiano, aprenderás la moralidad cristiana. Aprenderás de los demás, y tienes que hacerlo así porque no tienes tu propia visión. Por lo tanto, la moralidad es prestada; es social, pertenece a la multitud —viene de la masa.

¿Y de dónde le viene a la masa? —de la tradición. Han oído qué está bien y qué está mal, y lo han llevado consigo durante siglos. Pasa de una generación a otra. A nadie le preocupa que sea un cadáver, a nadie le preocupa si su corazón sigue latiendo o no; continúan transmitiéndolo de una generación a otra. Está apagada, muerta, pesada; mata la alegría, es una aguafiestas. Mata la celebración, la risa, hace que la gente sea fea, los hace pesados, monótonos, aburridos. Pero tiene una larga tradición.

Otra cosa para recordar: la religión siempre nace de nuevo. Con Jesús, la religión vuelve a nacer. No es la misma religión que cuando Moisés, no viene de Moisés. No tiene una continuidad con el pasado; es completamente discontinua con el pasado.

Nace una y otra vez igual que las flores brotan en el rosal. No tiene nada que ver con las flores que nacieron antes. Es discontinua. Viene *motu proprio*; no tiene pasado, ni historia, ni biografía. En ese momento está allí y lo está de manera bella, auténtica. En ese momento es muy fuerte, muy viva y al mismo tiempo muy frágil. Con el sol de la mañana era tan joven, y por la tarde ya no estaba allí, los pétalos comenzaron a caer en la tierra de donde en principio habían salido. Y no dejó ningún rastro detrás: si vuelves al día siguiente, ya no habrá nada. No ha dejado ninguna marca; simplemente ha desaparecido. Así como llegó de la nada, vuelve a la nada, a la fuente original.

Así es la religión. Cuando le sucede a un buda, es fresca, joven, como una rosa. Después desaparece, no deja rastro. Buda dijo: «La religión es como un pájaro volando en el cielo, no deja huellas». Después ocurre con Moisés —otra vez fresca y joven. Luego con Jesús —una vez más fresca y joven. Y cuando te ocurra a ti, no tendrá ninguna continuidad, no vendrá de nadie —de Cristo, de Buda o de mí; no vendrá de nadie más que de ti. Nacerá en ti, florecerá en ti. Será el florecimiento de tu ser, y después se habrá ido. No puedes dársela a nadie; no es transferible. No es una cosa, no es algo que se pueda dar ni tampoco prestar.

Sí; si alguien quiere aprender, puede hacerlo. Si alguien quiere impregnarse de la religión, puede hacerlo. Cuando un discípulo aprende cerca de un Maestro, absorbe las vibraciones del Maestro, pero es algo que sucede en su interior. Tal vez reciba desde el exterior el coraje, la provocación, la llamada; pero lo que está naciendo; nace en él, completamente dentro de él; no viene de fuera. Quizá no te has dado cuenta de que puedes cantar; nunca lo has intentado, nunca has pensado en la posibilidad. De pronto, un día ves a un cantante, su canto late a tu alrededor y, en un momento de lucidez, compruebas que tú también tienes garganta y corazón. De inmediato, por primera vez, te das cuenta de que había una canción oculta dentro de ti y dejas que salga. Esta canción sale de tu esencia más profunda, nace de tu ser. Tal vez la provocación, la llamada vino desde el exterior, pero no la canción.

Por lo tanto, el Maestro es un agente catalítico. Su presencia provoca algo dentro de ti, su presencia no funciona como causa.

C. G. Jung tenía razón al introducir un nuevo concepto en el mundo occidental. En Oriente ya existía hacía siglos —el concepto de sincronicidad. Hay algunas cosas que ocurren por causa y efecto; sin embargo, hay otras que suceden por sincronicidad. Esta idea ha de ser comprendida, porque ayudará a entender la diferencia entre moralidad y religión.

La moralidad es causa y efecto. Tu padre, tu madre te han enseñado algo: están actuando como causa, el efecto vendrá después contigo. Más tarde tú enseñarás a tus hijos: tú serás la causa, el efecto continuará en tus hijos. Pero cuando al escuchar a un cantante, de pronto empiezas a tararear, aquí no hay una relación de causa y efecto. El cantante no es la causa y tú no eres el efecto. Tú mismo has causado el efecto —eres las dos cosas, causa y efecto. El cantante ha funcionado sólo como un recordatorio, como un agente catalítico.

Lo que a mí me ha sucedido no puedo dártelo a ti. No es que no quiera dártelo, no, es porque no puede darse, es de tal naturaleza que no se puede dar, pero puedo presentártelo, puedo hacer que sea asequible para ti. Viendo que es posible, viendo que les ha sucedido a otros, «¿por qué no a mí?». De pronto algo hace clic dentro de ti, despiertas a la posibilidad, prestas atención a esa puerta que existe dentro de ti, pero que nunca habías mirado, la habías olvidado. Y algo empieza a brotar dentro de ti.

Yo actúo como un agente catalítico, no como una causa. El concepto de sincronicidad sencillamente dice que una cosa puede empezar algo en algún lugar sin ser la causa. Afirma que si alguien toca una cítara en una habitación en la que hay otra cítara en un rincón, y si quien la toca es realmente un maestro, la cítara del rincón empezará a resonar —debido a que la otra está siendo tocada en la misma habitación, a su vibración, al ambiente en general. Puedes ver cómo vibran, cómo susurran las cuerdas de la cítara que está apoyada en el rincón y que nadie toca. Algo que está oculto sale a la superficie, algo que estaba escondido se hace manifiesto.

La religión es sincronicidad; la moralidad es causal. La moralidad viene del exterior, la religión nace dentro de ti. Cuando la religión desaparece, solamente queda moralidad, y la moralidad es muy peligrosa.

En primer lugar, ni tú mismo sabes lo que está bien, pero intentas aparentar: se crea el hipócrita. Comienzas a fingir, tratas de demostrar que lo que haces está bien. No sabes lo que está bien y, naturalmente, puesto que no lo sabes, lo único que puedes hacer es aparentar. De puertas adentro seguirás haciendo lo mismo: *sabes* lo que está bien. Tendrás una vida de puertas adentro y otra de puertas afuera. Puede que sonrías de puertas afuera, pero de puertas adentro posiblemente estés llorando. De puertas afuera pretenderás ser un santo, y de puertas adentro eres tan pecador como cualquiera. Tu vida estará dividida. Esto es lo que crea la esquizofrenia en toda la conciencia de la humanidad. Te vuelves dos o muchos.

Naturalmente, cuando eres dos, existe un conflicto constante. Cuando eres muchos, hay una multitud y mucho ruido, nunca puedes sentarte en silencio, nunca puedes descansar en silencio. El silencio sólo es posible cuando eres uno, cuando dentro de ti no existe nadie más, cuando eres una sola pieza, sin fragmentar.

La moralidad crea esquizofrenia, divide a la personalidad, fracciona. Una persona que es moral no es un individuo porque está dividida. Solamente es individuo la persona religiosa. La persona moral tiene personalidad, pero no tiene individualidad. Personalidad significa **persona**, máscara. Y tiene muchas personalidades, no únicamente una, porque tiene que disponer de muchas personalidades a su alrededor. En distintas situaciones, son necesarias diferentes personalidades. Muestra una cara a unos y otra distinta a otros. Va cambiando de cara.

Observa, y verás que cambias de cara en cada momento. Cuando estás sólo tienes una cara. En el cuarto de baño tienes una cara, en la oficina otra. ¿Has observado que en el cuarto de baño eres más infantil? En ocasiones, te sacas la lengua a ti mismo cuando estás mirándote en el espejo o haces muecas, tarareas una canción, cantas o hasta puedes echarte un bailecito. Pero cuando estás bailando o sacándote la lengua frente al espejo, si de pronto te das cuenta de que tu hijo está mirándote por el ojo de la cerradura, cambias —¡cambias inmediatamente! La vieja cara vuelve: la personalidad del padre. «Esto no se puede hacer delante del niño.» ¿Qué va a pensar? ¿Que tú eres también como él, y qué hay de esa seriedad que siempre muestras? Inmediatamente pones otra cara; te pones serio. Desaparecen la canción, el baile y la lengua. Vuelves a tu conocida personalidad de puertas afuera.

La moralidad genera conflicto dentro de ti porque te crea muchas caras. Y el problema de tener muchas es que tiendes a olvidar cuál es la original. ¿Con tantas caras cómo puedes recordar cuál es la original?

Los Maestros zen dicen que un buscador lo primero que tiene que conocer es su cara original, sólo entonces puede empezar algo. Solamente puede progresar la cara original, no la máscara. Una cara falsa no puede desarrollarse. El crecimiento únicamente es posible para la cara original, porque sólo lo original tiene vida.

Por lo tanto, lo primero es conocer: «¿Cuál es mi cara original?». Y esto es arduo, porque hay toda una larga fila de caras falsas, te pierdes entre todas ellas. A veces puedes pensar: «Ésta es mi cara original». Pero si profundizas en ello, una vez más descubrirás que también es falsa, tal vez sea más antigua que las otras, por eso parece ser más original.

Los Maestros zen dicen: Si realmente quieres ver tu cara original, tienes que regresar hasta antes del nacimiento, tienes que concebir cómo era tu cara antes de nacer o cómo será cuando estés muerto.

Entre el nacimiento y la muerte tienes todo tipo de caras falsas. Hasta los niños pequeños aprenden los trucos falsos, la diplomacia. Un niño pequeño —tal vez de un sólo día, recién nacido— empieza a aprender, porque ve que, al sonreír, la madre se siente muy bien. Si sonríe, la madre enseguida le da el pecho. Si sonríe, la madre se acerca a él, lo abraza. Si quiere que lo abracen, lo besen y le hablen, tiene que sonreír. Ha nacido el diplomático, el político. Cuando quiere que la madre lo coja... Él no puede llamar, no puede hablar, pero puede esperar a que la madre lo mire y entonces sonríe. En ese momento la madre viene corriendo. Tanto si tiene ganas de sonreír como si no, ésa no es la cuestión; él quiere a la madre, quiere manipularla. Tiene un truco, una estrategia, una técnica que ha aprendido: sonríe y la madre viene. Así que seguirá sonriendo, y cuando quiera que alguien se le acerque, sonreirá. Pero esta no será su verdadera cara.

Tus sonrisas no son verdaderas. Tus lágrimas tampoco son verdaderas. Toda tu personalidad es sintética, de plástico. La persona moral, los así llamados moralistas, tienen muchas personalidades, pero ninguna individualidad. El religioso tiene individualidad, pero no tiene personalidad. Él es uno. Su sabor es siempre uno.

Se cuenta que Buda dijo: Pruébame por cualquier parte y verás que es lo mismo que cuando saboreas el mar. Por éste o por aquél lado, desde ésta o aquélla orilla —si saboreas el mar desde cualquier parte, siempre es salado. Buda dice: Así es mi sabor. Pruébame cuando estoy dormido o cuando estoy despierto; pruébame cuando alguien me insulta o cuando me alaba —siempre encontrarás el mismo sabor, el sabor de un Buda.

La persona religiosa es individual.

Lo segundo que hay que recordar es: el moralista siempre se esfuerza en imponer su moralidad a los demás —por muchas razones. La primera: utiliza su moralidad para manipularse a sí mismo. Lógicamente, hace lo mismo con los demás; usa la moralidad para manipularlos. La utiliza para su propia estrategia, su diplomacia. Como es natural, aprende un truco: si puede reforzar su moralidad en los demás, las cosas le resultarán más fáciles.

Por ejemplo, cuando el moralista cuenta la verdad, no es una verdad muy auténtica. En lo más profundo solamente hay mentiras y más mentiras. Pero al menos en sociedad pretende estar diciendo la verdad, intentará también imponerla a los demás. Le gustaría que los demás contaran también la verdad, porque teme que si alguien miente y lo engaña, si lo defrauda... Aunque sabe que él mismo está engañando y defraudando a la gente con palabras sutiles, pero en la superficie mantiene que son verdad. Y sigue gritando por ahí: «¡Todo el mundo debería decir la verdad!». Pero tiene mucho miedo, sabe que igual que él está engañando a los demás, ellos también pueden hacer lo mismo con él.

Bertrand Russell decía que los ladrones están siempre en contra de robar. Un ladrón tiene que ser contrario al robo, de otra manera alguien puede robarle a él. Se ha esforzado tanto en robar a los demás que si ahora se lo quitan a él, ¿dónde estará la gracia? Un ladrón siempre proclamará: «¡Robar no está bien! ¡No roben nunca! ¡Irán al infierno!». Para que nadie lo desvalije y así tener libertad para hacerlo él.

Si nadie dice falsedades, tú puedes hacerlo y explotar fácilmente a la gente. Si todo el mundo dice mentiras, ¿cómo va a poder aprovecharse? Piensa en una sociedad donde todo el mundo cuente cosas falsas y este fenómeno de mentir sea aceptado. Estarás perdido, no podrás engañar a la gente. Todo lo que digas, la gente pensará que estás mintiendo: «Aquí todo el mundo cuenta mentiras»; no se puede engañar a nadie. Así, pues, por su propio interés tiene que predicar moralidad. «No mientas, no robes, haz esto, haz aquello», y por detrás sigue haciendo justo lo contrario. Esto ha de ser entendido.

Si pillan a alguien robando en ese momento, muchos gritarán: «¡Al ladrón! ¡Matadlo! ¡Cogedlo!». Y serán muchos los que griten. Recuerda, aquellos que gritan están manifestando una cosa: que ellos también son ladrones. Al gritar demuestran muchas cosas. Una de ellas es: «Recuerda, yo no soy el ladrón, yo estoy totalmente en contra. Nadie debería pensar ni sospechar nunca de mí, porque yo estoy en contra de todo este tipo de cosas. Yo tengo moral». Los carteristas serán los que más griten, y, si atrapan al que ha robado, los demás ladrones lo golpearán para demostrar a todo el mundo que ellos están muy en contra de robar.

Es un fenómeno muy complejo. Sin embargo, una persona religiosa es muy diferente. Él puede perdonar, puede comprender. Es capaz de ver las limitaciones del hombre y sus problemas. No es tan duro ni tan cruel —no puede serlo. Su compasión es infinita.

Antes de seguir con los sutras, unas cuantas cosas que han de comprenderse.

La primera: el concepto de pecado, el concepto de acto inmoral. ¿Qué es inmoral? ¿Cómo deberíamos definir la inmoralidad? ¿Cuál es el criterio? Una cosa que en India es inmoral, en China es distinto. Lo que es inmoral en India puede ser moral en Irán, y lo que para Rusia es moral, puede no serlo en India. Hay miles de moralidades. ¿Cómo decidir? —ahora que el mundo se ha convertido en un pueblo global, que hay tanta confusión, ¿qué está bien?

¿Comer carne está bien? ¿Es moral o inmoral? Los vegetarianos dicen que es inmoral. Muchos jaina han venido a mí y me han dicho: «¿Cómo te parece que Jesús coma carne? ¿Cómo puede ser un iluminado —y tú dices que lo está—, cómo puede ser una persona iluminada? Come carne». Para un jaina no es posible concebir que Jesús pueda estar iluminado a pesar de comer carne. Los jaina se han acercado a mí y me han preguntado: «¿Cómo puede Ramakrishna estar iluminado si come pescado? No puede estarlo». Tienen un criterio muy definido entre ellos: el vegetarianismo.

Un monje jaina me decía: «No puedo creer que Jesús o Ramakrishna estén iluminados, comen carne».

Le respondí: «¿Sabes que existe gente en el mundo que piensa que beber leche es casi como comer carne? —porque es un alimento animal. Pues bien, la leche es un alimento animal. Es casi como la sangre porque procede de la sangre materna, está llena de bacterias vivas. Hay personas en el mundo, auténticos fanáticos, que llevan las cosas al extremo. Dicen que la leche, el queso y la mantequilla son alimentos animales, que hay que evitarlos».

Le pregunté a continuación: «Mahavira solía beber leche, ¿qué dices a eso? Bebía alimento animal. ¿Era él un iluminado o no? Las sagradas escrituras de India dicen que la leche es el alimento más puro: *sattvíka*. No lo es, ¡es alimento animal!».

El monje empezó a transpirar cuando oyó que la leche es un alimento animal. Dijo: «¿De qué estás hablando? La leche es *sattvíka*, ¡el alimento más puro!».

A lo que yo dije: «Éste es el análisis, el análisis científico. Demuestra que es erróneo. Por eso cuando bebes demasiada leche tu cara se pone roja: la leche produce sangre —se transforma en sangre dentro de ti. Por eso la leche es tan vital. La leche es alimento al cien por cien, por eso los niños viven sólo de leche. Lo proporciona todo. Se convierte en sangre, en tu carne, tu piel, tus huesos, tu médula; se transforma en todo ello. Es puro alimento animal. Entonces, ¿cómo decidir quién tiene razón?».

Existen miles de moralidades. Si tienes que decidir, te verás en dificultades; te resultará imposible. Te volverás loco, no serás capaz de comer, no podrás dormir, ¡no podrás hacer nada!

Existe una secta jaina que tiene miedo de respirar. Para ellos, respirar es inmoral, porque con cada inspiración estás matando muchísimas pequeñas células que viven en el aire a tu alrededor. Tienen razón. Por eso los médicos utilizan máscara, para no inhalar todo lo que se mueve alrededor —las infecciones. Esa secta jaina teme respirar. Respirar es inmoral.

Caminar es inmoral —hay jainas que no caminan de noche porque en la oscuridad pueden matar algo, una hormiga o algo así. Mahavira nunca se movió de noche, tampoco durante la estación de las lluvias, porque entonces hay muchos más insectos alrededor. El movimiento se hace difícil, la respiración también. Si te fijas en todas las moralidades, sencillamente te volverás loco o tendrás que suicidarte. Pero ¡cometer suicidio es inmoral!

Si estuchas todas las moralidades que parecen ser lógicas: suicídate. Eso parece ser lo menos inmoral. Un sólo acto y todo habrá terminado, ya no habrá más moralidad. Pero eso también es inmoral. Además, cuando te suicidas no mueres tú sólo, recuérdalo. No estás matando únicamente a una persona. En tu cuerpo existen millones de células vivas, millones de vidas dentro de ti, que morirán contigo. Por lo tanto, habrás matado a millones de gente. Cuando ayunas, ¿es moral o inmoral?

Hay personas que dicen que ayunar es moral, y hay otras que dicen que es inmoral. ¿Por qué? —porque cuando ayunas matas muchas células dentro de ti, mueren de hambre. Si ayunas, pierdes un kilo diario. Estás matando muchas cosas-dentro de ti. Un kilo diario. En un mes no serás más que una estructura de huesos. Toda esa gente que vivía dentro de ti —gente menuda— habrá muerto. Tú los has matado a todos.

Asimismo hay gente que dice que ayunar es lo mismo que comer carne. Suena muy raro, pero también es cierto, tiene lógica. Cuando pierdes un kilo, ¿dónde va? ¡Te lo has comido! Tu cuerpo necesita ese tipo de alimento cada día. Lo vas reemplazando con alimento externo, pero si dejas de hacerlo, el cuerpo continúa comiendo porque lo necesita las veinticuatro horas, tiene que vivir. Necesita un cierto combustible. Entonces empieza a comer de su propia carne. Ayunar es ser un caníbal.

¡Estas moralidades pueden volverte loco! No hay forma de elegir. Entonces, ¿qué es moral para mí? Ser consciente es moral. Lo que hagas no es la cuestión, si lo haces con total consciencia. Sea lo que sea —es irrelevante— independientemente de lo que hagas, si lo haces con total consciencia, es moral. Si lo haces sin darte cuenta, inconscientemente, entonces es inmoral.

Para mí, moralidad significa consciencia.

El idioma francés parece ser el único lenguaje que tiene una sola palabra para dos significados: conciencia y consciencia. Esto parece ser muy, muy hermoso. La consciencia es conciencia. Generalmente, la consciencia es una cosa y la conciencia es otra. La consciencia es tuya. La conciencia te es dada por otros: es un condicionamiento.

Vive con consciencia, sé cada vez más consciente y serás más moral, pero no te convertirás en un moralista. Serás moral pero no moralista. Ser moralista es un fenómeno grotesco.

Ahora los sutras:

Jesús se fue al monte de los Olivos.

Solía irse a la montaña cuando sentía que su consciencia estaba manchándose de polvo, su espejo se cubría de polvo. Se iba a las montañas para limpiar su ser, su consciencia. Es igual que cuando tú te bañas y después sientes tu cuerpo fresco, joven.

La meditación es como un baño interior. Es un deber estar a solas durante algunos momentos cada día; de lo contrario acumularás mucho polvo y, debido a ese polvo, tu espejo no reflejará, o no lo hará correctamente. Puede que distorsione las cosas.

¿No lo has observado? Cuando una pequeña partícula de polvo se te mete en un ojo, tu visión se distorsiona. Ocurre lo mismo con la visión interior —el ojo interior—, acumula demasiado polvo, procedente de las relaciones. Igual que te ensucias al viajar por una carretera polvorienta, cuando vas con gente que está manchada de polvo, tú también te ensucias. Están dispersando su polvo por todo su alrededor, están arrojando malas vibraciones —y no pueden evitarlo, son incapaces. No estoy diciendo que los condenes, ¿qué pueden hacer?

Cuando vas a un hospital donde todo el mundo está enfermo, donde todos diseminan su infección —ellos no pueden hacer nada. Respiran y su infección se propaga. ¿No lo has visto cuando visitas a alguien en el hospital? Sólo con estar una hora en el hospital empiezas a sentirte como enfermo, pero ¿estabas perfectamente sano cuando llegaste? Sólo con el olor del hospital, las caras de las enfermeras y de los médicos, sus instrumentos, ese peculiar olor y toda esa gente enferma, esa vibración de enfermedad y de muerte siempre allí, siempre hay alguien muriéndose.

Sólo una hora de estar allí y te sientes muy bajo; te entra una especie de náusea.

Sientes un gran alivio al salir del hospital. Así es la situación en el mundo; aunque tú no lo sabes porque vives en él. Las enfermeras y los doctores que trabajan allí se han vuelto indiferentes, de otra manera se morirían. No podrían vivir allí. Han tenido que insensibilizarse. Muchas veces parece que los doctores no sienten nada —es su protección. El paciente se queja de una y otra cosa y el doctor se queda como si no oyera. Los familiares corren a buscarlo para contarle todo lo que está yendo mal, pero él contesta: «Todo irá bien. Vendré a verlo mañana cuando haga la visita, ya veremos». Tú te sientes muy afectado y parece que a él no le importa en absoluto. Sólo lo hace para protegerse, si fuera demasiado sensible no podría sobrevivir. Tiene que hacerse el duro, tiene que crear una especie de frialdad a su alrededor. Esta frialdad lo protege del hospital, de los pacientes y de todo el ambiente. Los doctores y las enfermeras se vuelven duros e insensibles.

Esto mismo sucede en el mundo en general. Es una especie de gran hospital, todo el mundo está enfermo y en su lecho de muerte; todo el mundo está lleno de ira, violencia, agresividad, celos y posesión; todo el mundo es falso, seudo e hipócrita —así es el mundo. Tú no lo sientes, pero cuando Jesús se mueve entre vosotros, él puede sentirlo porque viene de las alturas. Baja de las montañas.

Si bajas a las llanuras después de haber pasado unos días en el frescor de los Himalayas, podrás sentir lo polvorienta, repelente y pesada que es la vibración. Ahora puedes comparar. Has visto las heladas aguas de los Himalayas —esos frescos manantiales de agua cristalina eternamente manando—, y, por otro lado, el suministro de agua municipal. Aquí tienes la comparación. Sólo un meditador sabe que el mundo está enfermo, sólo él sabe que todo está mal aquí. Cuando un meditador anda entre vosotros, naturalmente puede sentir mucho más la acumulación de polvo, porque vosotros habéis perdido toda sensibilidad.

¡Has olvidado que eres un espejo! Lo único que sabes es que eres un recogedor de polvo. Sólo un meditador tiene conocimiento de ser un espejo.

Así pues, Jesús sigue marchándose a las montañas.

Jesús se fue...

... a las montañas

... Al monte de los Olivos. Y al amanecer estaba de nuevo en el templo; todo el pueblo iba con Él, y Él, sentándose, les enseñaba.

Y al amanecer estaba de nuevo en el templo...

Sólo cuando has estado en las montañas —y esto no quiere decir que tengas que subir realmente a la montaña. No es un fenómeno externo. El monte está dentro de ti. Si puedes estar a solas, si puedes olvidarte del mundo entero durante unos cuantos segundos, recobrarás tu frescura. Sólo entonces puedes ir al templo, porque sólo entonces eres un templo. Y sólo entonces tu presencia en el templo será una presencia auténtica;

habrá armonía entre tú y el templo. Recuerda, a menos que lleves tu templo al templo, no existe templo. Si sencillamente vas al templo y no llevas contigo tu templo interior, será una simple casa.

Cuando Jesús entra en una casa, se convierte en un templo. Cuando tú entras en un templo, se convierte en una casa —porque nosotros llevamos en el interior nuestro propio templo. Dondequiera que Jesús vaya se convierte en un templo, su presencia crea esa cualidad sagrada. Sólo cuando llevas contigo el templo, el frescor de las montañas y su virginidad, sólo entonces puedes enseñar. Sólo entonces, cuando lo posees.

Y al amanecer estaba de nuevo en el Templo; todo el pueblo iba a Él, y Él, sentándose, les enseñaba.

Le llevaron los escribas y los fariseos una mujer sorprendida en adulterio y le dijeron: «Maestro, esta mujer ha sido sorprendida en flagrante adulterio.

En la Ley, Moisés nos manda apedrear a éstas. Tú, ¿qué dices?»

Ésta es una de las parábolas más importantes de la vida de Jesús. Introdúcete en ella lentamente, con cuidado y delicadeza.

Los escribas y los fariseos...

Esto puedes leerlo como «los moralistas y los puritanos». En aquellos días así se llamaba a los moralistas, los *pandit*, los eruditos —«escribas y fariseos». Los fariseos eran gente muy respetable. Superficialmente eran muy morales, pretenciosos y con grandes egos. «Nosotros somos morales y el resto del mundo es inmoral» —siempre buscando las faltas de los demás. Toda su vida centrada en cómo exagerar sus propias cualidades y reducir a cero las de los demás.

Los puritanos, los moralistas.

... llevaron a una mujer sorprendida en adulterio...

Cuando te acercas a una persona como Jesús, tienes que hacerlo con humildad, impregnado con algo de Jesús; es una ocasión excepcional. Y aquí llegan ahora estos idiotas trayendo a una mujer. Con ellos están trayendo su mente vulgar, su mente mediocre, sus estupideces.

Los escribas y los fariseos le llevaron a una mujer sorprendida en adulterio...

Ni siquiera han aprendido la lección de que cuando te acercas a un hombre como Jesús o Buda tienes que tomar parte, que participar de su consciencia: tienes que intimar con él. No lleves contigo los problemas corrientes de la vida; son irrelevantes. Estarás desperdiciando una gran oportunidad, estarás malgastando el tiempo de Jesús. Y como os dije antes, él no disponía de mucho tiempo —sólo tres años de ministerio. Y esos idiotas perdiendo el tiempo así... Pero seguían una estrategia: era una trampa.

Realmente no les importaba la mujer, estaban urdiendo una trampa para Jesús. Fue un acto muy diplomático.

Le llevaron los escribas y los fariseos una mujer sorprendida en adulterio y le dijeron: «Maestro, esta mujer ha sido sorprendida en flagrante adulterio».

Ahora bien, ¿qué es adulterio?

Una mente consciente diría que cuando no amas a un hombre —aunque sea tu propio marido—, si no lo amas y duermes con él, eso es adulterio. Si no amas a una mujer —y puede ser tu propia esposa—, si no la amas y duermes con ella, la estás explotando, la estás engañando. Esto es adulterio.

Pero ésta no es la definición de los fariseos, de los puritanos, de los escribas y de los *pandit*. Su definición es legal, no procede de la consciencia o del amor. Su definición viene de la corte legal. Si la mujer no es tu esposa y te descubren durmiendo con ella, esto es adulterio. No es más que un asunto legal, técnico. El corazón no se tiene en cuenta, sólo la ley. Puedes estar totalmente enamorado de la persona, pero esto no lo van a tener en cuenta. La mente inconsciente no puede tener en cuenta las cosas más elevadas. Sólo puede considerar lo más bajo.

Su problema siempre es legal. ¿Es *tu* mujer? ¿Tu esposa? ¿Estás legalmente casado con ella? Entonces está bien, ya no hay pecado. Pero si no es tu mujer, si no estás legalmente casado con ella... Aunque estés profundamente enamorado, aunque le tengas inmenso respeto —aún incluso adorándola—, es un pecado, es adulterio.

Esta gente llevó esta mujer a Jesús, y...

Le dijeron: «Maestro, esta mujer ha sido sorprendida en flagrante adulterio».

Justo el otro día estuve leyendo las memorias de un misionero cristiano inglés que había estado en Japón a principios de siglo. Lo llevaron por toda la ciudad de Tokio. Su anfitrión lo acompañó para que viera la ciudad. En uno de los baños públicos, hombres y mujeres se bañaban desnudos. El misionero se quedó muy sorprendido.

Se quedó parado durante cinco minutos, mirándolo todo y, a continuación, preguntó a su anfitrión: «¿No es esto inmoral —hombres y mujeres bañándose juntos en un lugar público?».

A lo que él contestó: «Señor, en nuestro país eso no es inmoral, pero sí lo es quedarse ahí parado mirando. Siento decírtelo —agregó—, pero me estoy sintiendo culpable de estar aquí contigo, porque es asunto suyo si quieren bañarse desnudos. Es *su* libertad. Pero ¿por qué te quedas ahí parado? Eso es feo e inmoral».

El criterio del misionero es muy corriente, muy ordinario; sin embargo, el punto de vista del anfitrión es extraordinario.

Esa gente decía:

«Maestro, esta mujer ha sido sorprendida en flagrante adulterio».

¿Y qué hacían ustedes allí?

Son mirones o, ¿qué tipo de gente son? ¿Qué hacían allí? ¿Qué les importa?

Esta mujer es dueña de su vida. Sólo a ella le importa cómo quiera utilizarla. ¿Quiénes son ustedes para interferir? Pero los puritanos, los moralistas, siempre se han entrometido en la vida de los demás. No son democráticos, son muy dictatoriales. Quieren manipular a la gente, condenarla.

¿Qué estaba haciendo allí esa gente?

Y ellos dijeron:

«Maestro, esta mujer ha sido sorprendida en flagrante adulterio».

Descubrieron a la mujer cuando estaba haciendo el amor.

Una cosa más: ¿dónde está el hombre? ¿Estaba cometiendo adulterio ella sola? Nadie jamás se ha hecho esta pregunta. He leído muchos libros cristianos, pero nunca alguien se ha preguntado «¿Dónde está el hombre?».

Ésta es una sociedad de hombres. Siempre es la mujer la que se equivoca, nunca el hombre. Él puede salir libre perfectamente bien. Incluso podría ser un fariseo, un hombre respetable —pero la mujer tiene que ser condenada. ¿No lo has observado? A las prostitutas se las condena, pero ¿dónde están los que las prostituyen? ¿Dónde está esa gente? Hasta puede que sean ellos mismos quienes condenan.

Los puritanos son siempre gente ridícula. Ni ellos viven, ni permiten vivir a los demás. Su único aliciente es cómo matar la alegría de los demás, cómo destruir la celebración de otros.

Una vez más, ¿qué estaba haciendo esa gente allí? ¿No tienen otra cosa que hacer? ¿No tienen sus propias mujeres a las que amar? ¿Qué tipo de gente es? Deben de estar algo pervertidos para ir por ahí buscando y persiguiendo a quien comete adulterio? Y, ¿dónde está el hombre? Siempre se condena únicamente a la mujer.

¿Por qué ha de ser condenada la mujer? Por ser mujer y porque el hombre es el dominante, y todas las leyes están hechas por hombres. Ellos son muy perjudiciales, muy parciales. Todas las leyes dicen lo que se debe hacer a una mujer sorprendida en adulterio, pero no dicen nada sobre el hombre. No, dicen: «Los chicos son chicos y seguirán siéndolo». Siempre es asunto de la mujer.

Incluso si un hombre viola a una mujer, se condena a la mujer; deja de ser respetada, ¡no al violador!

Éste es un asunto horroroso. No puede llamarse religión, es bastante político —básicamente a favor del hombre y en contra de la mujer. Pero así son todos los que se dicen moralistas.

En India, cuando se moría el hombre, la esposa tenía que acompañarlo a la pira funeraria, sólo entonces se la consideraba digna. Tenía que convertirse en *sati*, tenía que morir con el marido. Si no moría con él, significaba que no era honrada, que deseaba vivir sin su marido, o que quería que muriera para quedar libre, para enamorarse de otro.

En India se pensaba entonces que no existe vida para una mujer cuyo marido haya muerto. El marido es toda su vida. Si el marido se va, ella tiene que marcharse. Pero nada se dice del hombre cuya mujer muere —para él no existe ningún precepto que diga que tiene que morir con su mujer. No, eso no es problema. Inmediatamente después de la muerte de la mujer... En India sucede a diario: la gente quema a la mujer y de vuelta a casa empiezan a pensar en el nuevo matrimonio —dónde encontrará el hombre una nueva mujer, cómo encontrarla. No pierden ni un sólo día.

La moralidad es distinta para el hombre que para la mujer. Por tanto, es una moralidad muy inconsciente, y muy inmoral.

Mi definición de moralidad es aquella de la consciencia, y la consciencia no es ni femenina ni masculina. La consciencia es simplemente consciencia. Sólo cuando algo es decidido con consciencia, no podrá ser clasificado, estará más allá de las diferencias de cuerpo, casta o credo. Sólo entonces es moral.

> *«Maestro —dijeron ellos—, esta mujer ha sido sorprendida en flagrante adulterio. En la Ley Moisés nos manda apedrear a éstas. Tú, ¿qué dices?»*

Decían esto para probarlo y tener de qué acusarlo. Jesús, agachándose, escribió con el dedo en la tierra, como si no los oyera.

Ésta era la trampa. Querían atrapar a Jesús, porque Moisés dijo que una mujer así debería ser apedreada. No dijo nada sobre el hombre. Una mujer tal debería ser apedreada hasta la muerte: esto lo dijo Moisés. Por eso le están creando un problema a Jesús. Si dice: «Sí, haced como Moisés dice», entonces pueden acusarlo porque siempre ha estado hablando sobre el amor, la compasión, la bondad, el perdón. Entonces pueden decir: «¿Qué hay de tu compasión? ¿Qué pasa con tu perdón? ¿Y de tu amor? ¿Dices que tenemos que matar a esta mujer apedreándola? Esto es muy duro, cruel y violento».

Muy hábiles los muchachos.

Y si Jesús hubiera dicho: «Eso no está bien. Moisés no tiene razón», entonces ellos habrían insinuado: «¿Así que tú has venido a destruir a Moisés? ¿Has venido a destruir y corromper nuestra religión? Tú, que has estado diciéndole a todo el mundo: 'No he venido a destruir sino a servir'. ¿Qué hay de eso? Si has venido a cumplir, ¡sigue la ley de Moisés entonces!». Están creando un dilema; ésta es la trampa. No les importa mucho la mujer; recuerda, su auténtico objetivo es Jesús; la mujer sólo es una excusa. Y es tal el caso que presentan. Por eso indican: sorprendida en el acto, en flagrante delito. La cuestión no es decidir si realmente ha cometido adulterio. En ese caso, Jesús podría tener una excusa para eludirse. Podría decir: «Primero, tratad de descubrir si *realmente* ha sucedido. Traed a los testigos. Vamos a resolverlo primero». Lo que llevaría años. Por eso dicen: «¡En flagrante delito! La hemos cogido en el propio acto. Todos somos testigos, no hay razón para resolver nada más. La ley es clara: Moisés ha dicho que semejante índole debe ser apedreada».

… Tú ¿qué dices?

«¿Estás de acuerdo con Moisés? Si lo estás, ¿qué hay entonces de tu amor y compasión, de todo tu mensaje? Si no estás de acuerdo, ¿qué quieres decir con: 'He venido a cumplir'? Has venido a destruir la ley de Moisés. ¿Crees que eres más elevado que Moisés? ¿Crees que sabes más que él?».

Tú, ¿qué dices? Decían esto para probarlo y tener de qué acusarlo. Pero Jesús, agachándose, escribía con el dedo en la tierra, como si no los oyera.

¿Por qué? ¿Por qué se inclinó Jesús? ¿Por qué empezó a escribir en la tierra?

Justo estaban a la orilla de un río. Jesús estaba sentado en la arena. ¿Por qué empezó a escribir en la arena? ¿Qué ha ocurrido?

Una cosa tiene que ser entendida: siempre es un problema delicado. Por ejemplo, si yo veo que una afirmación de Buda es equivocada, surge la gran duda de decirlo. Él no puede estar equivocado. La tradición ha debido interpretarlo mal. Han debido de poner en su boca algo equivocadamente. Buda no puede equivocarse. Pero ya no hay manera de resolverlo, porque así lo dicen claramente las escrituras.

Jesús estaba dudando, preocupado. No quería decir ni una sola palabra en contra de Moisés, pero algo tenía que decir algo, por eso dudaba. No quería decir nada contra Moisés porque Moisés no lo dijo en ese sentido. En su interior sentía que Moisés no podía haberlo dicho de esa manera. Pero el sentimiento interior no puede ser decisivo. Esta gente diría: «¿Quién eres tú? ¿Por qué debería importarnos tu sentimiento interior? Tenemos con nosotros el código escrito, recibido de nuestros antepasados. ¡Allí está escrito muy claramente!».

Jesús no quería decir nada en contra de Moisés, porque realmente ha venido para servirlo. Cualquiera que se ilumine en el mundo siempre está cumpliendo con todos los iluminados que lo hayan precedido. Aun cuando a veces hable en contra de ellos, también entonces está sirviéndolos; no puede decir nada en su contra. Y si sientes que lo está haciendo, no está hablando en contra de ellos, sino en contra de la tradición, de las escrituras. Pero parece que está hablando contra Moisés, contra Buda, contra Abraham. Por eso se reclinó, se puso a mirar la arena y empezó a escribir. No sabía qué hacer. Tenía que encontrar una salida.

Tenía que encontrar una salida de tal manera que no dijera nada contra Moisés y, sin embargo, anular esa ley por completo. Y salió con una respuesta totalmente milagrosa, una respuesta mágica.

Como insistieran en preguntarle, se incorporó y les dijo: «El que de vosotros no tenga pecado, que tire el primero una piedra».

Es realmente increíble, hermoso —ésa era su duda. Encontró cómo darle un significado de oro. No dijo ni una sola palabra en contra de Moisés y tampoco le dio su apoyo. Éste es el delicado punto que hay que entender.

Jesús, en efecto, era sumamente inteligente —sin educar, pero totalmente inteligente, un hombre de inmensa consciencia. Ésta es la única razón por la que pudo encontrar una salida.

Él dijo:

El que de vosotros no tenga pecado...

Les dijo: «¡Muy bien!». Lo cual no significa que Moisés esté en lo cierto, sino «Muy bien. Si así lo dice Moisés, así debe ser. Pero entonces, ¿quién empezará a tirar piedras a esta mujer?».

El que de vosotros no tenga pecado, que tire el primero una piedra.

Así pues, empezad, pero sólo aquellos que estén sin pecado...

Esto es una nueva aportación de Jesús. Sólo puedes juzgar si no estás en pecado. Sólo puedes castigar si no has pecado. Si estás en el mismo barco, ¿cuál es el punto? ¿Quién va a castigar a quién?

Y de nuevo, agachándose, se puso a escribir.

¿Por qué volvió a inclinarse? Porque debió de sentir miedo; siempre puede surgir algún estúpido. Sabe que todo el mundo ha cometido un pecado u otro. Si no han cometido ninguno, lo han pensado —lo que es prácticamente lo mismo.

Tanto si lo piensas como si lo haces, no hay diferencia. Recuerda, la distinción entre pecado y crimen es ésta: el crimen es un acto, sólo es crimen cuando se ha realizado. Puedes estar pensando continuamente en ello, pero si no lo llevas a la acción, ningún tribunal puede penarte porque nunca será un crimen. Y sólo el crimen está bajo la jurisdicción de las cortes, no el pecado. Entonces, ¿en qué consiste el pecado? Pecado es cuando piensas: «Me gustaría matar a ese hombre». Ningún tribunal puede hacer nada. Puedes decir: «Sí, lo he estado pensando toda mi vida» —pero el pensamiento está más allá de la jurisprudencia. Se te permite pensar. Ningún tribunal puede castigarte por haber soñado que habías matado a alguien. Puedes soñar todos los días, y matar a tanta gente como quieras. Ningún magistrado podrá juzgarte a menos que lo materialices, que el pensamiento pase a la acción, que se traslade a la realidad. Si sale de ti y afecta a la sociedad, entonces es un crimen. Pero también es pecado porque Dios puede leer tus pensamientos. No necesita leer tus actos. El magistrado tiene que leer los actos, no puede leer los pensamientos; no es un adivino de pensamientos o de la mente.

Pero para Dios no existe ninguna diferencia; tanto si lo piensas como si lo haces, es lo mismo. En el momento en que lo piensas, ya lo has hecho.

Por eso Jesús dice: «El que de vosotros esté sin pecado...», no sin crimen. Dice: Aquel de entre vosotros que esté sin pecado, que tire la primera piedra. Esta distinción es conocida a lo largo de los siglos: si lo piensas, ya has cometido el pecado.

Y de nuevo, agachándose...

¿Por qué esta vez? —porque si sigue mirando a la gente, su mirada puede ser muy provocadora. Si continúa mirándolos, alguien por su mirada y por su ofensa puede tirar una piedra a la pobre mujer. No quiere ofender; se retira. Sencillamente se inclina y empieza a escribir en la arena —otra vez, como si no estuviera allí. Se vuelve ausente, porque su presencia puede ser peligrosa. Si han venido para ponerle una trampa y están sintiendo su presencia, les será difícil sentir su propia conciencia, su propia consciencia. Se retrae, les concede total libertad para pensar en ello. No interfiere; su presencia podría ser un obstáculo. Si sigue mirándolos, podría ser una ofensa para sus egos. Y también les sería difícil escapar, porque estaría mal que alguien estando junto al alcalde —la gente respetable... ¿cómo va a escapar el alcalde si Jesús lo está mirando? Si se escapa sin haber tirado la piedra, será la prueba de que es un pecador.

Se inclina de nuevo, empieza a escribir en la arena, les da una oportunidad —si quieren escapar, pueden hacerlo.

Ellos, que lo oyeron, convencidos de su propia conciencia...

Jesús los dejó solos. Ésta es la belleza de este hombre. Ni siquiera interfiere con su presencia; sencillamente deja de estar allí. Sus conciencias empiezan a remorderlos. Ellos saben. Tal vez ellos mismos han deseado muchas veces a esta mujer, quizá hayan sido partícipes suyos en el pasado. Posiblemente esta mujer sea una prostituta, y toda esta gente respetable en su día haya hecho el amor con ella. Porque una prostituta significa que casi toda la ciudad está involucrada.

En India, en la antigüedad, a las prostitutas se las llamaba nagarvadhu, la esposa de la ciudad. Ésta es su calificación correcta.

Así, toda esa gente ha debido estar involucrada de una manera o de otra con esta mujer o con otras —si no de hecho, al menos de pensamiento.

Mi sensación es que debía de ser por la tarde, el sol se estaba poniendo y empezaba a oscurecer, mientras Jesús, inclinado, escribía en la arena. Cayó la noche y, poco a poco, la gente empezó a desaparecer en la oscuridad.

Ellos, que lo oyeron, convencidos de su propia conciencia, fueron saliendo uno a uno, comenzando por los más ancianos, y quedó Él sólo y la mujer en medio.

Primero desaparecieron los más ancianos, porque, desde luego, habían vivido más y, por tanto, habían pecado más. Los jóvenes puede que no sean tan grandes pecadores; todavía no han tenido suficiente tiempo. Fueron los mayores quienes desaparecieron primero. Los que estaban delante y que lentamente se fueron moviendo hacia atrás hasta escapar. El hombre había creado un gran problema: había cambiado toda la situación. Ellos habían venido a atraparlo y habían sido atrapados.

No puedes pillar a un Jesús o a un buda; es imposible —tú serás el atrapado. Tu existencia está en un estado inferior de la mente. ¿Cómo vas a atrapar a un estado superior? Es simplemente necio. El estado superior puede cazarte a ti inmediatamente, porque desde allí se tiene acceso a todo tu ser. Jesús debió de mirar dentro de la conciencia de la gente —él podía hacerlo—, debió de ver todo tipo de pecados pasándoles por la cabeza. De hecho, mientras estaban allí, pensaban en la mujer, en cómo aprehenderla. Quizá, les molestaba la idea de que hubiera sido otro quien había pecado quitándoles a ellos la oportunidad. O tal vez simplemente se sentían celosos, posiblemente les hubiera gustado ocupar el lugar del hombre que no había sido entregado. Jesús, desde su altura, debió de mirar en sus corazones. Los había cazado, se habían olvidado por completo de su trampa, se habían olvidado también de Moisés, de su ley y de todo lo demás. De hecho, nunca les habían preocupado Moisés y su ley. Esto también ha de ser comprendido.

Lo que de verdad les interesaba era apedrear a la mujer, disfrutar con el asesinato. No les importaba que se castigara a quien había cometido el pecado; eso era sólo una excusa. No podían dejar pasar la ocasión de asesinar a la mujer. Y para ello podían utilizar a Moisés.

Moisés dijo muchísimas cosas, pero a ellos no les importaban. No estaban interesados ni en lo que dijo ni en todas sus afirmaciones. Lo único que les seducía era que Moisés había dicho que se puede apedrear a una mujer si se la pilla cometiendo adulterio. No podían perder esta gran oportunidad de asesinar, de violencia. Y cometer la violencia de acuerdo con la ley, ¿a quién le gustaría perdérselo? No sólo van a disfrutar de la violencia, también disfrutarán por ser gente muy legal, virtuosos seguidores de Moisés. Pero todos lo han olvidado. Un pequeño giro hacia Jesús, y se olvidan de Moisés... Jesús le ha dado la vuelta a todo, ha conseguido quitarles a la mujer de la cabeza y que pensaran en ellos mismos. Los ha convertido, ha dado la vuelta —una vuelta de ciento ochenta grados. Estaban pensando en la mujer, en Moisés y en Jesús, y él ha cambiado su actitud por completo. Ha conseguido que ellos sean su propio objetivo. Le ha dado la vuelta a su consciencia.

Les dijo: «Mirad en vuestro interior. Si no habéis pecado nunca, entonces podéis hacerlo, podéis matar a la mujer».

Incorporándose Jesús...

Vio que todos se habían marchado

... Saliendo uno a uno, hasta el último, y quedó Él sólo y la mujer en medio. Incorporándose Jesús, le dijo: «Mujer, ¿dónde están los que te acusan?».

No está diciendo: «Yo te acuso».

... ¿Dónde están los que te acusan?

En ningún momento está siendo partícipe. No la juzga, no la condena. No le dice ni una sola palabra, lo único que dice es:

Mujer, ¿dónde están los que te acusan? ¿Ninguno te condenó?

¿Se han marchado todos? ¿Ninguno te ha tirado una piedra?

Dijo ella: Nadie, Señor.

Ella debió de sentir hacia este hombre un gran respeto, reverencia. No sólo la había salvado físicamente, sino que tampoco la acusó de ninguna manera. También la había salvado espiritualmente. Debió de mirarlo a esos ojos que sólo desprendían amor y compasión, nada más.

Éste es el hombre religioso. El moralista siempre está condenando, acusando; el religioso, siempre acepta, perdona.

Dijo ella: «Ninguno, Señor». Jesús dijo: «Yo tampoco te condeno. Vete y ya no peques más».

Jesús dice: «No hay por qué preocuparse —es pasado. El pasado, pasado está; lo que se ha ido, ido está. Olvídalo, pero toma la situación como una lección. No sigas cometiendo los mismos errores en el futuro —si piensas que son errores. Yo no te condeno».

Yo tampoco te condeno…

«Pero si piensas que has cometido algún error, tú decides. No lo vuelvas a hacer. Olvida el pasado y no lo repitas más».

Éste es el mensaje completo de todos los budas, todos los cristos y todos los krishnas: olvida el pasado y, si lo comprendes, no lo vuelvas a hacer. Eso es suficiente. No existe castigo ni juicio. Cuando has hecho algo, es porque estabas desesperado. Eres inconsciente, tienes tus limitaciones, tus deseos incumplidos. Lo que sea que hayas hecho, era lo único que podías hacer. Así pues, ¿qué sentido tiene acusarte y condenarte? Lo único posible es elevar la consciencia.

Esa mujer debió de entrar en un alto nivel de consciencia. Debió de asustarla mucho que fueran a matarla. Y este hombre, con una simple explicación, la salvó de la muerte. No sólo eso, los acusadores desaparecieron. ¡Había hecho un milagro! Y además de no haberla matado, sintieron vergüenza y escaparon como ladrones en la oscuridad de la noche. Ese hombre es un mago.

Y ahora está diciendo: «Yo no te condeno. Si piensas que has hecho algo malo, no vuelvas a hacerlo. Eso es suficiente». Había convertido a la mujer.

Esto es lo que los mordaces llaman un «contacto elevado». Jesús está en las alturas, si llegas a tener afinidad con él, empezarás a elevarte. Esto es sincronicidad —no es causal. La mujer debió de llegar allí casi condenándose a sí misma, avergonzada, pensando en suicidarse. Él elevó a esa mujer, la transformó.

Dijo ella: «Ninguno, Señor».

Jesús se convierte para ella en un señor, en Dios. Nunca había visto ella a un hombre tan piadoso. Un hombre que no condena, que no juzga, se convierte en un Dios. Y sólo con su presencia, con una simple explicación, toda esa gente desapareció y ella quedó salvada. Y no sólo físicamente, sino espiritualmente intacta. Jesús no interfirió en absoluto. No condenó, no dijo ni una sola palabra. Lo único que dijo fue: «No repitas tu pasado» —ni una palabra más. «Deja que el pasado sea pasado y lo que se ha ido, ido está. Eres una nueva persona. Todo está bien, estás perdonada».

Jesús transformó a mucha gente mediante el perdón. Ésta es una de las acusaciones que tenían contra él —que perdonaba a la gente. ¿Quién es él para perdonar? Alguien ha cometido un pecado —¡la sociedad tiene que castigarlo! y, si no puede hacerlo y el hombre escapa, la sociedad tiene preparado el castigo a través de Dios —deberá ser enviado al infierno.

Los hindúes también están bastante en contra de la idea de que Jesús pueda perdonar. Esta idea cristiana es inmensa, tremenda, muy grande y poderosa. Los hindúes dicen que tienes que sufrir el karma del pasado, tendrás que deshacer lo que hayas hecho. Si has hecho algo malo, tendrás que hacer algo bueno. Lo malo y su resultado vendrán: tendrás que sufrir sus consecuencias. Los hindúes no lo aceptan. Tampoco los budistas, los jainas, ni los judíos estaban de acuerdo con Jesús. ¿Cómo puede ser que perdone?

Pero yo les digo: un hombre con semejante comprensión puede perdonar. Pero no significa que quedes perdonado. La cuestión es que si esa consciencia, esa gran consciencia, puede hacerte sentir bien —«Nada está mal, no te preocupes, puedes quitarte de encima el pasado como si fuera polvo»—, eso mismo te dará tal coraje, tal entusiasmo, que te abrirá a nuevas posibilidades y nuevas puertas. Y quedarás liberado; inmediatamente podrás superarlo.

De aquí viene la idea cristiana de la confesión. Pero no funciona de esa manera, porque quien te confiesa es un hombre ordinario, igual que tú. Cuando te confiesas, el sacerdote no está perdonándote realmente, en su interior puede que esté condenándote. Su perdón no es más que una representación. Sólo es un hombre corriente, su consciencia no es superior a la tuya. El perdón únicamente puede fluir desde lo más elevado. Solamente desde las altas montañas pueden los ríos fluir hacia los valles. El perdón sólo puede fluir desde un Jesús o un buda. Cuando aparece un hombre como ellos, sólo con su toque, con su mirada, es suficiente para perdonar todo tu pasado y tus karmas.

Yo estoy completamente de acuerdo con Jesús. Él aporta una nueva visión a la humanidad: alcanzar la libertad.

El concepto de los hindúes, los jaina o los budistas es muy corriente y matemático. No entraña ninguna magia. Es muy lógico pero no contiene nada de amor. Jesús trae el amor al mundo.

Capítulo 6

Para lo nuevo como tal

Marcos 9

32. *Llegaron a Cafarnaúm. Una vez en casa, les preguntó: «¿Qué discutíais por el camino?».*

33. *Pero ellos callaron, porque en el camino habían disputado entre sí quién era el mayor.*

34. *Él se sentó, llamó a los doce y les dijo; «El que quiera ser el primero, que sea el último y el servidor de todos».*

35. *Tomó luego a un niño y les dijo:*

36. *«El que reciba a uno de estos niños en mi nombre, a mí me recibe, y el que me recibe a mí, no es a mí a quien recibe, sino al que ha enviado».*

Juan 8

52. *Los judíos le dijeron:*

53. *«¿Eres tú más que nuestro padre Abraham, el cual murió? Y los profetas también murieron. ¿Por quién te tienes?».*

54. *Respondió Jesús:*

55. *«Vuestro padre, Abraham, saltó de gozo por ver mi día; lo ha visto y se ha regocijado».*

56. *Los judíos le dijeron: «¿No tienes aún cincuenta años, ¿y has visto a Abraham?».*

58. *Jesús les dijo: «En verdad, en verdad os digo, que antes que naciera Abraham, existo Yo».*

El ego es sutil, sus caminos son muy sutiles, su funcionamiento es muy complejo. Es un enigma, pero que no se puede resolver —sólo puede mirarse una y otra vez, pero no puede ser resuelto. No tiene solución, porque esta incógnita no es algo accidental para el ego. El ego en sí es un misterio. Si fuera accidental, habría una forma de resolverlo. Es una incógnita, su naturaleza es desconcertante. Por lo tanto, todos los esfuerzos para resolverlo lo hacen más complejo, más difícil.

Si luchas contra él, estás luchando contigo mismo. Nunca puede haber una victoria, no puedes vencerlo peleando. Con la lucha estás dividiéndote en dos —el luchador y lo luchado. Y ¿contra qué estás peleando? No será más que el ego dividiéndote en dos, jugando a pelear. En ocasiones cada una de las partes pretenderá haber vencido a la otra; jamás vence nadie. La pelea se hace infinita y, mientras tanto, la energía se disipa, la vida se desperdicia. Recuerda, no puedes luchar contra el ego.

¿Puedes reprimirlo? La gente también lo ha hecho; pero eso no ayuda. Si reprimes el ego, se instala aún más profundo en tu interior. En lugar de desprenderte de él, cada vez estarás más envenenado por él, porque, ¿qué estarás haciendo al reprimirlo? Lo estarás forzando hacia el inconsciente, lo estarás soterrando. El inconsciente es mucho más poderoso que el consciente. El ego en el consciente no tiene mucho poder. Una vez entra en el inconsciente, se vuelve nueve veces más poderoso que antes. En lugar de desprenderte de él, cada vez estarás más bajo su control. Y una cosa más: una vez que el ego es inconsciente, ya no sabrás nada sobre él. Se ha colocado a tus espaldas; ya ni siquiera puedes observarlo. Ahora eres completamente una víctima. Ya no puedes protegerte de él. No puedes hacer nada para salvaguardarte de él. Está allí detrás moviendo tus cuerdas. Serás como una marioneta en manos del ego. Pensabas que lo habías reprimido, pero la lucha no ayuda, la represión no beneficia.

Lo tercero que se ha intentado a lo largo de los siglos es la sublimación. Sublimarlo —dejar que se identifique con metas superiores. Entonces se condecora, se entroniza, y, naturalmente, se vuelve muy poderoso. Se identifica con la iglesia, con el país, con tu color, con tu ideología — socialismo, comunismo, fascismo, cristianismo, hinduismo. Se identifica con algún valor elevado, un valor utópico o incluso con Dios. Gobierna con supremacía, en el nombre de Dios. Pero Dios sólo es una excusa. El auténtico soberano es el ego. Éstas son las tres formas posibles: lucha, represión, o bien, sublimación. Pero ninguna es de ayuda, porque la propia naturaleza del ego es tal que no admite soluciones.

Me han contado...

Una madre estaba en una tienda de juguetes y dijo: «¿No es demasiado complicado este juguete para un niño pequeño?».

El dependiente contestó: «Éste, señora, es un juguete educativo especialmente diseñado para adaptar a los niños a vivir en el mundo de hoy: no importa cómo lo ensamble, siempre estará mal».

Así es el ego. De ninguna forma podrás salir de él. No hay remedio. Verlo es estar en el camino correcto. Ver su complejidad, su naturaleza enigmática y misteriosa, comprenderlo en su totalidad, es el comienzo de la sabiduría. De otra manera, estará presente y llegará bajo formas más sutiles que te engañarán mucho más profundamente.

Los religiosos, las personas que llamamos religiosas, son engañadas por él, porque siempre se esconde tras las cortinas de la religión. A veces se presenta como humildad, otras como sumisión. Incluso puede aparentar ser falta de egoísmo, podría decir: «No tengo ningún egoísmo». Pero está allí y ahora está perfectamente protegido; ni siquiera sospecharás de su existencia. Observa a los que se dicen religiosos y verás un gran juego del ego. Ahora es devoto, y cuando el ego se vuelve piadoso es más venenoso. Es veneno piadoso. Te corrompe profundamente.

El ego ordinario en general no constituye un gran problema. Puedes ver que está allí. Incluso la persona que es su víctima sabe que lo tiene —conoce la enfermedad. Pero cuando se vuelve piadoso, cuando se disfraza de religioso, ni la víctima se da cuenta. Vive aprisionada y piensa que es libre.

Descubre un remedio y cada vez te verás en más problemas. ¿Por qué? Porque la mayoría de los remedios son una imposición. ¿Por qué la mayoría? *Todos* los remedios están impuestos. Los encuentras en algún lugar fuera de ti, la clave te la da alguien ajeno a ti.

Si ves a un buda, verás que parece muy humilde —lo es. Su humildad está presente. Puedes verlo en su cara, en su simplicidad, en su total inocencia; aquí has encontrado la clave —tal vez ésta sea la forma de librarse del ego. ¡Ésta no es la manera! Es una consecuencia, algo le ha sucedido que le ha llevado a no tener ego. Calcar su comportamiento únicamente hará de ti una copia de carbón. El ego no va a desaparecer. Puedes comer los mismos alimentos que Buda, puedes andar como él, puedes imitarlo perfectamente. Puede que seas un imitador muy hábil, pero el ego continuará estando allí, porque no hay manera de ver qué ha ocurrido en lo más hondo de Buda. Lo único que puedes observar es su comportamiento.

Por eso, una cierta escuela de psicólogos, los conductistas, dicen que el hombre no tiene alma; que todo radica en la conducta. Están siguiendo una cierta lógica, que consiste en que la conducta puede ser observada. El alma nunca ha sido vista, nunca ha sido observada; ¡nadie la ha visto! Por tanto, ¿cómo aceptar que existe? Todo lo que existe puede ser visto. Sólo existe aquello que puede verse. ¿Has visto alguna vez el alma de alguien? Todo lo que puedes ver es su conducta y, aun así, sabes que tú no eres tu conducta.

Pero esto pertenece al interior, es una introspección. Por dentro tú sabes que: «Mi conducta no soy yo», porque muchas veces la conducta está allí, pero tú eres totalmente distinto de ella. Ves que alguien se acerca a tu casa y sonríes, pero sabes que no estás sonriendo. Es una sonrisa falsa, cortés, es parte de la etiqueta. Tienes que sonreír y lo haces —pero en el fondo no existe ninguna sonrisa. Así, por fuera estás sonriendo: ésa es tu conducta; los conductistas terminan aquí. Pero por dentro no te ríes en absoluto: ésta es tu alma, eres tú, tu yo más auténtico, no sólo una representación, sino el *yo* más auténtico. Por fuera haces infinidad de cosas que por dentro pueden ser distintas, muy diferentes, tal vez incluso el polo opuesto de tu conducta.

Esto es introspección, no puede tomarse como una observación objetiva.

Si observas a Buda, si miras su comportamiento, puedes obtener algunas claves de él. Si ves a Jesús, si lo observas, puedes tomar algunas notas en tu mente, como: ésta es la forma de sentarse, ésta la de estar de pie, la de caminar, la de dormir, comer..., y estas son las cosas que hay que comer. Jesús se arrodilla para rezar y tú te pones de rodillas. Jesús, para orar, utiliza estas palabras mirando al cielo: «Padre, venga a nosotros tu reino, hágase tu voluntad...», y tú dices: «Sé cómo rezar». Te arrodillas... Millones de personas se arrodillan cada mañana, cada noche, por todo el globo terráqueo, repitiendo las mismas palabras que Jesús dijo: «Padre, el pan nuestro de cada día dánoslo hoy». Y así van repitiéndolo, pero no sucede nada. Los millones de personas que rezan simplemente están perdiendo su tiempo, porque es apariencia, no es oración. Han aprendido un comportamiento, pero su alma no está en oración. La cuestión no es cómo orar, sino qué rogar.

El otro día, Gramya me decía que desde que se ha hecho *sannyasin* no sabe a quién reza, pero la oración está allí. Estaba un poquito desconcertada. Me preguntó: «¿Estoy rezándole a Dios, estoy rezándote a ti,

Osho, o a quién? Ya no sé nada acerca de Dios». Yo le contesté: «Ésta es la mejor oración: vaga, borrosa, pero más viva».

Ahora la oración no está siendo dirigida a nadie en concreto, ni siquiera a Dios; entonces, ¿cómo puedes dirigirla al Dios cristiano? Va sin dirigir. Es todo un derroche de alegría, de agradecimiento, de gratitud —gratitud hacia el *todo*. Un tipo de agradecimiento. No importará mucho las palabras que utilices o ni siquiera si utilizas palabras. El silencio bastará, a veces el *gibberish* servirá —lo que los cristianos llaman «hablar en lenguas»—, también valdrá. Esto será mucho mejor. Disfrutar emitiendo sonidos como un niño pequeño —«ga-ga»—, esto será suficiente.

Todo consiste en tener una actitud devota, en la cualidad interna de la oración, en tu rendición, en no seguir estando separado del *todo*. Este remedio no puede imponerse desde fuera, todo lo contrario, simplemente estarás haciendo posturas vacías, gestos vacíos —perfectos para el exterior, pero sin respirar desde el interior en absoluto, sin vitalidad, sin vida.

La oración es un estado, no un ritual. La oración es un estado de silencio interior, de humildad, de amor, gratitud, rendición, abandono. No tiene nada que ver con las formulaciones externas. Pero todos los remedios vienen del exterior. La gente sigue cambiando de remedio. Si uno falla, inmediatamente saltan a otro; y si también falla, continúan así —de un gurú a otro, de un remedio a otro, de un libro sagrado a otro, de un templo a otro—, así sucesivamente, sin ver el hecho auténtico: que no es posible ningún remedio, que no existe ninguno, que buscar un remedio es buscar en vano. Y, ¿por qué?, porque los remedios son impuestos desde el exterior, es una intrusión, una interferencia en tu ser natural —intrusión en tu *yo* natural. Son manipulaciones. Crea tres *yoes* donde antes sólo había uno. Anteriormente sólo había un ego. Si utilizas algún remedio, habrá tres egos. Has multiplicado el problema, lo has hecho más difícil. Ahora va a serte mucho más difícil deshacerte de él. Y si todavía consigues un remedio más, en lugar de tres egos tendrás nueve. Cada remedio te dará tres egos en lugar de uno.

La gente ha utilizado muchos remedios y se han convertido en muchos egos. Mahavira utilizó la palabra correcta, lo llama *bahuchittavan*: polipsíquico; uno no tiene una mente sino muchas. Sobre esto investigan también los psiquiatras modernos, psicoanalistas y psicólogos. Uno es polipsíquico. No llevas sólo un ego dentro de ti, llevas muchos. Ego sobre ego —están haciendo fila, te rodean por todos los lados, son como una muchedumbre. Estás perdido entre la multitud, no sabes quién eres, porque hay demasiados farsantes a tu alrededor diciéndote: «Esto eres tú. Yo soy tú.

¿Dónde miras? Yo soy tú mismo». Cada deseo, cada fragmento de tu mente reclama ser el amo y señor, así es como se crea la esclavitud.

Cada remedio aporta a tu ser tres egos en lugar de uno. ¿Cómo es esto? Al aceptar un remedio eres ese quien ya eres, además de ser aquel que te ayuda a ser alguien distinto de quién eres, y, además, eres el otro que esperas llegar a ser. Aquél que ya eres, más el objetivo de querer llegar a no tener ego y el remedio, la ayuda que utilizas para intentar llegar al objetivo; esto hace que estés dividido en tres. Esta división no te servirá de ayuda, te confundirá; te volverá cada vez más insulso, insensible, enfermo, neurótico, esquizofrénico.

El remedio demuestra ser mucho más peligroso que la enfermedad en sí.

Por tanto, lo primero a entender es que el ego es el problema básico que tiene que afrontar cualquiera que esté buscando su auténtico *yo*. No se puede contrarrestar con nada exterior. Ningún remedio va a ser de ayuda, ninguna medicina, ningún método. Entonces, ¿no hay manera de librarse de él?

Existe una forma, pero no puede imponerse desde el exterior. El modo no se parece a un remedio, la vía es la claridad, la transparencia, mirar una y otra vez, observar cómo funciona el ego, ver sus juegos sutiles. Lo expulsas por la puerta delantera y él regresa por la puerta trasera. Lo echas de un sitio y se impone desde otro lado. Piensas que ya te has librado de él y de pronto descubres que está sentado allí dentro. Así pues, sin hacer ningún tipo de condena, hay que mirar al ego una y otra vez, sin pensar que quieres perderlo. Llegar a esta conclusión será un impedimento, porque significa que has tomado la decisión antes de haberlo observado. Por tanto, entra en el ego sin ninguna conclusión, sin ninguna idea de qué quieres hacer. Entra con la sola idea de querer comprender este misterio del ego, en qué consiste. Todas las religiones dicen que el ego es el obstáculo, todos los grandes Maestros dicen que hay que librarse de él, todos los místicos dicen que nada entorpece el camino excepto el ego. Pero tú no sabes en qué cosiste este ego.

Así, lo primero es entrar en él con inocencia. Observa sus maneras; son muy mecánicas. Lo primero con lo que te cruzarás es su mecanicismo. El ego no es un todo orgánico, es mecánico porque se compone del pasado muerto. El ego se asienta en el pasado. Y si en alguna ocasión el ego piensa en el futuro, eso también no es más que una proyección del pasado y desde el pasado —quizá algo modificado, sofisticado, adornado, pero es la misma cosa. Deseas los mismos placeres que tuviste en el pasado. Desde luego esperas que sean algo mejores. Tu pasado se proyecta en el futuro, pero el pasado está muerto, no es más que memorias —eso es todo en lo que el ego consiste.

Por lo tanto, si entras en el ego sin ninguna conclusión, la primera experiencia será ésta: podrás ver que es mecánico. ¡Pero tú eres una unidad orgánica! Tú eres un fenómeno vivo y el ego está muerto, lo muerto está rigiendo a lo vivo. Por eso la gente tiene ese aspecto tan pesado, tan arrastrado. Sus vidas parecen no ser más que una larga historia de aburrimiento, de monotonía. Esta no es la cualidad de la vida —el aburrimiento no es calidad de vida— el aburrimiento existe porque la vida arrastra con toda la carga de la muerte, la vida está demasiado cargada de muertos. La sepultura se hace cada vez más grande, y la vida es invadida desde cada lado.

La primera experiencia, que es una gran revelación, es ver que el ego es tu pasado, no es tu presente. El ego nunca está en el presente. Si entras en él, te quedarás sorprendido. Si en este preciso momento, entras dentro de ti mismo, no encontrarás ego alguno. Y si lo encuentras, sólo serán fragmentos del pasado flotando en la consciencia presente. En la consciencia presente nunca aparece el ego, *ésa* es tu realidad. Sin embargo, la consciencia del pasado, que en absoluto es consciencia sino memoria, está muerta —en eso consiste tu ego. Tu nación, tu familia, tu educación, tus experiencias, tus certificados —todo ello desaparece. Todo se va por el desagüe, deja de existir, pero sigue influyendo en tu mente. Puede destruir toda tu vida.

Me contaron una historia del futuro:

Robot masculino: «Hola 164259».

Robot femenino: «Puedes llamarme 164 si quieres. Siento haberme retrasado, pero es que me estaba atornillando una cara nueva».

Robot masculino: «Está bien, yo también me he retrasado, se me ha fundido un diente».

Robot femenino: «¡Qué desagradable!».

Robot masculino: «Podría haber sido peor... pensé que había perdido mi gran terminación. Desde luego fue por mi culpa, pues salí anoche e hice que me engrasaran».

Robot femenino: «A pesar de eso, mejor bajas al garaje para que te revisen. Puede que tengas alguna bujía sucia. Yo también tengo algunos problemas... Mis empleados me han programado para hacer la nómina y, sin embargo, les he dado los resultados de las carreras de caballos... Ahora tengo un operador nuevo».

Robot masculino: «¿Han despedido al otro?»

Robot femenino: «No, se ha jubilado con la pensión. Espero que no vuelva a pasar».

Robot masculino: «Espero que se te haya aflojado un tornillo. Y hablando de tornillos, ¿qué tal está tu hermana?».

Robot femenino: «No hablemos de ella. Se ha fugado con una bomba de gasolina».

Robot masculino: «Así es su espíritu. Aunque no tan mal como mi hermano. Se enamoró de un robot con tres ojos. No tuvimos el coraje de decirle que era un semáforo. Finalmente se le fundió un fusible y él no sabía si pararse o pasar. En realidad ahora estamos solos, tengo un regalo para ti».

Robot femenino: «Es fantástico; ¿qué es?».

Robot masculino: «Lo compré en el contador Geiger».

Robot femenino: «Pero ¿qué es?».

Robot masculino: «Un contador Geiger. Es útil cuando persigues Geiger. Dicen que está hecho especialmente para chicas. ¡Es un Geiger para chicas!».

Robot femenino: «Oh, eres tan maravilloso, tan magnético».

Robot masculino: «¡Sólo dices eso porque te sientes atraída por mí! Vayámonos corriendo a casarnos».

Robot femenino: «Ya antes se me rompió el corazón. Mira, aquí puedes ver dónde me lo soldaron».

Robot masculino: «Esta vez será distinto».

Robot femenino: «¿Cómo lo sabes?».

Robot masculino: «Lo puedo sentir en mis transistores».

Y se unieron juntos en una soldadura dichosa y vivieron mecánicamente para siempre.

Ésta es una historia del futuro, pero también del pasado y del presente. Ésta es tu historia. Es la historia del ego, esa cosa mecánica tipo robot que te agobia. No estás vivo, o lo estás sólo a medias de manera poco entusiasta, porque el ego no te permite estar vivo. Tira de ti hacia el pasado.

Y recuerda, el pasado crece cada día más, porque cada momento que pasa se vuelve pasado. Así, cada vez se hace más y más grande. El ego de un niño es menor que el de un anciano, ésa es la diferencia entre ellos. El niño está más cerca de Dios, el anciano está muy lejos. Si quiere acercarse más a Dios, el anciano tendrá que volverse un niño otra vez.

¿Por qué dice una y otra vez Jesús: «Salvo que seas como un niño, no entrarás en el reino de Dios»? ¿Por qué?

Está diciendo que a menos que vuelvas a estar tan vivo como un niño, sin pasado... «Niño» quiere decir alguien que no tiene pasado; «anciano» significa alguien que lo único que posee es el pasado. Cuanto más envejeces, más grande se hace el pasado y el futuro empieza a desaparecer. El niño tiene futuro, el anciano pasado; el niño piensa en el futuro, el anciano únicamente recuerda su pasado, entra en la nostalgia del pasado. Siempre recuerda cómo eran las cosas «en los viejos tiempos» y constantemente fantasea con lo infinitamente bueno que era su pasado. Más o menos es imaginación, consuelo.

Según vas haciéndote mayor, la carga del pasado es cada vez más pesada y, aun antes de acontecer la muerte, ya has muerto. Aquéllos que tienen conocimiento dicen que la gente muere alrededor de los treinta, y que son enterrados cerca de los setenta. Durante cuarenta años están viviendo una vida que está muerta. Los hippies tienen razón cuando dicen «No confíes en quien tenga más de treinta años». Hay una cierta verdad en ello, porque la persona mayor de treinta cada vez está menos viva. Invierte más en el pasado muerto. Deja de ser un rebelde, deja de ser libre, ya no responde al presente. Ha perdido la espontaneidad; todo está decidido. Se ha vuelto muy conocedor, continuamente reitera sus conocimientos y sigue comportándose como en los viejos tiempos, que quedan por completo fuera de contexto, que ya no son relevantes. Pero él sigue adelante y nada funciona en su vida, porque nada puede funcionar.

En cada momento la vida es nueva y tienes que responder desde tu novedad interior, tienes que estar abierto a lo nuevo como tal. Tienes que reaccionar, no desde tus conocimientos, sino desde tu consciencia presente. Sólo entonces funciona la vida, de lo contrario no funciona. Si tu vida no marcha, recuerda; el ego es lo que está obstaculizando, lo mecánico está inmiscuyéndose en lo orgánico. Librarse de lo mecánico es estar con Dios, porque significa estar con la unidad orgánica de la existencia.

¿Qué debes hacer? Tienes que observar, tienes que aprender las formas del ego. Según vas caminando por la calle, observa cómo se introduce el ego. Si alguien te insulta, observa —no pierdas esta oportunidad— cómo el ego levanta la cabeza, cómo se crece de repente. Si alguien te elogia, mira cómo te inflas como un globo y te vas volviendo cada vez más y más grande. Simplemente observa qué pasa con tu ego, en distintas situaciones, en diferentes momentos. No hay prisa en sacar una conclusión. Es un asunto complicado, es uno de los mayores problemas —de hecho, es el más grande, porque si se resuelve, inmediatamente Dios está a disposición. En ese mismo momento tú estás en Dios y Dios está en ti.

Es un problema serio, no puedes tener prisa. Tienes que ir muy despacio, con mucho cuidado, para no perderte nada. Durante unos cuantos meses observa tu ego, quedarás sorprendido. Te sorprenderá ver que el ego solamente puede controlarte si no eres consciente de él. En el momento en que te das cuenta de un determinado funcionamiento del ego, esa función desaparece. Simplemente observándolo con totalidad, su funcionamiento desaparece. Allí donde pongas tu luz de consciencia, el ego desaparece. Tienes la auténtica clave. Ahora puedes aportar más luz al funcionamiento de tu ego y llegará un día que verás que ha desaparecido por completo. No lo has reprimido, por tanto, no puede volver a resurgir. No has luchado en absoluto contra él, no le has dado ninguna energía. Luchando le das energía. No lo has sublimado; no lo has convertido en un ego divino. No has hecho nada con él, simplemente lo has observado. Observar no es hacer. Y el milagro consiste en que por no-hacer, el ego desaparece.

De hecho, decir que desaparece no es correcto. Tengo que utilizar el lenguaje, y por eso muchas veces tengo que emplear expresiones incorrectas porque son las de uso frecuente y no existe otro lenguaje. Cuando digo «desaparece», quiero decir que no se encuentra. Nunca estuvo allí, fue un invento. No era más que nuestra ignorancia, nuestra falta de consciencia lo que permitió su existencia.

Ahora los sutras:

Llegaron a Cafarnaúm. Una vez en casa, les preguntó:
«¿Qué discutíais por el camino?».

Ésta es una historia horrible —una fea historia sobre los discípulos de Jesús, o tal vez la historia de todo tipo de discípulos que han existido en el mundo.

Los discípulos de Jesús siempre estaban discutiendo quién era el mayor de ellos, quién era el superior, quién estaba más cerca de Jesús. Y no sólo eso, sino que cuando Jesús muriera y fuera con su Padre que está en los cielos… «Cuando tengamos que morir, ¿quién se pondrá más cerca de Jesús? Desde luego, él estará a la derecha de Dios, será la mano derecha de Dios.

¿Quién estará a la derecha de Jesús? ¿Quién de entre nosotros?» Los doce discutían continuamente.

Éste es un juego sutil del ego. Incluso estando cerca de un hombre como Jesús, sigues pensando en tu ego. ¿Cómo vas a encontrarte con Jesús? Es imposible. Tu ego actuará como una cortina de hierro.

Estos discípulos no están disfrutando de la presencia de Jesús. Su única preocupación es saber quién es superior entre ellos. La misma vieja ambición de la mente, los mismos viejos juegos del ego, la misma vieja política. Parece ser que nada ha cambiado. Son la misma gente. Si fueran políticos, estarían pensando: «¿Quién va a ser el presidente del país?». Es el mismo viejo juego. Ahora están pensando: «¿Quién va a ser el primero? ¿Quién está más cerca de Jesús? ¿Quién es su discípulo jefe?». La misma ambición, la misma competición implacable, la misma pelea, la misma violencia —desde luego, en nombre de la religión, en nombre de ser discípulos, en nombre de la espiritualidad. Nada ha cambiado, el ego ha entrado por la puerta trasera.

Pero Jesús se los ha dicho muchas veces, y ellos no quieren escuchar. A pesar de ser la última noche de Jesús, cuando va a marcharse para siempre, la última vez que lo van a ver. Al día siguiente por la mañana estará crucificado. La última cena, y todavía así, ellos discuten. Van a perder a Jesús para siempre. Puede que no vuelvan a encontrar a un hombre semejante en millones de vidas, pero eso no les preocupa. No les importa la muerte de Jesús; les preocupa su posición en el cielo. «Jesús nos abandona, ¿qué será de nosotros? ¿En qué posición quedaremos?» ¡Lo último que le preguntan a Jesús es esto! Por eso digo que es una fea historia.

Pero el ego es feo, es un monstruo. Y si estás bajo su impacto, te vuelves feo, te conviertes en un monstruo.

Me han contado...

Un día un hombre entró precipitadamente en el Cuartel de la Policía Espacial, se arrojó contra el mostrador y jadeando dijo: «¡Oficial! ¡Oficial! ¡Acabamos de ser atacados por una criatura extraterrestre!».

Oficial: «Bien, señor. ¿Puede describir lo que ha sucedido?».

Hombre: «Bueno, fue así, señor. Estaba paseando con mi suegra cuando él..., ello..., la criatura, de pronto apareció delante de nosotros y agarró a mi suegra».

Oficial: «¿Podría darme una descripción, señor?».

Hombre: «Bien, eee..., era..., verde, ojos resplandecientes, dos colmillos amarillos grandes, el pelo como un cable anudado..., y un cuerpo desgarbado, gordo, feo, apático...».

Oficial: «¡Qué horrible!».

Hombre: «Sí, ¡pues verá cuando le hable del monstruo!».

Estaba hablando de su suegra.

El monstruo del ego te hace espantoso. Ese monstruo te posee por todas partes. Debido a él, tu vida no es bella. Y sigue adelante con nuevas formas, nuevas maneras, nuevos tamaños. Recuerda, el ego se presenta de todas las formas y tamaños —al gusto de todo el mundo. El ego está dispuesto a ajustarse a ti sea como sea. Es sumamente adaptable. Si te vuelves religioso, él, acoplándose a ti, también lo es. Si eres humilde o si te conviertes en un discípulo, él se adaptará a ti y hará lo mismo; es un buen colaborador. En ese sentido, nunca va a crearte ningún problema. Donde quiera que vayas, él simplemente te seguirá. Sin hacer ningún ruido, es muy silencioso —ni siquiera se escuchan sus pisadas. Trabaja muy en silencio, pero sin cesar de envenenarte. Piensa ahora en esos discípulos...

Llegaron a Cafarnaúm. Una vez en casa, les preguntó...

Por el camino debió de pensar «No está bien preguntarles a mis discípulos delante de otras personas; está feo. Mis discípulos..., y están pensando quién es el mayor, quién es el superior, quién es el auténtico y el discípulo jefe..., ¿quién está más cerca de Jesús?». Y recuerda, la persona que quiere estar cerca de Jesús, si le dejan, querrá llegar a ser todavía más importante que él. Eso es lo que pasó en realidad.

Judas era el discípulo con más conocimientos, el único discípulo sofisticado y educado. Todos los demás eran hombres muy comunes y corrientes. Sólo Judas tenía alguna valía. Naturalmente, muchas veces trató de corregir a Jesús. Muchas veces discutió con él, muchas veces le aconsejó «Haz esto o aquello». Pero en el fondo era su competidor.

Esto ha ocurrido siempre. Buda inició a uno de sus hermanos. Su nombre era Devadatta, él es el Judas de la historia de Buda. Era muy educado —tanto como lo era Buda. Venían de la misma familia —sangre real, gran herencia, familia noble. Era tan educado como Buda e igual de culto, sofisticado y filósofo —tal vez incluso más que Buda. Era muy difícil para él aceptar que era el segundo de Buda. Creó una escisión, hizo su propio grupo, él mismo inició a gente; fue un traidor.

Intentó matar a Buda para dominar a su comunidad; quería convertirse en el líder. Una vez envenenó a Buda. Otra vez tiró una roca desde una montaña debajo de la que Buda se encontraba meditando —se salvó por pulgadas. Después, compró un elefante que estaba loco y lo dejó a solas con Buda. El elefante estaba tan furioso que había matado a mucha gente. Pero hasta los elefantes son más amorosos, más compasivos que los Davadattas y los Judas. El elefante se quedó mirando a ese hombre silencioso; algo había ocurrido en él. Se arrodilló y tocó los pies de Buda. La locura del elefante no era tan grande como lo era la del ego.

Judas siempre pensaba que él podía ser el líder, que sabía más y podía hacerlo mucho mejor que Jesús. Tal vez esta rivalidad, este conflicto del ego, fue lo que creó en su mente el deseo de destruir a Jesús. Una vez fuera derrocado Jesús, él sería el superior.

Pero los otros tampoco eran muy distintos. Desde luego no decían «Somos más que Jesús», pero efectivamente querían que antes de morir dejara dicho y decidido quién era el superior de todos.

Es la batalla de nuestra vida entera: ¿quién es el más grande? Desperdiciamos nuestra vida batallando. Esto es política, no es religión. Allí donde se encuentre el ego hay política. Pero una vez el ego desaparece, la política deja de existir, dejas de compararte con los demás, porque cada individuo es incomparable. Cada individuo es único, tanto que la comparación no es posible. No eres ni superior ni inferior, simplemente eres distinto. No es cuestión de superioridad o de inferioridad. Tú eres tú y el otro es otro, no se trata de comparar. Recuerda: cuando el ego desaparece, la comparación se desvanece. Y cuando la comparación se disipa, la competitividad también lo hace y entonces nace una gran paz.

¿Por qué tienes ansiedad? ¿Qué es lo que te crea angustia, competitividad, comparación, conflicto? —el esfuerzo de ser el más grande, de ser el primero. Todo el mundo está tratando de ser el primero, de ahí viene la cualidad guerrera que rodea a la sociedad.

¡Todo el mundo es tu enemigo! Incluso aquéllos que son tus amigos, porque ellos igual que tú también están luchando por estar en primer lugar.

¿Cómo puedes ser amigo? Con el ego no hay posibilidad de amistad. La amistad no es más que una máscara. La naturaleza auténtica de la vida es la de la jungla: el pez grande se come al pequeño. Incluso si pretendes ser amigo, sólo es teatro, estrategia, diplomacia. Nadie aquí puede ser un amigo salvo que el ego haya desaparecido. Una vez que el ego se desvanece, la vida entera tiene la cualidad de la amistad, del amor. Entonces eres amistoso, simplemente eso, y con todo el mundo porque no existe ningún problema. No tratas de ser el primero, ya no eres un competidor, ésta es la auténtica entrega.

Puedes pasar de la escuela, del colegio, de la universidad, pero eso no te va a ayudar. En tu comunidad hippie tratarás de ser el primero —ser el más hippie entre los hippies, pero seguirá siendo igual, no hay ninguna diferencia. Has creado otra sociedad, pero sigues con los mismos juegos, la misma comparación, la misma competición.

Sólo tienes que ver a los discípulos de Jesús —eran muy afortunados de poder vivir tan cerca de él, pero seguían con la misma vieja mentalidad. Por eso digo que el ego es muy sutil.

Llegaron a Cafarnaúm. Una vez en casa, les preguntó...

No hubiera estado bien mencionar el asunto que iban discutiendo por el camino. Debieron de discutir durante todo el tiempo. Ése era su problema básico, no estaban interesados en el reino de Dios, no les interesaba la meditación, no les importaba la oración, no les seducía ni Cristo ni la consciencia de Cristo; su único interés era «¿Quién soy yo? ¿Dónde estoy? ¿Soy el primero o no?».

Jesús preguntó:

¿Qué discutíais por el camino?

Debió de hacer esta pregunta muchas veces. Ésta es una historia condensada, representativa de muchas otras historias. Debía de ser algo cotidiano, así ocurrió también con Buda y con Mahavira.

El discípulo jefe de Mahavira lo traicionó. Primero trató de ser el jefe —su nombre era Gosala. Una vez que empezó a sentirse jefe, el problema consistía en cómo derribar a Mahavira. Así es como funciona el ego. A continuación la emprendió contra Mahavira. El ego es peligroso. Es inconcebible ir contra un hombre como Mahavira. Si ni siquiera puedes estar con hombres como Mahavira, Buda o Jesús, no podrás estar en ninguna parte. Tampoco podrás sentir el amor.

Jesús preguntó:

«¿Qué discutíais por el camino?». Pero ellos callaron...

Se quedaron en silencio. No es que fueran silenciosos —¿cómo puede estar en silencio una mente egoísta? Estaban llenos de confusión; no tenían paz alguna en sus mentes —sus mentes estaban destrozadas, sin paz. No se mantenían juntos en absoluto, pero ¿por qué guardaban silencio? Ya había ocurrido muchas veces antes y cada vez que les pillaba, Jesús decía algo hiriente. Pero una y otra vez caían en la trampa: el ego vuelve de formas sutiles.

Es tan sutil que ni siquiera te das cuenta de que ha vuelto. Debes tener mucho cuidado, sólo entonces podrás saberlo, porque viene como un susurro, no grita. Levanta la cabeza tan silenciosamente que nada se mueve. Una vez que toma posesión de ti, después es muy difícil.

Aquellos discípulos debieron de sentirse muy desconcertados en muchas ocasiones. Pero una y otra vez se olvidaban de Jesús. Jesús iba con ellos por el camino... Tal vez él caminaba un poco más adelantado y ellos lo seguían, o quizá ellos iban delante y él los seguía —pero debía de haber una distancia, y en ese espacio ellos discutían su problema básico otra vez: «¿Quién es el mayor?». Jesús debió de verlo, debió de notarlo en sus caras. Y cuando guardaron silencio, cuando permanecieron en silencio, Jesús habló.

... porque en el camino habían disputado entre si quién era el mayor.

Jesús sabía sobre lo que estaban discutiendo. No era necesario para él escuchar lo que decían, lo sabía. Ése era constantemente su problema básico. Y según se acercaban los días de la muerte de Jesús, ellos estaban cada vez más agitados: «¿Quién será el cabecilla cuando Jesús no esté?». Como si en el fondo quisieran que Jesús se fuera para que alguno de ellos pudiera ocupar ese lugar.

La mente es muy astuta, muy violenta.

Pero ellos callaron, porque en el camino habían disputado entre sí quién era el mayor. Él se sentó, llamó a los doce y les dijo: «El que quiera ser el primero, que sea el último y el servidor de todos».

Esto lo dijo muchas veces —pero ¿quién escuchaba? Lo repetía cada día, pero la gente está sorda. Han visto cómo Jesús ha llegado a ser el primero porque era el último. Ha llegado a lo más alto porque ha sido capaz de permanecer el último.

Continuamente decía: «Los primeros serán los últimos en el reino de Dios, y los últimos serán los primeros».

Pero la mente tiene sus propios cálculos. A veces dice: «Está bien, si los primeros serán los últimos en el reino de Dios, y los últimos serán los primeros, entonces yo voy a tratar de ser el último para ser el primero». Pero éste es el mismo juego, no has cogido el punto. Con la lógica lo has entendido, pero espiritualmente no lo has captado. Una persona hasta puede *intentar* ser el último, puede hacer todo tipo de esfuerzos, puede torturarse a sí mismo para ser el último con objeto de llegar a ser el primero. Pero deja de ser el último porque es el mismo deseo y la misma ambición.

Cuando Jesús dice: «Los últimos serán los primeros», no te está dando una estrategia, no te está dando una técnica de cómo ser el primero; ¡simplemente está afirmando un hecho! Esto tiene que ser entendido.

A veces viene a mí gente que quiere meditar, *realmente* lo quieren, pero tienen motivos. Dicen: «Si meditamos, ¿veremos a Dios?». Yo les contesto que si tienen una motivación como esa, la meditación no les va a suceder, porque una mente motivada nunca puede ser meditativa. La motivación es deseo, el deseo es una alteración. ¿Cómo puedes meditar con una preocupación? La meditación sólo es posible cuando no existen motivos, cuando no tienes ningún deseo. Cuando no existe el deseo, existe la meditación. La meditación es un estado de no desear.

Ellos lo entendieron con lógica y dijeron: «Está bien, abandonaremos los motivos. ¿Podremos ver a Dios ahora que ya no tenemos motivos?». Están preparados para dejar los motivos pero aún los tienen, se han deslizado profundamente en su inconsciente. Dicen: «Está bien, si tú lo dices, si esta es la condición que debemos realizar, lo haremos. Pero ¿estás seguro de que entonces veremos a Dios?». ¿Dónde se han ido los motivos, pues? Todavía están allí; se han escondido.

Jesús seguía repitiendo «Los últimos serán los primeros». Esto no es más que una sencilla afirmación, no es un asunto de causa y efecto. No está diciendo que seas el último si quieres ser el primero. Está diciendo: «Si eres el último, serás el primero». Hay una gran diferencia entre estas dos frases, aunque no lingüística o lógicamente hablando. Dirás: «¿Cuál es la diferencia entre decirlo de una manera o de otra?». Hay una diferencia muy grande existencialmente hablando.

Sé el último. Disfruta siendo el último, pero no porque así serás el primero. Siendo el último con tanta alegría, ¡ya eres el primero! ¿Dónde si no podrías estar? ¿En qué estado superior podrías estar? Mantente el último, disfrútalo, porque estar el último es un espacio muy hermoso, nadie compite por ello, nadie viene a pelear contigo. Ya eres el último.

Lao Tse solía decir: «Soy el último, por eso soy el más pacífico, porque nadie viene a pelear conmigo». ¿Quién va a combatir con el último? Todo el mundo siente compasión por él; todo el mundo piensa: «Pobre hombre». Y ¿quién ambiciona ser el último? Nadie llega y deja su sitio.

Si eres el último, te dejan a solas, nadie viene a molestarte, simplemente puedes ser tú mismo. Cuando estás preparado para ser el último, puedes estar en el presente —nunca de otra manera. Si quieres ser el primero, tendrás que mantenerte en el futuro, porque tendrás que pensar: «¿Cómo ser el primero? ¿Cómo sacar a esa gente que ya está allí para hacerme un sitio yo? ¿Cómo luchar? ¿Cómo arreglármelas? ¿Qué hacer? ¿Qué no hacer?», estarás en el futuro. Tratar de ser el primero es estar en el futuro: si quieres ser el primero, tendrás que proyectar, preocuparte por el futuro. Y ¿de dónde vas a tomar las ideas? —del pasado. Así pues, seguirás estando en el pasado y en el futuro, y continuarás perdiéndote el presente.

El presente es lo único que existe. Ahora es el único tiempo real.

Alguien que ya esté preparado para ser el último —no como estrategia para ser el primero, sino como comprensión de que es absurdo y estúpido competir... ¿Cuál es el punto de todo ello? ¿Por qué no disfrutar de la vida? Sólo puedes hacer una cosa: o bien puedes competir o celebrar. Si compites, no puedes celebrar; si celebras, no puedes competir; es la misma energía. O bien disfrutas o luchas. O amas o peleas; ambas cosas juntas no es posible.

Por lo tanto, la persona que está la última —no por el deseo de ser el primero, sino por la comprensión de que ser el primero es una estupidez de la mente, la mente mediocre, la mente estúpida. Viendo la necedad que hay en ello, viendo su inutilidad, viendo la gente que está la primera y parece que estén en el infierno —en esa comprensión uno llega a ser el primero. ¿Puedes verlo? ¿Lo comprendes?

Entendiendo esto, uno es el primero. Esto es lo que Jesús quiere decir.

Él se sentó, llamó a los doce y les dijo: «El que quiera ser el primero, que sea el último de todos...».

Bien, el lenguaje trae problemas. Puedes interpretar mal el lenguaje de Jesús.

El que quiera ser el primero...

Él dice:

... que sea el último de todos...

Tiene que ser el último.

El lenguaje puede ser peligroso. Él utiliza la palabra «deseo» —si alguien desea ser el primero... Y los doce estaban deseando ser el primero. Una vez más, pueden captar la idea. Pueden decir: «Muy bien, yo seré el último porque quiero ser el primero. Jesús dice: 'Alguien que quiera ser el primero, ésta es la forma de serlo. Yo haré lo que pueda... Haré todo lo que pueda para ser el primero, incluso aunque tenga que quedarme el último, me quedaré, sufriré, pero ¡tengo que ser el primero!'». Se ha perdido el mensaje.

Ser el último significa no tener el deseo de ser el primero. Éste es el significado. Ser el último quiere decir abandonar las comparaciones, la competición, la agresión y la arrogancia. Uno empieza a disfrutar de este momento —su paz, su dicha, su bendición. Uno está completamente deleitado porque puede respirar, porque puede ver las flores, puede observar a los pájaros, puede escuchar la canción de los pájaros o la lluvia caer en el tejado, o el olor a tierra mojada —pequeñas cosas.

Jesús dice: «Mira los lirios del campo. No trabajan afanosamente, no piensan en el porvenir —y cuan hermosos, cuan increíblemente bellos son. Ni Salomón estaba tan bellamente ataviado con sus preciosos trajes, sentado en su trono dorado con diamantes incrustados. Todos esos pobres lirios —parados en el campo... Mira que bellos son, cuan silenciosos, cuan dichosos, cuan meditativos, cuan devotos».

¿Cuál es la belleza de las flores? —no son competitivas. ¿Cuál es la belleza de las estrellas? —no son competitivas. ¿Cuál es la belleza de la existencia? —no es competitiva. No va a ninguna parte, no trata de ser algo que no es.

Aquí es donde el hombre se ha equivocado, se ha enfermado. Vivir con el ego es estar en un tipo de neurosis. Es un estado de locura, es la caída original. Estar en el ego es ser un pecador. No estar en el ego es ser un santo.

Pero recuerda una vez más, no estoy diciéndote que te conviertas en un santo. De lo contrario, el ego volverá y dirá: «Mira, ¡qué santo tan grande soy! ¡Mira, no pienso en el porvenir! ¡Mira, ya no me importan las competiciones!». Otra vez ha resurgido el ego. ¡Puede haber pugna! Si otro está tratando de ser el último, tendrás que luchar con él. «¿Qué estás haciendo? ¡Yo soy el último! Tú no puedes serlo, puedes ir detrás de mí, pero no delante».

Me contaron...

Un gran rey estaba rezando en la sinagoga por la mañana temprano. El rabino estaba acompañándole. Estaba oscuro, y llegó un mendigo.

El rey rezaba, diciendo: «Dios, yo no soy nadie, sólo soy nada».

Y el rabino también rezaba, diciendo: «Dios, yo no soy nadie, sólo soy nada».

Entonces oyeron al mendigo, que también decía: «Dios, yo no soy nadie, sólo soy nada».

El rey dijo al rabino: «¡Mira quién está tratando de no ser nadie! ¡Mira quién pretende no ser nada! ¿Un mendigo? ¿Cómo te atreves, delante de un rey? Estoy diciendo que no soy nada, nadie, ¿y un mendigo osa pretender que él tampoco es nada, nadie? Esto es una ofensa».

Esto puede ocurrir, empiezas a discutir quién es el último. Es el mismo juego, sólo cambian los nombres. Ten mucho cuidado cuando escuches a un buda o un Jesús, ten mucho cuidado porque tienen que utilizar tu lenguaje.

Es un demonio necesario. Pero trata de tener mucho cuidado para no interpretarlos mal.

Jesús dice:

El que quiera ser el primero, que sea el último y el servidor de todos.

Y los cristianos no lo captaron, empezaron a ser siervos de todos.

«Servicio» fue la palabra clave, y el misionero cristiano se convirtió en un siervo. Dirige el hospital, la escuela, el orfanato; continúa sirviendo a la gente. Pero mírale a los ojos, míralo, encima de su nariz está sentado su ego. «Soy el siervo de la gente. Nadie sirve como yo lo hago».

Una historia que me contaron, una hermosa historia…

En algún lugar de China había una feria. Un hombre se cayó dentro de un pozo, porque no había valla protectora alrededor y gritaba desde dentro: «¡Salvadme!».

Un monje budista se acercó, miró hacia abajo y vio al hombre que chillaba.

«¿Qué estás mirando? ¡Haz algo, me estoy muriendo!».

El monje budista le dijo: «Escúchame. Buda dijo: 'El nacimiento es sufrimiento, la vida es sufrimiento, la muerte es sufrimiento. Todo es sufrimiento'. Entonces, ¿cuál es la diferencia entre sufrir dentro de un pozo o en cualquier otro lugar? Acéptalo. Buda dijo: 'Tatatha' —acepta. En la aceptación está la liberación».

Pero el hombre rezaba diciendo: «Escucharé tu sermón, pero, por favor, primero sácame de aquí, ¡después puedes aburrirme tanto como quieras! Ahora mismo no es el momento adecuado, no estoy en situación de escuchar tu gran filosofía».

El monje budista le contestó: «Buda dijo: 'No te entrometas en la vida de nadie'; no puedo interferir. Debes sufrir por tu karma del pasado. No te has caído al pozo porque no tuviera protección alrededor, porque hay mucha gente y nadie se cae; la cuestión es ¡tu karma del pasado! En alguna otra vida has debido de tirar a alguien dentro de un pozo y ahora estás sufriendo por ello. Yo no quiero interferir, porque si te saco tendrás que volver a caerte en algún lugar, en algún momento. Buda dijo: 'Nunca interfieras en la vida de nadie'».

Y siguió su camino en perfecta calma y tranquilidad, pensando haber entendido el mensaje de Buda. Estaba empleando la cita correcta, todas las palabras eran de Buda; esto también puede estar sujeto a interpretación. No es solamente una historia.

En India hay una secta jaina —los terapunt. Ellos dicen: «Si te encuentras con alguien que se está muriendo al lado de la carretera, sediento, sigue tu camino, no interfieras. Aunque se esté muriendo de sed y tú tengas una botella y puedas darle agua, no se la des, porque está sufriendo su **karma** del pasado. Déjalo que acabe con ello, déjalo que pase por ello; de lo contrario, tendrá que volver a pasar por ello y tú serás el responsable, estarás prolongando su sufrimiento».

Fíjate en la lógica: estarás prolongando su sufrimiento. En esta ocasión, tal vez en dos horas habrá terminado con su karma. Si le das agua, esas dos horas no cuentan. Algún otro día, en alguna otra vida, tal vez tenga que volver a caer sediento al borde de la carretera. Has interrumpido su patrón de vida, y no sólo eso, por haber detenido su patrón de vida, has acumulado un karma equivocado para ti; tendrás que sufrir. Por consiguiente, no has ayudado.

Ésta es la razón por la que no verás a un monje jaina dirigir un hospital o una escuela, no. Es imposible. «La gente sufre enfermedades debido a su karma del pasado. Tienen que sufrir. Ayúdalos a aceptarlo». Un monje jaina dirá: «Por favor, quédate en silencio y medita». Tiene la botella con agua y puede dársela, pero no lo hará.

Así que esto no es sólo una historia, ha sucedido en Oriente.

Después llegó otro hombre: un monje confuciano. Miró dentro del pozo y vio al hombre gritando, temblando de frío:

«¡Sácame! Sácame, señor, de lo contrario no voy a sobrevivir, ¡Unos pocos minutos más y moriré!».

Y el confuciano le dijo: «¡No te preocupes. Vamos a crear una revolución en el mundo. No vamos a dejar una piedra en su sitio. Vamos a obligar al gobierno a poner vallas protectoras alrededor de todos los pozos!».

El hombre contestó: «¿Qué objeto tiene eso? ¡Te va a llevar años y yo moriré!».

El confuciano replicó: «Ése no es el asunto... ¡es la sociedad! Los individuos vienen y van, la sociedad permanece. ¡Las reformas sociales son necesarias! ¡Cada pozo debe tener una valla!».

Los comunistas dirían: «Si te estás muriendo, no hay por qué preocuparse. Si eres pobre, no hay por qué preocuparse. Espera. Cuando llegue la revolución, y con ella el comunismo, todo será bueno».

Y tú dirías: «Me estoy muriendo» —ése no es el asunto. Tú no eres la cuestión, el tema es la sociedad. Primero hay que cambiar a la sociedad. Únicamente cambiando a la sociedad, se cambia la estructura económica, el Estado, la ley; sólo entonces la gente será feliz. No se puede hacer nada por ti.

Pero el confuciano se fue, se subió a una tarima, reunió a la gente a su alrededor y les dijo: «¡Es necesaria una revolución! ¡Todos los pozos deben tener una valla!». Este hombre se está muriendo...

Después llegó el misionero cristiano, como si estuviera buscando a alguien que se hubiese caído en un pozo. Miró y dijo: «¡Dios mío! ¡Dios! Estaba buscando..., quería servir a alguien. ¡Has hecho bien!», y sacó una cuerda que llevaba a la espalda lista para ser utilizada —estaba buscando, porque tiene que ser a través del servicio..., Jesús dijo que tienes que ser servidor de todos. Le tiró la cuerda y sacó al hombre.

El hombre se sintió muy feliz y, tocándole los pies, le dijo: «Tú eres el auténtico religioso. El monje budista vino y empezó a predicar; el confuciano vino y se fue, y ¡mira!, ha reunido a una gran multitud allí y está enseñando a la gente cómo hacer la reforma y cambiar la sociedad y la ley. Tú eres el único religioso. Si no hubieras llegado, me habría muerto. Pero dime una cosa: ¿Por qué llevas una cuerda? Resulta extraño».

El misionero cristiano también estaba muy feliz porque había hecho un buen trabajo. Le contestó: «Siempre llevo una cuerda; llevo muchas cosas para estar siempre preparado. Soy un servidor».

El hombre dijo: «¿Cómo podría agradecértelo? Me gustaría hacer algo por ti, me has salvado».

El cristiano indicó: «Haz solamente una cosa, enseña a tus hijos a caerse también dentro de los pozos, porque esa es la única manera de acercarse a Dios. Si la gente deja de caerse en los pozos, si este confuciano estúpido tiene éxito, dejará de existir la posibilidad de servir. Si el monje budista triunfa enseñando a la gente a aceptar todo, no habrá necesidad de servirles. No van a aceptar el servicio. Así que haz una cosa: sigue cayéndote a los pozos y enséñales también a tus hijos».

Te quedarás sorprendido. Pensarás que esto parece un poco exagerado. No lo es.

En India hay un mahatma hindú —Karaptraji Maharaj— ha escrito un libro en contra del comunismo. La cuestión básica y más fundamental que plantea es: si no hay pobres, la religión desaparecerá. Los pobres son necesarios porque, sin ellos, tú no puedes hacer donaciones y abrir hospitales, *dharmashalas* y cosas por el estilo. Si todos los pobres desaparecen, si el comunismo se impone, ¿qué le sucederá a la religión? El hinduismo dice que donar es la mayor religión, compartir los bienes es lo más grande. Pero si todo el mundo es rico, a nadie le gustaría compartir su riqueza, y no tendrás nada para repartir si todo el mundo es igual. Si la sociedad es comunista, la religión desaparecerá. Y ese hombre se cree religioso.

No es una exageración; así es como la gente ha entendido las cosas. Cita a los Vedas, el Gita y los Upanishads, donde servir a los pobres es alabado porque «ése es el único camino»: si sirves al pobre, sirves a Dios. Pero si no hay ningún pobre, ¿cómo vas a servir a él y a Dios? El puente se habrá roto. Así pues, la conclusión lógica es: protege la pobreza, mantén a la gente hambrienta. Son necesarios, de lo contrario ¿qué van a hacer los mahatmas? No van a tener nada que hacer.

A lo largo de los siglos, las palabras de Buda, Jesús, Mahavira han sido mal interpretadas, porque estaban obligados a utilizar tu lenguaje y no es lo adecuado, pero no tenían otro lenguaje. Incluso si hubieran tenido otro lenguaje, no habrían podido utilizarlo contigo porque no lo habrías entendido.

Jesús dice:

El que quiera ser el primero, que sea el último y el servidor de todos.

Únicamente está afirmando un hecho: que quien haya entendido la fealdad del ego, su violencia, su envenenamiento de ambición —por la propia comprensión no competirá, será feliz comoquiera que sea. En esa felicidad verá que Dios está en todas partes. Y en esa misma experiencia de que Dios está en todas partes se convertirá en un servidor.

No es que tenga que practicarlo, no es que tenga que buscar dónde ir y cómo servir. Dondequiera que esté, todo es Dios, y la parte es el servidor del todo. No hay un esfuerzo deliberado para servir. El servicio viene cuando estás en silencio. El servicio fluye desde tu ser cuando eres feliz, cuando estás tan lleno de energía que donde surja la necesidad, tú sirves.

Cuando un perro muere, tú le sirves. Cuando un árbol se está muriendo porque nadie lo ha regado, y tú le pones agua. Pero tú no vas pretendiendo y presumiendo que has servido. No le vas gritando a todo el mundo: «¡Mira qué gran servidor soy! He hecho que este árbol vuelva a verdecer». Ése no es el punto. Ayudando al árbol a ponerse verde, has hecho que tu vida sea verde. Esto ya es la recompensa, no existe otra. Ayudando al perro que se muere te has ayudado a ti mismo —porque todo es uno.

Cuando golpeas a alguien, te estás golpeando a ti mismo. Cuando matas a alguien, te estás matando a ti mismo —porque todos somos uno. Y cuando sirves, te sirves a ti mismo, así que no hay necesidad de alardear de ello. No te vuelves un gran misionero, un gran servidor de la gente y cosas como éstas. No te vuelves nadie, llega de una forma natural. Cuando una persona es feliz, su compasión es natural, por felicidad es compasivo.

Tomó luego a un niño y les dijo: «El que reciba a uno de estos niños en mi nombre, a mí me recibe, y el que me recibe a mí, no es a mí a quien recibe, sino al que me ha enviado».

Jesús se hizo cargo del niño. El niño es símbolo de desamparo y de inocencia. Y él dijo:

«El que reciba a uno de estos niños en mi nombre...».

Cuando encuentres a alguien desamparado, ayúdalo. Y cuando encuentres algo inocente, abrázalo, ámalo.

«El que reciba a uno de estos niños en mi nombre, a mí me recibe...».

Jesús dice: «Me ha recibido a mí, me ha abierto su corazón». Con amor te acercas a Cristo. Jesús está diciendo: «No a través de la competición, no por ser el primero, sino recibiendo, ayudando a la inocencia, recibiendo las energías de vida que te rodean y volcándote allí donde surja la necesidad, así te acercas a mí».

... y el que me recibe a mí, no es a mí a quien recibe, sino al que me ha enviado.

Y Jesús dijo: «No conoces a Dios, me conoces a mí. No conoces a este niño, ni que su inocencia es mi inocencia. En su inocencia está escondida la mía. Y si te adentras en mi inocencia, allí encontrarás escondida la inocencia de Dios».

Fíjate en una flor, penetra en el fondo de su corazón y tocarás a Cristo. Y cuando hayas tocado a Cristo, ve aún un poco más adentro y tocarás a Dios.

«Puedes tocar a Dios en cada hoja, en cada gota de agua y en cada guijarro, en cada piedra —Dios está en todas partes. Con sólo adentrarte un poco... No es una cuestión de ser el primero, se trata de ser el último, el asunto es no tener ego. Sólo entonces puedes respetar a un niño; de lo contrario respetarás a un rey, no a un niño. Respetarás a un hombre rico, no a un niño desamparado. ¿Alguna vez has respetado a un niño? Si no lo has hecho, tampoco sabes cómo respetar a Cristo. Y dirás: «¿Para qué?».

Respetamos a la gente cuando tienen alguna facultad. Si es un gran pintor, lo respetas. Si es Picasso, lo respetas. ¿Por qué, porque es mundialmente famoso? ¿Porque tiene un ego muy famoso? ¿Porque él es alguien y a ti te gustaría estar relacionado con Picasso? Este hombre es un gran músico, este otro un gran poeta, este un gran filósofo; éste es un gran hombre de Dios —un cristo, un buda. Te gustaría respetarlos porque quisieras acercarte a ellos. Si te acercas a ellos, tu ego se sentirá satisfecho, de estar tan cerca de Cristo, de estar justo a su lado.

Éste no es el auténtico respeto. El respeto real no es hacia la fama, hacia el nombre; el respeto auténtico es una cosa totalmente distinta. Respetas a una flor porque en ella está Dios completamente vivo. Respetas a un pájaro porque Dios está en sus alas. Respetas a un niño porque en sus ojos hay inocencia, sus ojos son exactamente iguales a los de Cristo. Respetas a los animales, los árboles, las piedras, porque Dios está escondido en todas partes; su marca está por todas partes.

Los judíos le dijeron: «¿Eres tú más que nuestro padre Abraham, el cual murió? Y los profetas también murieron. ¿Por quién te tienes?».

Escuchando palabras tales como: «Si has amado, y respetado a un niño, me has amado y respetado a mí. Y si me has amado y respetado a mí, has amado a Dios», los judíos que había allí debieron sentirse ofendidos. ¿Qué está clamando este hombre? ¿Está diciendo que es Dios? ¿Quién es este hombre, el hijo de José el carpintero y de María? Y ni siquiera estamos seguros de que sea su hijo legal, legítimo o ilegítimo —porque la gente dice que nació de la virgen María. Tal vez sea ilegítimo.

Este hijo ilegítimo de una mujer y de un carpintero corriente está diciendo: «Si os acercáis a mí, os acercaréis a Dios». Debió de parecerles un farsante, un embaucador. Los judíos debieron de sentirse ofendidos.

¿Eres tú más que nuestro padre Abraham...?

Porque ni siquiera Abraham había dicho semejante cosa. Incluso él dijo: «Sólo soy un siervo de Dios». Pero Jesús dice: «Yo soy el hijo de Dios, no su siervo». Lo que realmente está diciendo Jesús es: «Yo soy Dios; yo estoy en Dios y Dios está en mí. Si me has visto a mí, has visto a mi Padre que está en los cielos».

¿Eres tú más que nuestro padre Abraham, el cual murió? Y los profetas también murieron...

¿Eres tú mayor que nuestros profetas?

... ¿Por quién te tienes?»

¿Quién te crees que eres? Jesús contestó:

Vuestro padre, Abraham, saltó de gozo por ver mí día...

Otra vez existe aquí dificultad con el lenguaje. Está diciendo exactamente la verdad, pero el lenguaje no es muy apropiado. Dice:

Vuestro padre, Abraham, saltó de gozo por ver mi día; lo ha visto y se ha regocijado».

Imaginen si yo les dijera que Jesús se regocijó de ver mi día, que lo vio y se alegró...

Si en estos momentos se encuentra aquí algún cristiano, se sentirá ofendido. Pues bien, ¿quién me creo que soy? Y naturalmente surgirá la pregunta porque los días de Jesús han pasado —dos mil años. ¿Cómo pudo ver mi día y regocijarse?

Hay en esto algo muy simbólico. Cuando alguien se ilumina, todos los iluminados, toda aquella energía que antes se iluminó, se regocija; porque una persona más ha vuelto a casa, una persona más ha florecido, una persona más ha entrado en Dios.

En India hay historias muy bellas:

Cuando Buda se iluminó, todos los dioses le llovieron flores desde el cielo, todos los iluminados cantaron canciones envolviéndolo. Ése fue un día de gran regocijo. El bosque entero floreció; los árboles florecieron fuera de temporada, los árboles muertos brotaron otra vez. Había música y canciones, los dioses cantaron y bailaron, porque uno más se había iluminado. Tenía que ser así, porque la iluminación es un fenómeno muy grande, la existencia entera se regocijaría.

Pero Jesús está diciendo algo que los judíos no pueden entender.

«Vuestro padre, Abraham, saltó de gozo por ver mi día; lo ha visto y se ha regocijado». Los judíos le dijeron: «¿No tienes aún cincuenta años, ¿y has visto a Abraham?».

Aquí están hablando entre sí dos planos distintos, el diálogo parece ser imposible. Los judíos hablan de tiempo y Jesús está hablando de la eternidad. Los judíos hablan del pasado y Jesús está hablando del presente.

Dice:

«Que antes que naciera Abraham, existo yo».

No está hablando de Jesús, está hablando de la consciencia de Cristo. Los judíos hablan de tiempo, él habla de eternidad. Los judíos hablan de Jesús y él ¡está hablando de Cristo! Ahí radica toda la diferencia: dos planos totalmente distintos. La consciencia de Cristo es eterna, atemporal. No conoce ni principio ni fin; no está confinada en el tiempo o en los periodos. La consciencia de Cristo siempre ha estado presente. Jesús participa en ella ahora, pero una vez que se participa en ella, uno desaparece.

Es como una gota de agua cuando cae al océano. En el momento en que se incorpora al océano, deja de estar allí. Ahora la gota puede decir: «Siempre he estado», porque ahora es el océano quien habla, no la gota. El río ha caído en el océano. Jesús ha caído en la consciencia de Cristo, ese sentimiento oceánico. Ha dejado de estar allí, ya no es el hijo de María o de José, no es el carpintero del pueblo, no es joven, no es el cuerpo, no es la mente. Ahora es lo trascendental, el cuarto estado de consciencia: Turiya. Es Cristo, es Buda, por eso utiliza dos tiempos verbales distintos.

Dice:

«En verdad, en verdad os digo: que antes que naciera Abraham, existo yo».

No está diciendo: «Antes que Abraham naciese, era yo» —eso sería un error. Por eso es tan grande esta afirmación. Dice: «Antes que Abraham naciera...»; con Abraham utiliza el verbo en tiempo pasado.

«Que antes que naciera Abraham, existo yo.»

Antes que Jesús naciera, era yo.

Abraham participó en la consciencia de Cristo y desapareció. Después Jesús participó en la consciencia de Cristo y desapareció. Ahora no es una cuestión de tiempo, el tiempo ya no existe. Ya no hay ni tiempo ni espacio. Este estado es lo que Buda llama Nirvana y Jesús lo llama «Reino de Dios».

Medita en estos sutras. Son increíbles. Penetra en ellos y te beneficiarás inmensamente. Grande será tu gracia si puedes entenderlo.

Capítulo 7

El éxtasis es el encuentro entre polaridades

Lucas 7

36. *Un fariseo lo invitó a comer con él; Él entró en su casa y se puso a la mesa.*

37. *En esto se presentó una mujer, una pecadora de la ciudad. Al saber que Él estaba a la mesa en casa del fariseo, trajo un frasco de alabastro lleno de perfume.*

38. *Se puso detrás, junto a sus pies y, llorando, comenzó a bañarlos con sus lágrimas y a enjugarlos con los cabellos de su cabeza, y le besaba los pies y le ungía con el perfume.*

39. *Al verlo, el fariseo que le había invitado dijo para sí: «Si éste fuera profeta, sabría quién y qué clase de mujer es la que le toca, que es una pecadora».*

40. *Tomando Jesús la palabra, le dijo: «Simón, tengo que decirte una cosa». Él dijo: «Di, Maestro».*

41. *«Un prestamista tenía dos deudores: uno le debía quinientos denarios y el otro cincuenta.*

42. *No pudiendo ellos pagar, les perdonó a los dos. ¿Quién de ellos lo amará más?».*

43 *«Supongo que aquél a quien más perdonó», respondió Simón. Le dijo: «Bien has juzgado».*

47. *Por lo cual, te lo digo, le son perdonados sus pecados, sus muchos pecados, ya que ama mucho; en cambio, a quien poco se le perdona, poco ama.*

48. *Y a ella le dijo: «Tus pecados te son perdonados».*

49. *Comenzaron los convidados a decir entre sí: «¿Quién es éste que hasta los pecados perdona?».*

50. *Pero Él dijo a la mujer: «Tu fe te ha salvado; vete en paz».*

¿Quién es Jesús Cristo? A lo largo de los siglos se ha venido haciendo esta pregunta una y otra vez, y también ha sido respondida. Pero los que preguntaban estaban equivocados, y también los que respondían, porque la pregunta implicaba un cierto prejuicio y lo mismo la respuesta. No eran esencialmente distintas; su origen era uno y el mismo.

La pregunta la formulaban aquellos que recelaban de la divinidad de Jesús, y la respuesta venía de quienes no estaban preparados para creer en la humanidad de Jesús. Sólo estaban capacitados para creer una mitad de él. Los judíos estaban listos para creer que era un hombre, y los cristianos lo estaban para creer que era Dios. Los judíos negaban una mitad —la parte de Cristo, y los cristianos negaban la otra mitad— la parte de Jesús.

¿Quién es Jesús Cristo? Los cristianos no quieren verlo como Jesús, hijo de un hombre —un hombre de carne, sangre y huesos, un hombre como los demás. Los judíos no querían creer en él como Dios, como divino —hecho de pura consciencia, no de carne, sangre y huesos.

Nadie ha sido capaz de creer en Jesús en su totalidad. Y no sólo le ocurre esto a Jesús, sucede igual con todos los Maestros —Buda, Krishna, Zaratustra. Y salvo que consientas que Jesús penetre en ti en su totalidad, no serás transformado. A menos que lo admitas tal como es, no entrarás en contacto con él. Jesús es ambas cosas, Jesús y Cristo, y no se avergüenza de ello.

En la Biblia, él dice muchas veces: «Soy el Hijo del hombre», y tantas otras veces también dice: «Soy el Hijo de Dios». Parece no tener ni idea de la contradicción que hay entre las dos cosas. No hay ninguna. La contradicción existe en nuestras mentes. No existe en el ser de Jesús. Su ser es un puente entre tiempo y eternidad, cuerpo y alma, este mundo y el otro. Su ser es un puente entre lo visible y lo invisible, lo conocido y lo desconocido. Es completamente un puente, se siente cómodo a ambos lados porque es los dos. Jesús y Cristo son como dos orillas, y un río sólo es posible si existen dos orillas. Jesús es el río que fluye entre estas dos orillas: ambas son suyas. Él existe entre las dos, es el río.

¿Quién es Jesús Cristo? ¿Dios u hombre? Yo digo que todas las preguntas planteadas estaban equivocadas, así como también las respuestas.

¿Por qué? —porque las preguntas venían desde el conocimiento judío, del conocimiento musulmán o del conocimiento hindú. Y las respuestas venían desde el conocimiento cristiano, y el conocimiento no puede responderlas. El conocimiento ¡ni siquiera puede preguntar! El conocimiento es impotente. Preguntas de tal importancia sólo pueden hacerse desde la inocencia, no desde el conocimiento. Esta distinción ha de ser comprendida.

Cuando haces una pregunta desde el conocimiento, no estás preparado para preguntar, porque ya lo sabes. Tu pregunta es falsa, no es auténtica. Tu corazón no está presente. Estás preguntado por el hecho de preguntar —tal vez para propiciar una discusión, un debate o un argumento. Pero ya conoces la pregunta de antemano —tienes la respuesta *a priori*. Por lo tanto, no puedes recibir la respuesta, no estás abierto a ella, no estás disponible para ella. No estás listo para moverte, para explorar; ya tienes la respuesta y la pregunta nace de ella.

Los judíos tenían la respuesta. *Sabían* que no era el Mesías, que no era Dios. ¿Por qué? —porque tenían la idea que cuando el Mesías llegara ¡todo el mundo lo reconocería! Todo el mundo sin excepción. Ésa era su idea del Mesías, que todo el mundo lo reconocería.

Y si Jesús no fue reconocido por todo el mundo, ¿cómo podía ser el Mesías? Tenían una definición. También creyeron —y esto también partía de su conocimiento— que cuando Jesús, el auténtico Jesús, el Cristo, el Mesías, llegara, todo el mundo sería liberado inmediatamente. Todos sus pecados del pasado y del presente desaparecerían con su luz, y eso no había sucedido.

«Cristo ha llegado, pero la gente aún no ha sido liberada, todavía viven en pecado, en desgracia. Por tanto, este hombre no puede ser el Mesías, no puede ser el Cristo». No era el hombre que estaban esperando.

Éstos son prejuicios. Nunca habían visto a ningún Mesías, ¿cómo podían precisar lo que sucedería cuando llegara?

Por ejemplo, si en la noche oscura de tu alma tienes la idea que cuando la mañana llegue lloverá dinero del cielo, que a la salida del sol todo el mundo será rico; y, cuando por la mañana sale el sol, ¿cómo puedes aceptar que se trate del sol? —ya que no está cayendo dinero y nadie se ha vuelto rico, la gente sigue siendo pobre. Continúas mirando hacia el cielo y no llega dinero. Pero estás tan preocupado por el dinero que no ves lo que llega desde el sol —su luz, su vida, su éxtasis. No puedes verlo porque tus ojos están completamente cubiertos con tu prejuicio, con tu idea. Y después preguntas: «¿Quién es este Jesús Cristo?». Ya sabes de antemano cómo debería ser el Mesías. Eso es obstaculizar, es una obstrucción.

Por eso los judíos se lo perdieron. Éste era el hombre que habían estado esperando durante siglos, y cuando llegó y llamó a sus puertas, se lo perdieron. Lo negaron. ¿Cómo pudieron negarlo? ¿Eran mala gente? No; eran tan buena gente como tú lo eres, tan buenos como los hindúes, como los musulmanes y como los budistas; no había nada de malo en ellos. ¿Cuál fue el problema entonces? El problema fue su conocimiento, tenían un prejuicio. Y cuando los cristianos contestan que Jesús es el unigénito de Dios, también es conocimiento.

Lo que quiero decir es que las preguntas y las respuestas tienen el mismo origen; no, ni en lo más mínimo son distintas. Los cristianos dicen que es el unigénito de Dios, lo cual es una necedad, porque todo viene de Dios. Por tanto, ¿cómo puede ser *exclusivamente* Jesús el hijo de Dios? Todo el mundo es hijo de Dios, todos formamos parte de la condición de hijos. Dios es nuestro padre y eso es lo que Jesús está diciendo continuamente. Pero los cristianos no escuchan. Tienen la idea de que Dios ha enviado a su único hijo. ¿Por qué «único»? —porque temen que tenga otro hijo para enviar y se pueda crear un conflicto entre ellos. ¿Quién tiene razón entonces? «Estén seguros, tengan la certeza de que es el único hijo y asunto concluido. Una vez más nos ha llegado la Biblia, ya no habrá más biblias en lo sucesivo». Los musulmanes dicen: «Mahoma es el único profeta —el último profeta. Ya no vendrán más. Ha aportado lo absoluto». De esta manera nadie puede mejorar el Corán, ni tampoco la Biblia, porque nadie tiene derecho a hacerlo.

¿Por qué el hijo unigénito? ¿No creó Dios también a los árboles, los ríos, las montañas, las estrellas, el hombre, los animales y los pájaros? ¿No viene de Dios la existencia entera? ¿No está fluyendo de su ser? Dios es la totalidad de todos ellos. Las rocas, los ríos y las montañas son sus creaciones tanto como lo eres tú, tanto como lo es Jesús. Sin ninguna distinción. Todos los seres participan de Dios. De hecho, *ser es* participar de Dios. De otra manera no se puede ser —¡no hay otra forma de ser!

¡**Ser es** ser Dios!

¿Cuál es entonces la diferencia entre tú y Jesús? La diferencia no es del ser; la diferencia sólo está en tu conocimiento, en tu reconocimiento, en tu percepción. Jesús sabe que es el hijo de Dios, pero tú aún no lo has reconocido. Ahí está la diferencia. Puedes hacerlo en cualquier momento, y en ese mismo acto de reconocimiento sucede la transformación, lo que Jesús llama *metanoia*. Sólo es un asunto de reconocimiento.

Tú eres inconsciente de tu realidad, él es consciente —pero no existe ninguna diferencia entre un ser y otro. Tú eres tan rico como él; pero él lo sabe y tú no. Y como tú no lo sabes, sigues siendo pobre, pero no porque lo seas. ¡No eres pobre! ¿Cómo podrías serlo si Dios está vertiéndose sobre ti en cada momento? Cuando palpita en tu corazón, circulando por tu sangre y fluyendo por tu consciencia, ¿cómo vas a ser pobre? No son mendigos; todo el mundo es un emperador, pero no se dan cuenta de ese hecho. No miras hacia tu interior, allí donde Dios se pone en contacto contigo. No miras hacia tu origen.

La palabra que Jesús utiliza para mirar hacia el origen es «regreso». Esta palabra, «regreso», ha sido traducida como «arrepentirse». «Arrepentirse» también significa regreso, pero esta palabra se ha asociado mal. Se ha convertido en arrepentimiento aunque no tiene nada que ver con eso. Regreso —volver a tu propio ser, un giro de ciento ochenta grados y de pronto ves la luz que siempre has sido. Ves la luz que eres. Ves a Dios. Por vez primera reconoces que nunca has perdido su pista; estaba justo detrás de ti, a tu espalda, aunque no lo mirabas.

Es como si, al salir el sol, tú estuvieras con los ojos cerrados en plena mañana. Simplemente abre los ojos. Jesús está justo a tu lado con los ojos abiertos y tú los tienes cerrados. Ésta es la única diferencia, no hay otra.

Jesús es hombre porque tú eres Dios.

Déjame explicarte qué quiero decir. Jesús es tan hombre como tú lo eres, y tú eres tan Dios como Jesús lo es. Dios y el hombre no son dos entidades separadas. El hombre es una de las formas de expresión de Dios en el mundo. Jesús es hombre y es Dios, y así también lo eres tú. Comprender a Jesús es comprender tu propia situación, y amar a Jesús es amar a tu propio ser. Meditar en Jesús es meditar en tu propia división, el vacío existente dentro del ser entre uno y su *yo* auténtico. Comprender a Jesús es tender un puente en ese vacío.

Jesús no tiene ningún privilegio sobre ti, ni tampoco lo tiene Buda. Nadie es privilegiado, de lo contrario Dios sería injusto. Todo el mundo tiene los mismos poderes. A los ojos de Dios todos somos iguales. La desigualdad es una creación nuestra. A los ojos de Dios todo el mundo es lo mismo que otra cosa cualquiera.

Los judíos estaban muy molestos porque Jesús demandaba ser Dios o el hijo de Dios. Durante dos mil años los cristianos han defendido a Jesús —que era Dios, que es Dios. Han estado tratando de ocultar *todas* las posibilidades que pudieran demostrar que es un hombre. Por eso dicen que nació de una madre virgen —ese es el comienzo. Así niegan su condición de hombre, pues no es igual que tú; es especial. Incluso su nacimiento es especial. Después intentan hacer su vida de tal manera que no quede ningún indicio de que fue humano. Fue muy humano, completamente humano. Era un hombre total. No era un perfeccionista. Cuando era necesario enojarse, se enfadaba realmente. Expulsó a los cambistas del templo diciéndoles: «¿Qué estáis haciendo aquí en la casa de mi Padre, en el templo de mi Padre? ¡Fuera de aquí!». Y tenía tanta rabia que sólo, con una mano, los echó a todos fuera.

Amaba a la gente. Tenía amigos, se mezclaba con la gente. Comía y bebía con ellos, se movía entre ellos. Vivía como un hombre corriente. No tenía pretensiones de ser nada extraordinario. Y cuando sucede algo extraordinario, él siempre dice: «Es vuestra fe la que ha hecho el milagro. Es por la misericordia de Dios hacia vosotros. Es algo entre vosotros y vuestro Dios». Ni siquiera espera gratitud. Cuando alguien está muy agradecido porque le ha sucedido un milagro y se ha curado, quiere tocar sus pies y darle las gracias, pero él dice: «No». El hombre añade: «Eres un gran hombre, ¡eres tan bueno!». Y Jesús contesta: «Excepto Dios, nadie es bueno. Agradécele a él. Olvídate de mí. Ha sido tu fe lo que te ha curado, no yo. Si tienes que agradecer a alguien, agradéceselo a Dios. Olvídate de mí. No dejes que yo me interponga entre Dios y tú».

Eso es exactamente lo que consta que Buda dijo a sus discípulos: «Si te encuentras conmigo en el camino, mátame inmediatamente. Nunca permitas que me interponga entre tú y la realidad. Cógete de mi mano mientras no puedas andar a solas y por ti mismo. En el momento en que puedas hacerlo, olvídate de mí. Sigue adelante, no dependas de mí, no intentes ser mi sombra. Si te encuentras conmigo en el camino, ¡mátame inmediatamente!» —dice. Eso es lo que Jesús dice continuamente una y otra vez: «Olvídate de mí. Deja que tus gracias vayan directamente a Dios. ¿Quién soy yo?».

Los cristianos han intentado borrar todas las huellas de su humanidad; por eso nace de la virgen María, una madre virgen, lo que es completamente absurdo. Vive una vida despojada de todos los rasgos humanos. Los cristianos sólo hablan de sus milagros, no de su vida ordinaria. Tienen miedo. Los cristianos dicen que Jesús ¡nunca se reía! Esto sí que parece ser la estupidez más grande. Jesús..., ¿que nunca se reía? ¿Quién se puede reír entonces? Pero es que la risa parece ser demasiado humana, demasiado mundana; no pueden consentir que Jesús se ría.

Sin embargo, era tal la vida de Jesús que debió de reírse. Realmente debió de reírse mucho. Debió de ser un hombre risueño, porque siempre está diciendo: «¡Regocíjate! ¡Sé feliz! ¡Celebra!». Estas palabras no pueden venir de un hombre que nunca se haya reído. Además, un hombre que nunca se ríe, ¿por qué iba a asistir a fiestas? ¿Por qué iba a beber con la gente? ¿Por qué iba a mezclarse con ellos? Era sociable, todos los días y todas las noches estaba con la gente. No estaba recluido. Debió de reírse mucho, de disfrutar. Pero los cristianos dicen que nunca se reía.

Lo pintan con aspecto muy triste, con cara larga, con una pesada carga. ¡Eso no es posible! Es completamente erróneo, porque va totalmente en contra de la realización básica de un cristo, de un buda. Un hombre que ha alcanzado la consciencia suprema es completamente dichoso, alegre. Su vida será una canción y una danza. Tendrá la cualidad de las flores y de las estrellas. No puede estar triste. ¿Por qué iba a estarlo? Es el mundo de su Padre, es el mundo de Dios. ¿Por qué iba a estar triste? Ha vuelto a casa. ¿Cuándo va a ser feliz? Si no eres feliz al conocer a Dios, no hay ninguna otra posibilidad entonces.

Jesús tiene un aspecto tan triste. Lo han pintado triste. Lo han dibujado como «el Salvador», como si llevara las cargas y los pecados de todos los demás. ¡Te perdona! No lleva tu carga, simplemente te perdona.

Éste es un punto de vista equivocado, que transporta tu carga sobre él. Si no tiene valor alguno, ¿por qué iba él a cargarlo sobre sí mismo? Y si tiene tanto valor, ¿por qué iba a quitártelo? Te pondría encima un poco más de carga. No; no está acarreando la carga de nadie, simplemente está ayudando a que todos renuncien a ella, porque eres tú quien se agarra y se cuelga de ella, no tiene valor alguno. Cuando dice que estás perdonado, está diciendo: «Olvídate de todas tus tristezas y olvídate de todo sobre el infierno. Es el mundo de tu Padre, él es compasión y es amor. ¿Cómo puede el amor castigarte? ¿Cómo puede el amor echarte al infierno? ¿Cómo puede torturarte el amor? ¡Dios no es un sádico!».

A esto los cristianos añaden la resurrección. Su Jesús depende por completo de tres cosas. La primera: un nacimiento virgen; la segunda: una vida de milagros. pero triste, seria, monótona y apagada, y la tercera: la resurrección. Éstas son las tres cosas que parecen ser importantes para ellos, y todas son inútiles porque se pierden el *quid* de la cuestión. Se pierden al Jesús auténtico. Es un mito que los cristianos han creado sobre él, y debido a este mito, el Jesús auténtico se pierde.

Me gustaría decirles que es un hombre real, un hombre auténtico. Vivió como un hombre, y amaba vivir como tal. Vivió todas las dimensiones de la condición humana, pero a pesar de ello es Dios.

Pero hay gente, gente extraña... Justo la otra noche estuve leyendo a un teólogo cristiano, T. L. J. Altizer. Mantiene que «Dios ha dejado de serlo al convertirse en hombre, en Jesús. La encarnación es la muerte del ser divino de Dios. Resumiendo; Dios está muerto y Jesús es su hijo». Altizer dice que Dios murió cuando se transformó en Jesús.

Hay gente que no acepta a Jesús como encarnación de Dios. Parecen ser enemigos suyos porque dicen: ¿Cómo puede Dios encarnarse en un cuerpo tan pequeño? ¿Cómo puede lo infinito entrar en lo finito? Y ¿cómo puede lo eterno entrar en el tiempo? Tienen su lógica. ¿Cómo puede el infinito estar contenido en un pequeño cuerpo? No es posible, Dios es muy grande y Jesús demasiado pequeño; dicen que no es posible.

Veámoslo desde otra perspectiva. Lo que el teólogo cristiano está diciendo es: Olvídate de Dios; Dios *murió* el día en que Jesús nació; se transformó en Jesús. Dios ha dejado de existir, ahora Jesús es Dios.

Éste es otro extremo. Primero, el enemigo no permite que Dios se encarne, porque, ¿cómo podría hacerlo? Sigue la misma lógica; niega la divinidad de Jesús. Para oponerse a él, gente como Altizer existe. Dispuestos a matar a Dios para hacer de Jesús un Dios perfecto. Dios se ha disuelto en Jesús, ha dejado de vivir.

Éstas no son las vías correctas sobre las cuales tender un puente: «Dios tiene que morir» o «Jesús no tiene que ser Dios».

Mi comprensión, mi visión es totalmente distinta. Dios desciende, no sólo sobre Jesús, sino sobre todo el mundo. No es una única encarnación, es una encarnación de cada día. Cuando tienes un hijo, Dios se encarna. Cuando una semilla brota, Dios se encarna. Cuando nace un sol, Dios se encarna. Cuando una flor se abre, Dios florece. Sólo Dios es, no hay nada más. La existencia es sinónimo de Dios. Y Dios puede seguir encarnándose en millones y millones de formas. Es incansable, esto es lo que dicen los Upanishads. Dicen: «De lo perfecto puedes tomar tanto como quieras, que lo perfecto continúa siendo perfecto. Puedes quedártelo por completo, aun así, el todo sigue estando intacto». Éste es el significado de infinito.

Si por tomar algo del infinito su tamaño disminuyera, en primer lugar, entonces, es que no se trataba del infinito. La definición de infinito es que puedes tomar de él tanto como quieras y no se puede agotar. Dios sigue naciendo y sigue sin agotarse. Pero hay pobres pensadores como Altizer que piensan que Dios se acabó con Jesús. Esto también es un invento muy astuto, para que ya no pueda nacer otro Cristo, ni otro Buda, ni otro Mahavira —con Jesús, Dios ha terminado, las puertas se han cerrado. Puesto que Jesús está aquí, Dios está muerto. Dios se ha transformado en Jesús, por tanto, ya no puede seguir siendo Dios. Para resumir toda la filosofía de Altizer, me gustaría exponer lo que dice: que Dios está muerto, y que Jesús es su hijo.

El padre no necesita morir en el hijo, el padre puede dar nacimiento a muchos hijos.

Te sorprendería saber a cuántos hijos puede dar nacimiento un padre humano, un padre ordinario, ¿lo sabes? A millones. Una simple pareja, si el tiempo se lo permite, puede poblar el mundo entero. Así es como sucedió... Adán y Eva, una simple pareja, han poblado todo el mundo. Una simple semilla y toda la tierra se volverá verde, lo único que se necesita es tiempo. Un hombre corriente puede realizar el acto sexual al menos cuatro mil veces en su vida —corriente, muy corriente. Aquellos que se enamoren más —ocho mil, diez mil o incluso más. Pero el promedio normal es tener cuatro mil relaciones sexuales. En cada una de ellas, ¿sabes cuántas células se liberan? Millones. Y cada una de ellas puede llegar a ser un ser humano. Multiplica cuatro mil por millones... Un simple padre humano puede dar nacimiento a toda la Tierra. ¿Qué decir del Padre supremo?

El Dios de Altizer parece ser muy pobre. Con una simple encamación se muere, desaparece. Pero encierra un truco muy astuto, Jesús se transforma en Dios para que nadie más pueda hacerlo, para que sea Jesús el *único* hijo engendrado. Me gustaría decirte que Jesús es hermoso, es divino, porque todo el mundo también es hermoso y todo el mundo también es divino. La diferencia radica en el reconocimiento, no en la existencia. La diferencia es de conocimiento, no de ontología.

Jesús Cristo es ambos, Jesús y Cristo. Es Cristo en Jesús y es Jesús en Cristo. Es el punto de encuentro entre dos mundos, allí donde dos mundos totalmente opuestos se encuentran. De ahí su belleza, el éxtasis de Jesús.

El éxtasis surge siempre cuando dos polaridades se encuentran. Cuanto mayores son las polaridades, más distancia hay entre ellas, mayor es el éxtasis. Por eso se produce un gran placer al hacer el amor, por el encuentro entre dos polaridades. No son polaridades muy grandes, porque el hombre y la mujer no están muy alejados —no muy distantes, aunque sí algo. Cuando un hombre y una mujer se unen, cuando se pierden en el amor, surge un gran éxtasis, un gran deleite porque se disuelven, los egos se pierden. Los límites dejan de existir —se superponen, fluyen uno en el otro. Sus mundanas preocupaciones corrientes no tienen ningún sentido en ese momento de placer. Ese momento orgásmico, ¿cómo emerge? Es la fusión de las polaridades. Qué decir sobre la unión de Jesús con Cristo, de Gautama con la condición de Buda, del hombre con Dios —éste es el mayor alejamiento que puede darse entre las polaridades máximas —el encuentro entre lo finito y lo infinito. El propio encuentro es la celebración suprema.

Jesús debió de ser extático, aunque debido a la pintura cristiana, a la ideología cristiana, aparenta muy triste. Debió de ser un hombre muy alegre, rebosando de deleite. ¿Qué otra cosa puede ser cuando la luz sucede en el interior? —que el deleite tiene que exteriorizarse. Van unidos. Cuando la luz de la casa está encendida —aunque las ventanas estén cerradas—, el resplandor puede verse desde fuera, a través de las cortinas, por las puertas. ¡Eso es deleite! Cuando en el interior ha sucedido la luz, desde el exterior la gente puede ver fluir algo de inmenso valor.

Ésa es la definición del éxtasis: el encuentro entre polaridades.

El hombre corriente es como si viviera dormido, no se da cuenta de quién es. Cuando es tocado por la energía de Dios, cuando está abierto a la energía de Dios, cuando está receptivo a ella, cuando esa energía agitada baila dentro de él, surge el éxtasis. No existe el éxtasis a menos que juntemos lo mundano con lo supramundano, el lodo con el sol, la tierra con el cielo, el cuerpo con el alma, la materia con la mente —sólo entonces, cuando el sol y el lodo se encuentran, nace el loto, el loto del éxtasis. A menos que la realidad sea tan milagrosa como cabe suponer, estamos congelados en hielo. El hombre como tal es algo que está congelado. Y déjame decirte que Dios como tal también es una cosa congelada. No sólo tú buscas a Dios, Dios también te está buscando a ti. No es que tú estés triste sin Dios, Dios también lo está sin ti. Y cuando tú te encuentres con Dios, y Dios se encuentre contigo, el éxtasis no será sólo tuyo, también será suyo. La existencia entera se sentirá extática. Siempre que un simple ser humano se transforma en un Cristo o un Buda, toda la existencia baila, toda la existencia se llena de alegría —¡se vuelve loca de éxtasis!

Encuentro es la fusión entre divisiones. Verte a ti mismo como hombre es crear una división. Si no abandonas esta división, esta categoría que has creado a tu alrededor, que «yo soy un hombre», no permitirás que Dios entre en ti. Tienes que estar completamente libre de límites, de todos ellos —el límite de ser hindú, de ser cristiano, de ser hombre, el límite de la riqueza, de la pobreza, la educación, la incultura, los límites de blanco y negro, los límites de los brahmín y los sudra —todos los límites han de ser abandonados. Y por el mero hecho de abandonarlos, lo eterno entra en tu mundo temporal. Y esa luz llega, esa luz que inunda tu oscura noche del alma. Y de pronto, ya nunca más eres el mismo. Y, déjame repetirlo: ¡Dios tampoco nunca más es el mismo!

Dios nunca fue tan rico como lo fue después de Cristo. Nunca tan rico como lo fue después de Buda. No lo es tanto como lo será cuando tú te encuentres con él, porque te volcarás en él. Ya sé que sólo tienes una pequeña cantidad de energía, pero el océano se crea a partir de pequeñas gotas que van cayendo... Pequeños ríos fluyen hacia el océano y lo crean. Ningún río puede por sí sólo crear el océano, pero cada uno de ellos ayuda a crearlo. Dios es cada día más grande que nunca, porque algo de agua, algún río vuelve a fluir hacia él, aportando una nueva vida otra vez, un nuevo estremecimiento.

Dios evoluciona. Dios no es una cosa estática. Dios está evolucionando en cada momento.

Encuentro es la fusión de los límites, el empañamiento de las divisiones, la superposición, el desbordamiento. A esto se le llama confiar, fe o rendición. En el cero absoluto, en la entrega absoluta, la vida vuelve otra vez a hacerse cargo y nos devuelve a Dios, al Tao o a *dhamma*, a la totalidad que fluye libre. Dios es la totalidad que fluye libre, Dios no es una persona. Regresamos a nuestro ser puro sólo cuando nos convertimos en una totalidad que flota libre. En ese estado todo está bien, todo es bueno.

Una lata oxidada puede llenarnos de pavor radical cuando los rayos del sol la alcanzan...

En yoga lo llaman un cierto estado de *nadam*, un cierto estado de armonía, de concordia. Cuando el hombre desaparece en Dios y sus conflictos con Dios se disipan, eso es *nadam*, hay armonía —lo que Heráclito llama «la armonía oculta». nadam es homeostasis —armonía, ritmo. No sigues el ritmo, estás fuera de tono con Dios, ésa es tu miseria. Jesús está sintonizado con Dios, ésa es su alegría. Si él también fuera miserable, si también estuviera triste, ¿qué diferencia habría entre tú y él? La diferencia consiste en que él siente por ti, siente compasión por ti, pero él es completamente feliz. De hecho, debido a su total júbilo, siente pena por ti, siente compasión. Quiere que tú también tengas esa gran felicidad, porque sabe que puedes tenerla por el mero hecho de pedirla. Por eso dice: pidan, y se les dará; busquen, y hallarán; llamen, y se les abrirá.

Los sutras:

Un fariseo le invitó a comer con él. Él entró en su casa y se puso a la mesa.

Jesús siempre estaba dispuesto a ir a todas partes con cualquiera. Quería entrar en contacto con tanta gente como le fuera posible. Nunca perdió ninguna ocasión para acercarse a la gente.

Antes de adentrarnos en los sutras, han de comprenderse unas cuantas cosas sobre el camino de Jesús y su trabajo. ¿Cómo transformó a tanta gente? ¿Cuál era su secreto? ¿Cuál era su alquimia?

Recuerda estas siete palabras. Para mí, Cristo significa estas siete palabras y en esto consiste toda su alquimia. Primera: catalítico; segunda: catalepsia; tercera: catarsis; cuarta: catástrofe; quinta: cruz; sexta: conversión, y séptima: consciencia de Cristo. Ésta es toda su alquimia, la manera que utilizó para transformar a la gente. Su trabajo, su metodología es distinta que la de Buda, Krishna o Mahoma. Él es un Maestro único.

Primera: catalítico. El trabajo de Jesús es el de agente catalítico. Quiere que la gente esté en contacto con él, lo que los hindúes llaman *satsang*. Estar en contacto con él, estar en presencia del Maestro —la mera presencia funciona. Jesús no ofrece métodos a la gente, ése no es su camino. Sin embargo, Patanjali crea innovaciones, métodos; ésa es también la vía de Gurdjieff —crear métodos e iniciativas para que la gente pueda crecer. El camino de Jesús es el *satsang*. Transforma a la gente sólo con tocarlos. Los abruma, los envuelve. Su energía danza a su alrededor. Con el palpitar de su ser y de su pulso —ese poderoso pulso de Jesús— la otra persona comienza a latir también. Dudosa, temerosa al principio, sin saber a dónde va, pero poco a poco gana *momentum*. Es igual que un bailarín. ¿Alguna vez te has fijado en un bailarín al son de la música; que hay algo del bailarín que empieza a pasar dentro de ti? Tus pies empiezan a moverse, empiezas a dar golpecitos con la mano en la silla y a mover la cabeza. Te sientes pleno con ello. Has sido alcanzado por alguna vibración.

La metodología de Jesús es hacer vibrar a la gente mediante su pulso, fascinarlos con su magnetismo; estar con ellos. La mejor forma de estar con ellos es cuando están muy, muy relajados. Por eso Jesús siempre estaba dispuesto a estar con la gente, beber y comer con ellos, porque ese es el momento más relajado en la vida de las personas. Buda nunca hizo eso —ésa no era su forma. Cuando las personas comen, están relajadas. ¿No lo has observado? Hasta los hombres de negocios invitan a comer, porque así las cosas son más fáciles. Uno es más positivo, está más relajado, dice que sí con mayor facilidad. Por eso cuando el vendedor quiere venderte un coche, te invita a comer. Cuando tienes el estómago lleno y te sientes muy contento, con el aroma y la alegría de los alimentos, sintiéndote realmente satisfecho, es muy difícil decir no. Es más fácil para el vendedor realizar la operación. Y Jesús es el mejor vendedor. No es accidental que su religión sea la mayor en cuanto a número se refiere. Es el mayor vendedor de todos los tiempos.

Era en esos momentos en que comía y bebía con ellos cuando aprovechaba para infiltrarlos con su presencia. Ése era su poder catalítico, magnético. Cuando están bebiendo... has bebido un poquito, estás más relajado; las cosas son más fáciles, estás menos a la defensiva.

Gurdjieff solía hacer eso, era su trabajo de cada día. Igual que yo les hablo todos los días, él invitaba a comer a sus discípulos frecuentemente. Era lo más grande; cada día, cada noche. Y no era una cena corriente; podía durar cinco, seis, siete horas, casi media noche. Y, además, bebiendo... Te forzaba a comer y beber; él mismo lo servía y era difícil decir no; comiendo, bebiendo y riendo, estabas menos a la defensiva. Él contaba chistes y la gente se quedaba muy relajada. El ambiente era muy familiar —completamente hogareño. Olvidaban quién era Gurdjieff y quiénes eran ellos; se relajaban con su ser y allí empezaba su trabajo.

Eso es exactamente lo que yo hago cuando les hablo. Es una especie de fiesta; una fiesta de palabras. Te implicas totalmente con ellas, y ahí empieza mi trabajo, mi auténtico trabajo; que es indirecto.

Por tanto, lo primero; la primera palabra que ha de ser entendida sobre Cristo es «catalítico». No es un gran filósofo como Buda. No es un gran científico como Patanjali. No es un cantante como lo es Krishna. Tiene su propio método, que consiste en ser un agente catalítico.

En Oriente ha habido muchos Maestros así, pero Jesús es el máximo en *satsanga*: simplemente estar con la gente.

Agente catalítico significa que sin haberte hecho nada, algo te ocurre. El agente catalítico no entra en ti, no te hace nada. Sólo su presencia, su mera presencia te incita, te inspira y algo empieza a desarrollarse dentro de ti. Como dicen los científicos, si quieres hacer agua, necesitas hidrógeno y oxígeno; pero no pueden unirse sin que la electricidad esté presente como agente catalítico. No se introduce en ellos, permanece separada, pero su sola presencia ayuda para que se unan. Es muy milagroso. La ciencia aún no ha podido saber cómo funciona el agente catalítico, porque no se desprende nada de él, sencillamente está. Tú lo puedes entender.

A veces estoy aquí simplemente, y algo dentro de ti se queda en silencio. Esto puede sucederte aun cuando estés muy lejos, si te acuerdas de mí. Si me recuerdas totalmente, de inmediato verás que algo ha cambiado. La vibración que te rodea ya no es la misma; algo se ha quedado tranquilo, en silencio. El alboroto de la mente se ha alejado un poco, no está tan cerca. Estás estabilizado y centrado.

Justo el otro día alguien me hizo esta pregunta: «Mientras estoy aquí escuchándote a ti y tus palabras, me ocurren muchas cosas. Pero cuando regrese a casa, ¿seguirá pasándome cuando escuche tus cintas o lea tus libros?».

Depende de ti. No puede supeditarse a libros o a cintas, pero sí depende de ti. Si en esos momentos de escuchar las cintas o leer los libros puedes sentir mi presencia, si puedes visualizar mi presencia, si puedes pensar en mí y recordarme, seguirá sucediéndote. No tendrás ningún problema. La distancia no crea mucha diferencia.

La primera vez es necesario estar cerca. Una vez se haya producido el contacto, puedes llamarme desde cualquier lugar. Y cuando digo esto, quiero decir que sencillamente en cualquier lugar puedes encontrarte con mi presencia, sólo tienes que recordarme. En calma y en silencio recuérdame, llénate de mi presencia, e inmediatamente te acompañará, funcionando como agente catalítico.

Un agente catalítico es algo maravilloso. Es el auténtico milagro de Jesús. El Tao tiene una palabra para ello, lo llaman *«wei-wu-wei»*, acción sin acción. El Maestro no te hace nada, no interfiere en tu ser, simplemente está. Pero está vibrando con un fuerte latido; su palpitación es vital. Es como un fuerte viento que te envuelve. Tú eres como el árbol frágil; empiezas a mecerte en el viento y algo comienza a sucederte —la danza. El viento es invisible, y efectivamente no te está haciendo nada, simplemente está soplando a su manera. Pero puede estremecerte, ¡puede despertarte! Esto es lo que la gente en ácido llama un «contacto elevado».

En ocasiones sucede cuando alguien ha tomado LSD y realmente se deja llevar, se deja ir; si tú estás cuidando de la persona, si bien tú no has tomado LSD, sólo estás cuidándolo porque es peligroso dejarlo, y de pronto empiezas a sentir que algo se enciende dentro de ti. Últimamente es una experiencia universal, hay tanta gente de esta generación que toman LSD, marihuana, psilocybina y cosas por el estilo. Ahora es una experiencia universal, que a veces, sólo por estar en presencia de alguien que está profundamente metido en un viaje de LSD, uno empieza a sentir que se eleva. Algo se mueve dentro de ti. Te crecen alas y empiezas a volar. ¡Pero tú no has tomado nada! ¿Qué está pasando entonces? En este momento ese hombre está latiendo muy intensamente, está volando como un fuerte viento, te pilla desprevenido. Tira de ti, eres arrastrado por la corriente de su consciencia.

En Occidente es una experiencia nueva, pero en Oriente es muy antigua. Y eso no es nada, el LSD no es más que eso, LSD —con semejante cantidad tan pequeña que se toma. Sin embargo, Jesús es LSD puro —¡ LSD y nada más! Está hecho de la misma materia que el LSD. Un buda es marihuana total. Cada simple célula de su cuerpo es marihuana. No es química, es espiritual. Es una fuerza tan vital que no existe otra como ella. La única cuestión consiste en estar asequible a ella, entonces te enciende.

La segunda palabra es «catalepsia» —la suspensión de tu antiguo ser. Cuando contactas con un cristo o un buda, tu ser anterior queda inmediatamente suspendido por la propia conmoción; ya no puedes seguir funcionando como lo hacías antes. La pura presencia de Cristo es un sobresalto tal que todo se suspende. Durante un momento todos los pensamientos se detienen, todos los sentimientos desaparecen. El corazón se para por un momento. Por eso mucha gente que está alrededor de los grandes Maestros tiene aspecto de zombi. Están en un tipo de suspensión.

Justo el otro día Divyananda se acercó a mí. Él trabaja en mi jardín. Me dijo: «¿Qué me está pasando? Me he convertido casi en un zombi y tengo miedo. ¿Debería irme y hacer otra cosa?». Yo le contesté: «Sé un zombi. Sé un perfecto zombi, eso es todo. Continúa con tu trabajo». Algo de inmenso valor le está pasando, pero todavía no puede comprenderlo. Esto es lo que le está pasando: la catalepsia. Está abierto a mí, y trabajando en mi jardín aún está más abierto. Está impresionado, se olvida de quién es, está perdiendo su antigua identidad, ¡está paralizado! ¿Por qué paralizado? —porque lo viejo no puede funcionar y lo nuevo aún no ha nacido. Está en el intermedio.

Esto les sucederá a muchos. ¡No tengas miedo cuando te ocurra! Se te pasará, no va a durar, pero está de camino, es lo que pasa. Es un estado de no saber: no sabes qué es qué, pierdes todos tus conocimientos, toda tu sabiduría se desvanece. Te conviertes en un idiota, pareces un idiota. La gente te dirá que te han hipnotizado o algo semejante, que ya no eres el mismo de antes. Es verdad. Es un tipo de conmoción, y está bien, porque destruirá el pasado, producirá una discontinuidad con el pasado, y te brindará lo fresco, lo nuevo. Permitirá que algo original ocurra. Pero antes de que lo original pueda suceder, el pasado tiene que desaparecer.

Eres como un recipiente que durante mucho tiempo ha contenido veneno, durante muchos años, muchas vidas. Ahora, antes de poder llenarlo con algo, tienes que tirar el veneno y limpiar el recipiente; completamente limpio. Sólo una diminuta cantidad de veneno que quede por ahí destruirá lo nuevo que está llegando, lo matará.

Éste es todo el significado de *sannyas* y la condición de discípulo: que tienes que lavar por completo tu pasado; tu memoria, tu ego, tu identidad —todos tienen que desaparecer.

Cuando seas sólo un recipiente vacío, entonces cabrá la posibilidad para algo más. Éste es el tercer estado: la catarsis. Cuando tu cabeza está conmocionada, tu corazón se libera, porque la cabeza no permite que el corazón sea libre, lo mantiene como un prisionero. Cuando la cabeza se para debido al shock... y todos los Maestros te decapitan, cortan la cabeza despiadadamente; destruyen tu razón, tu lógica; te hacen bajar de la cabeza. La única manera es cortar la cabeza por completo.

Éste es el tercer estado: la catarsis. Cuando la cabeza deja de funcionar, pierde su control y el prisionero queda libre, entonces el corazón comienza a latir otra vez —tal vez después de muchas, muchas vidas.

Durante muchas vidas has estado reprimiendo tus emociones, sentimientos, lágrimas, amor —todos te inundan. En eso consiste la catarsis —la aparición del corazón. Lo que ha estado reprimido explota y lo emocional estalla —una especie de terremoto o explosión del corazón, una situación volcánica. Estás inundado por el inconsciente y lo irracional. Por eso un auténtico discípulo pasa por un tipo de locura cuando está cerca de un Maestro.

El cuarto estado es la catástrofe. Cuando desaparece la razón y el corazón se vuelve loco es una catástrofe. El ego se rompe en pedazos, porque el ego no es otra cosa que control. El control de la cabeza sobre el corazón lo crea el ego. Cuando la cabeza deja de funcionar, cuando está en shock, en catalepsia, y el corazón está en catarsis; el ego desaparece, porque deja de estar allí. No puede continuar estando allí, ya no hay control. Y cuando el ego se derrumba, parece una catástrofe. Todo está perdido, surge el caos y uno siente que realmente se ha vuelto loco. No es una simple locura temporal; parece que vaya a quedarse para siempre. Uno no puede ver más allá.

Esto es lo que los místicos cristianos llaman «la noche oscura del alma»; nace una especie de desamparo. Uno está completamente perdido y parece que no haya posibilidad de salir de ahí. Uno está ahogado y ahogándose. Los poderes que te están ahogando son tan amplios que parece no haber esperanza de superarlos. Las orillas han dejado de estar a la vista; estás en medio del océano.

Ahora llega la quinta: la cruz. El ego muere en la cruz.

En el cuarto estado simplemente se desintegra, pero sigue rezagado en pedazos, colgando de aquí y de allá. En el quinto muere, el ego muere por completo —ya no hay ninguna identidad con el cuerpo o la mente, es un estado de negación, de muerte, de vacío. Gran temblor, miedo... Uno está al borde del abismo llamado Dios. Allí es donde Jesús lo encontró —en la cruz. Esa cruz tiene que llegarle a todo el mundo. Jesús dice que todo el mundo tiene que cargar con su cruz sobre sus hombros.

Después llega el sexto: la conversión. Sólo cuando tú mueres puede Dios vivir en ti. Sólo cuando la semilla muere, puede convertirse en árbol; sólo cuando el río desaparece en el océano, puede hacerse uno con él: esto es conversión.

«Conversión» es una bella palabra muy mal utilizada por los cristianos. Piensan que cuando un hindú se hace cristiano, esto es conversión.

No lo es. Un hindú que se hace cristiano, esto no es nada. Lo único que ha hecho ha sido cambiar una prisión por otra, un sacerdote por otro, un libro por otro. Pero no ha habido ningún cambio real, ninguna transformación. Un cristiano puede hacerse hindú; los hindúes piensan que esto es conversión. No lo es. La conversión solamente ocurre cuando muere el ego y nace Dios dentro de ti. Conversión es cuando el humano se transforma en divino, no cuando un hindú se hace cristiano, o viceversa. Cuando el humano se hace divino, cuando Jesús se convierte en Cristo, esto es conversión; cuando Gautama se convierte en Buda, esto es conversión.

En el quinto, la cruz, el ego muere.

En el sexto, nace el *yo* —el *yo* superior, el *atman*, tu auténtico ser. Por primera vez sabes quién eres. Las montañas vuelven a ser montañas, los ríos vuelven a ser ríos. Toda la confusión ha desaparecido, nace la claridad. Tus ojos se vuelven transparentes, puedes ver las cosas. Dejas de tener prejuicios e ideologías. Ya no eres hindú, ni musulmán, ni comunista, ni fascista. Uno simplemente es... la pureza de ser. Aquí es donde se siente lo que los hindúes llaman *satyam*, *shivam*, *sunderam*. Satyam significa verdad, *shivam*, bondad y sunderam, belleza. Nunca sucede antes de esto.

Antes de esto, lo que llamas belleza no es nada más que lujuria. Lo que llamas bondad no es más que moralidad condicionada. Lo que llamas verdad no es más que la correspondencia entre tú, tus afirmaciones y las cosas.

Es como cuando dices: «Hay tres sillas en la habitación». Y llega alguien y descubre tres sillas, se corresponde, es «verdad». Esto no tiene nada que ver con la verdad, es sólo correspondencia, una afirmación verdadera. Pero ¿qué hay sobre la verdad? ¿Qué es la verdad? —¿tres sillas? Si hay dos, no es verdadero. Esto es sólo una verdad lingüística y lógica.

Verdad significa lo que está escondido detrás de los árboles y de las montañas, escondido detrás de la gente, escondido detrás de cada cosa. Cuando eso «escondido» es descubierto, entonces llegas a la verdad.

Verdad... Llegas a *shivam*; tu vida se vuelve buena. No en el sentido de ser una persona moral, un fariseo, un puritano, no; tu vida espontáneamente se vuelve buena. No que intentes ser bueno, sino que hagas lo que hagas es bueno. ¡No puedes hacer el mal! El mal no es posible porque no puedes verte separado de los demás. ¿Cómo vas a hacer el mal? No puedes herir a nadie porque ahora, hiriendo a los demás, te hieres a ti mismo. Ya no tienes ego; si hieres a alguien, te hieres a ti mismo. Si matas a alguien, te estás matando a ti mismo. Si robas a otro, estás robando de tu propio bolsillo. Ahora la bondad es natural —no impuesta—, es espontánea.

Y, *sunderam*. Sólo entonces; una vez que conoces en qué consiste y eres espontáneo, puedes saber lo que es la belleza. La belleza no es sólo poesía, es la visión de la verdad, la visión de Dios.

Y aún un paso más. Es como cuando estás a mil millas de distancia de los Himalayas, por la mañana temprano, con un cielo limpio sin nubes y allí están las cimas esperando. Esas nieves vírgenes brillando como el oro al sol de la mañana, pero tú estás a mil millas de distancia. Es una belleza, te llena de admiración, pero todavía estás lejos.

Por tanto, cuando te conviertes: *satyam, shivam, sunderam*.

Después el séptimo estado es el de la consciencia de Cristo. Dejas de estar lejos de las cimas, ¡te conviertes en ellas! Ya no estás lejos de aquellas nieves vírgenes, tú eres la nieve. No sigues viendo los rayos del sol reflejados en la nieve, tú eres los rayos del sol. Ha nacido la consciencia de Cristo: uno se hace uno con el todo. Uno se transforma en lo que realmente ya es. Uno, se hace uno con Dios. Buda lo llama Nirvana, Cristo lo llama el «Reino de Dios», los hindúes lo llaman Satchitananda. Una vez más surge una trinidad.

Primero en el sexto: *satyam, shivam, sunderam*: verdad, bondad, belleza. En el séptimo: *Sat*: ser; *Chit*: consciencia; *Ananda*: dicha.

Recuerda estas siete palabras y medita sobre ellas. Entonces podrás comprender con facilidad estos dichos de Jesús tan inmensamente significativos.

Un fariseo le invitó a comer con él. Él entró en su casa y se puso a la mesa. En esto se presentó una mujer, una pecadora de la ciudad. Al saber que Él estaba a la mesa en casa del fariseo, trajo un frasco de alabastro lleno de perfume.

Esta mujer es María Magdalena.

Se puso detrás, junto a sus pies y, llorando, comenzó a bañarlos con sus lágrimas y a enjugarlos con los cabellos de su cabeza, y le besaba los pies y le ungía con el perfume.

Sólo con la presencia de Jesús... Él caminó por esa calle y entró en la casa del fariseo, y esa mujer, María Magdalena, lo escuchó. Éste fue su primer encuentro con Magdalena. Era una prostituta, pero algo brotó en su corazón.

En ocasiones sucede que los santos pierden y los pecadores ganan, porque los santos están muy orgullosos de su santidad. El ego es fuerte.

En esta ocasión no es un santo quien ha ido a ver a Jesús, sino una prostituta. Al escuchar que Jesús está tan cerca, sabiendo que ha venido... Tal vez ella siempre había soñado y siempre había querido verlo, pero temía si se lo iban a permitir o no. Debió sentirse desconcertada, asustada. ¿Qué le diría? ¿Cómo se comportaría ante él? Pero debió de soñarlo, debió de desearlo. Ahora ha llegado la oportunidad.

Se puso detrás, junto a sus pies y llorando...

Ahora está detrás de él, llorando. Ésta es la manera de encontrarse con Cristo. ¿Cómo podrías encontrarte con él de frente? Sería difícil encontrarse de frente con él —te deslumbraría. Además, encontrarse de frente con él sería una especie de ego. No; uno sólo puede encontrarse con Jesús llorando, porque no es un encuentro con la cabeza sino con el corazón. Uno sólo puede llegar desde atrás —dudando, sabiendo perfectamente bien que «no lo merezco». Cuanto más sientas que no lo mereces, más lo mereces. Cuanto más sientas que lo mereces, menos lo mereces, porque básicamente lo que está entorpeciendo es el orgullo, nada más. Los rabinos no se acercan a Jesús, los santos tampoco. Nunca he oído ni una sola historia de un santo acercándose a Jesús. ¿Cómo podrían hacerlo? Es imposible. Les gustaría que Jesús fuera a ellos. Ellos no pueden hacerlo, su orgullo no lo permite.

Si en alguna ocasión gente respetable se ha acercado a Jesús, lo han hecho ocultándose. Un profesor llegó una noche en la oscuridad cuando ya todo el mundo se había marchado, porque era muy respetable. Se llamaba Nicodemo, era rabino también, profesor y miembro del consejo del gran templo. Tenía miedo de ir a la luz del día —la gente lo reconocería. Y cuando la gente supiera que había ido a ver a Jesús, sospecharían de su conocimiento. «¿Entonces, él también es un seguidor de ese loco? ¿También ha caído en su trampa?» Llegó en la oscuridad de la noche cuando ya no había nadie.

Pero esa mujer, esa mujer de la calle, va a ver a Jesús. Se queda detrás y llora.

...y comenzó a bañarlos con sus lágrimas...

Cuando estuvo frente a él, ¿qué hizo? Lavó sus pies con lágrimas. ¿De qué otra manera pueden lavarse los pies de un cristo o un buda? Tienes que derramar tu corazón. Esas lágrimas no son otra cosa que su corazón. Está llorando, sollozando —pero también es totalmente feliz. Está triste por su pasado, se arrepiente de él, pero también está completamente llena de alegría porque ha podido acercarse a Jesús, ha podido tocar sus pies.

Debió tener miedo, porque ningún santo dejaría que una mujer de la calle le tocara los pies. Debió temer que Jesús la dijera: «¡Mujer, apártate!». Pero él no dijo nada. Está allí virtiendo toda su compasión sobre ella.

... comenzó a bañarlos con sus lágrimas y a enjugarlos con los cabellos de su cabeza, y le besaba los pies y le ungía con el perfume. Al verlo, el fariseo que le había invitado dijo para sí: «Si este fuera profeta, sabría quién y qué clase de mujer es la que le toca, que es una pecadora.

Ahora la mujer está siendo transformada, y el fariseo —ese hombre respetable— se lo está perdiendo. Ha invitado a Jesús, pero no está vibrando con él. Su mente, sus conocimientos, sus prejuicios se están cruzando en el camino.

... dijo para sí... «Si este fuera profeta...»

Sabe la definición de profeta. Todo el mundo cree conocer la definición de Dios, profeta, Mesías, Cristo, Buda. Pero nunca has mirado a los ojos de un Buda, nunca lo has probado.

Justo la otra noche un *sannyasin* me decía que aquí, en Vrindavan, en la comida se utilizan cosas como el ajo y las cebollas —«Son nocivas para la meditación»—, como si supiera lo que es la meditación. Ha oído sobre ella. Él dirige un restaurante, por eso tiene conocimientos sobre la alimentación, eso es verdad, pero no sabe nada sobre meditación. ¿Quién te ha dicho que la cebolla y el ajo están en contra de la meditación? ¿Has meditado con cebolla y ajo y después lo has hecho sin ellos? ¿Lo has experimentado? Sólo son ideas estúpidas, manías que van pasando de uno a otro. Una generación pasa su estupidez a la siguiente y, cuanto más haya sido transferida, más poderosa se vuelve, porque posee una historia. La cebolla es muy inocente; si quieres evitar algo, evita las manzanas, no las cebollas, porque fue una manzana la que creó todo el problema.

Pero esa historia también parece ser errónea, porque yo como tres manzanas cada día para ver cuándo va a expulsarme Dios —todavía no lo ha hecho. Mi médico me dijo, cuando yo era joven, que una manzana al día mantiene al doctor lejos. Por eso yo empecé a comer tres, ¡para mantener a todo el mundo lejos! Pero Dios todavía no me ha expulsado y parece estar muy contento conmigo.

Pero ¿la cebolla? Ni siquiera se la prohibieron a Adán. Y si el problema es el ajo, entonces Maitriji nunca entrará en el reino de Dios —imposible. Y tampoco a él le gustaría, si tiene que hacerlo sin ajo.

¡Manías! Tú no sabes nada sobre meditación. No sabes nada sobre Cristo, no sabes nada sobre Buda. Pero tienes tus ideas y ni siquiera dudas. Estaba tan seguro de ello que incluso yo sentí que podía resultarle muy chocante si le decía algo, así pues le contesté: «Vuelve y empieza a mejorar las cosas aquí».

... dijo para sí: «Si este fuera profeta, sabría quién y qué clase de mujer es la que le toca, que es una pecadora».

Debió de estar esperando. Es una buena situación para juzgar si ese hombre es un Mesías, un profeta o sólo un farsante corriente. Es un embaucador, ni siquiera ha sido capaz de saber que esta mujer es una pecadora. Debería haber gritado: «¡Fuera de aquí, impúdica! ¿Quieres contaminarme? ¿Envenenar mi ser? ¡Aparta tus feas e impuras manos! ¡Lárgate de aquí!». El fariseo se habría sentido muy feliz. Habría reconocido: «Sí, así es como tiene que ser un profeta». Le habría tocado los pies —pero si está de acuerdo con sus conocimientos, entonces sólo... No está preparado para aceptar a Jesús; Jesús es quién debe acoplarse a él. Esto tiene que ser recordado siempre.

Muchos de ustedes lo intentan, también conmigo —de alguna manera yo tengo que adaptarme a su orden interno, a sus ideas. Tengo que actuar de acuerdo con ustedes; si no me comporto, entonces estoy equivocado. Pero no dudan de sus ideas. Si sus ideas fueran acertadas, habrían venido mucho antes. Pero no han venido, todavía están buscando y tropezando. Y ¿todavía piensan que sus ideas son correctas?

El fariseo no sabe nada, de lo contrario, ya se habría convertido en un Cristo. Pero el conocimiento es muy estúpido, muy pretencioso. Cree en sí mismo.

Tomando Jesús la palabra, le dijo...

Jesús debió de observar lo que ocurría, debió de ver cómo le cambiaba la cara a ese hombre, debió de ver que se sentía un poco avergonzado de haberlo invitado a su casa. Tal vez debería limpiarlo y encalarle la casa otra vez. «Y no sólo ha venido este hombre, también ha venido una prostituta, además, él no sabe nada de nada. Parece desconocer las escrituras completamente».

Tomando Jesús la palabra, le dijo…

Pero él no había dicho nada.

Muchas veces ustedes no me preguntan nada, pero yo contesto, porque siento que tienen una pregunta y no reúnen el valor suficiente para formularla.

Tomando Jesús la palabra, le dijo: «Simón, tengo que decirte una cosa».

Él dijo: «Di, Maestro».

Ahora las cosas han cambiado. Hacia sus adentros decía: «Ese hombre», y hacia afuera dice: «Maestro». ¡Con cuánta hipocresía vive el humano! ¡Cómo vive en dos mundos: dividido, esquizofrénico! Y esta gente piensa que puede engañar a Jesús. Por dentro dice: «Ese hombre para nada es un profeta», y hacia fuera dice: «Sí, Maestro, habla».

«Un prestamista tenía dos deudores: uno le debía quinientos denarios y el otro cincuenta. No pudiendo ellos pagar, les perdonó a los dos. ¿Quién de ellos… ¿Quién de ellos lo amará más?»

Jesús siempre habla con parábolas, pequeñas parábolas, pero muy indicativas, simbólicas.

«Un prestamista tenía dos deudores: uno le debía quinientos denarios y el otro cincuenta. No pudiendo ellos pagar, les perdonó a los dos. ¿Quién de ellos lo amará más?»

«Supongo que aquel a quien más perdonó», respondió Simón.

Le dijo: «Bien has juzgado».

Pero fíjate en el matiz. Ese hombre dice: «Supongo…». Cuando pensaba si Jesús era un profeta o no, no pensaba en términos de «opino, supongo, pienso». No; estaba seguro. Pero ahora dice: «Supongo…, imagino que aquél a quien perdonó más le amará más».

Jesús dice:

«Bien has juzgado». Por lo cual te lo digo, le son perdonados sus pecados, sus muchos pecados, ya que ama mucho; en cambio, a quien poco se le perdona, poco ama.

Dos cosas: primero, si te son perdonados muchos pecados, naturalmente amarás más. Si amas más, lógicamente muchos de tus múltiples pecados serán perdonados. Funciona en ambos sentidos. No se trata de amar sólo porque te han sido perdonados los pecados. Si amas, tus pecados serán perdonados. Si te son perdonados tus pecados, amarás. Van juntos.

Jesús está ofreciendo uno de los mayores criterios jamás dados. No se trata de cuántos pecados hayas cometido en tus vidas —¡millones! La cuestión es: ¿puedes arrodillarte ante Dios y pedirle perdón? ¿Puedes rendirte? Puedes decirle: «Yo sólo no soy capaz de pagar las deudas, estoy desamparado, estoy perdido. Únicamente tú me puedes salvar; de otra manera, no tengo esperanza». Si puedes decir esto desde lo más profundo de tu ser: eso es oración. En este sentido el cristianismo es mucho más religioso que el budismo, el jainismo, el hinduismo. Porque el budismo, el jainismo y el hinduismo dependen más de los actos de la persona, de su karma. No dependen de la compasión de Dios, de su perdón. Esta dimensión falta por completo en el jainismo, por eso el jainismo es muy, muy seco, matemático, calculador.

A veces sospecho que, puesto que el jainismo es tan calculador, por eso hay tantos jainas que se han hecho hombres de negocios. Debe de existir alguna relación entre ambos. ¡Son muy calculadores! —si has hecho una cosa mal, tienes que hacer una buena para remediarlo. No es más que una cuestión matemática; no es religión. Es más parecido a una ciencia, porque el amor no interviene por ninguna parte. Perdón…, la sola palabra no es conocida por las escrituras jainas. No existe nadie que perdone y no es posible el perdón, porque favorecería a mucha gente y no se trata de favorecer a nadie. Todo el mundo tiene que sufrir sus pecados y pagar por ellos. Esto es sugerente para la mente lógica, pero no tiene cualidad religiosa; es seco. Sin amor, no puede haber religión.

El cristianismo tiene algo muy hermoso: estamos amparados por la compasión de Dios. Es imposible pensar que la persona puede salir por sí sola del fango de sus acciones, sin ayuda. Se enfangará todavía más. La persona está desamparada, inconsciente, ciega. Pedir salir de esta *larga* historia de pecados es casi pedir lo imposible, es pedir un milagro.

Pero existe una manera —si puedes rendirte. Si en total desamparo puedes llorarle a Dios diciendo: «¡Sálvame! Estoy derrotado. Acepto mi fracaso, ya no tengo más orgullo. Mi decepción es total. Me rindo a tus pies». La compasión siempre está presente, porque es el origen del cual venimos.

Este origen es nuestra madre, Dios es nuestra madre. Si Dios no puede perdonarte, ¿quién puede hacerlo entonces? Si esta existencia no puede perdonarte, ¿quién lo va a hacer? El perdón es posible; éste es el gran mensaje que Cristo le trae al mundo. Cada Mesías trae un mensaje especial, único. Éste es el mensaje especial de Cristo.

Por lo cual, te lo digo, le son perdonados sus pecados, sus muchos pecados,
ya que ama mucho; en cambio, a quien poco se le perdona, poco ama.
Y a ella le dijo: «Tus pecados te son perdonados».

¡Es una afirmación milagrosa! Fíjate en el matiz; en su compasión, en su amor, simplemente dice: tus pecados te son perdonados. Sin mezquindad.

«Tus pecados te son perdonados.»

¡Incondicionalmente! No va acompañado de ninguna condición. No dice: «Haz esto o aquello, y te serán perdonados tus pecados». No; dice: «Te son perdonados; amaste mucho, tus lágrimas mostraban tu desamparo, lo he visto en tu corazón. Hacia fuera puedes haber sido una pecadora, puedes ser una prostituta, pero en la profundidad de tu interior eres una de las almas más puras que jamás haya conocido».

Jesús ha penetrado dentro de su ser. La prostituta ha dejado de serlo, el cuerpo ya no es un cuerpo. Lo visible ya no es relevante, él ha visto lo invisible, ha visto el origen puro: la fuente de la consciencia. Además, esta mujer es realmente afortunada por haber llorado, por haberle lavado los pies con sus lágrimas, por ungírselos con un ungüento de mucho valor. Todo esto no son más que símbolos del corazón. Ha derramado su corazón.

Y a ella le dijo: «Tus pecados te son perdonados».

Comenzaron los convidados a decir entre sí: ...

Ahora los fariseos, esas personas respetables de la ciudad, empezaron a pensar diciendo: «¿Quién es este hombre? ¿Cómo puede perdonar a nadie? ¿Quién se cree que es?».

Pero sí, yo se los digo, Cristo puede perdonar —porque él no es, Dios es lo único que es. Puede perdonar porque ¡no es él! Él ha desaparecido, su ego ha dejado de funcionar. Dios es quien perdona a través de él. Igual que Dios es la rosa dentro de una rosa, Dios es Cristo dentro de un Cristo.

«¿Quién es este que hasta los pecados perdona? Pero Él dijo a la mujer: «Tu fe te ha salvado...».

Esa gente volvía a pensar con la mente. Para responderles, Jesús dice a María Magdalena: «Tu fe te ha salvado...». No dice: «Te he salvado yo». Dice: «¿Cómo podría yo? Yo no existo, es tu confianza, tu fe».

«Tu fe te ha salvado; vete en paz».

Ahora ya no tienes ningún problema. Sigue con confianza, mantenla viva. Estás reconciliada.

Aquéllos que lo habían invitado no lo entendieron; pero esa mujer de la calle le había penetrado en lo más profundo de su corazón y con ello también le permitió a él entrar en el fondo del corazón de ella.

Cuando Jesús estaba en la cruz, todos sus discípulos se habían marchado. Se escondieron. Sólo esa mujer estaba cerca de la cruz, sin miedo. Era peligroso.

La noche que lo cogieron, Jesús le dijo a uno de sus discípulos: «No me sigas». Él le respondió: «Maestro, te seguiré». A lo que Jesús dijo: «No seas estúpido. Te conozco —antes de que salga el sol, me habrás negado tres veces». Y así sucedió. En la oscuridad de la noche, cuando fue detenido como prisionero por sus enemigos, ese discípulo lo siguió, escondido entre la multitud. Pero la gente empezó a sospechar, ese hombre parecía nuevo. A la luz de las antorchas vieron que parecía ser nuevo, no lo conocían y le preguntaron: «¿Quién eres tú? ¿Eres un seguidor de Jesús?». Y él contestó: «No, no sé quién es Jesús». Esto ocurrió tres veces. El sol aún no había salido cuando ya le había negado tres veces. Jesús miró hacia atrás y gritando dijo: «Lo ves, ¡Me has negado tres veces!».

La única persona que estaba cerca de Jesús en el momento de la muerte era María Magdalena, porque amaba profundamente. Estaba totalmente sacrificada, dedicada a Jesús. Cuando lo bajaron de la cruz, ella fue la primera mujer que lo ayudó.

Había dos mujeres más —su madre y la hermana de María Magdalena—, pero ninguno de sus discípulos. ¡Ni uno sólo! Esos que discutían todo el camino: «¿Quién es el mayor?» y «¿Quién estará más cerca de Jesús en el cielo?». Ellos no estaban. Se habían escapado, temerosos de que los cogieran, de ser sospechosos como seguidores de Jesús, podrían haberlos crucificado a ellos también.

Sólo el amor puede permanecer hasta el mismísimo final. Sólo el amor puede desafiar a la muerte.

Lee estos sutras muy en silencio y trata de sentir a Cristo a través de ellos. Su mensaje de perdón es uno de los más significativos.

Y también te digo, que si estás preparado, si derramas tu corazón, tus pecados son perdonados. Son perdonados por la mera rendición. No es que yo te los perdone, son perdonados por tu confianza; eres libre, estás salvado.

Capítulo 8

El hombre es un templo vacío

Mateo 24

1. *Jesús salió del templo y, cuando se alejaba, se le acercaron sus discípulos para mostrarle las construcciones del templo.*

2. *Él les dijo: «Veis todo esto? En verdad os digo que no quedará aquí piedra sobre piedra, que no sea destruida».*

34. *En verdad os digo,*

35. *El cielo y la tierra pasarán, pero mis palabras no pasarán.*

42. *Velad, pues, porque no sabéis qué día llegará vuestro Señor.*

43. *Sabed aquello de que si el amo de casa supiera a qué hora de la noche iba a venir el ladrón, estaría en vela y no dejaría que entrasen en su casa.*

44. *Por eso también vosotros estad preparados; porque a la hora en que menos penséis vendrá el Hijo del hombre.*

45. *Pensad en el siervo fiel y prudente, a quien su amo puso al frente de su servidumbre, para que le diera provisiones a su tiempo.*

46. *Dichoso ese siervo si, al llegar su amo, le encuentra haciendo así.*

47. *En verdad os digo que le pondrá al frente de su hacienda.*

48. *Pero si ese mal siervo se dice para sí: «Mi amo tarda»,*

49. *y se pone a golpear a sus compañeros y a comer y a beber con los borrachos,*

50. *vendrá su señor el día en que menos lo espera, y a la hora en que menos piensa,*

51. *lo partirá en dos y le dará la suerte de los hipócritas. Allí será el llanto y el crujir de dientes.*

La evolución del hombre pasa por tres etapas: reforma, revolución y rebelión. La reforma es la más superficial, sólo toca la superficie, nunca pasa más allá de la piel. Sólo cambia la vestimenta del hombre, sus formalidades. Le proporciona al hombre etiqueta, modales —una especie de civilización—, sin cambiar nada esencial en su ser. Pinta al hombre, lo pule, pero en el fondo sigue siendo el mismo. Es un engaño, una ficción. Ofrece respetabilidad, pero hace de todo el mundo un hipócrita. Da buenos modales, pero están en contra de la esencia interior. La esencia interior ni siquiera ha sido comprendida. Pero a la sociedad le aporta tranquilidad.

La reforma funciona como un lubricante. Mantiene en marcha el *statu quo*, ayuda a que las cosas sigan igual —lo que parecerá paradójico, porque el reformista reclama estar cambiando la sociedad, pero de hecho lo único que hace es pintarla con nuevos colores. Pero con nuevos colores, la vieja sociedad puede existir con mayor facilidad que nunca hubiera podido hacerlo con los colores viejos. Los viejos se estaban pudriendo. La reforma es un tipo de renovación. La casa se está cayendo; los soportes se están rompiendo, los cimientos se mueven, y tú sigues poniendo nuevos apuntalamientos. Podrás conseguir que la casa se mantenga un poquito más sin caerse. La reforma está al servicio del *statu quo*: sirve al pasado, no al futuro.

Lo segundo es la revolución: va un poco más profundo. La reforma sólo cambia las ideas, ni siquiera cambia las políticas.

La revolución toca la estructura, pero sólo por fuera no por dentro.

El hombre tiene dos estructuras, vive en dos planos. Uno es el físico, otro es el espiritual. La revolución sólo afecta a la estructura física —a lo económico, lo político—, esto todo pertenece a lo físico. Va más profundo que la reforma, destruye muchas cosas viejas, crea muchas cosas nuevas; pero el ser, lo más profundo del ser en el hombre, todavía permanece sin cambiar. Crea la moralidad, el carácter. La reforma crea los modales, la etiqueta, la civilización: se cambia el comportamiento formal del hombre. La revolución cambia la estructura externa del hombre —realmente la cambia: trae una nueva estructura, pero el proyecto original sigue siendo el mismo, no se toca la consciencia interior. Crea una división.

La primera, la reforma, crea hipocresía. La segunda, la revolución, crea esquizofrenia, no deja que el hombre pueda ser un puente. El hombre empieza a caer entre dos seres, el puente se ha roto. Por eso los revolucionarios continúan negando el alma. Marx, Engels, Lenin, Stalin y Mao —ellos siguen negando el alma. Tienen que negarla, no pueden aceptarla, porque si lo hacen, toda su revolución parece muy superficial, no es una revolución total.

El reformista no niega el alma, recuérdalo; la acepta porque no le supone un problema —nunca llega hasta ese punto. Gandhi acepta el alma, Manu la acepta —son reformistas. Nunca dicen no a nada, son gente que siempre dice sí; son corteses. Salvo que sea absolutamente necesario, nunca negarán nada, lo aceptarán. Pero los revolucionarios niegan el alma. Tienen que hacerlo, de lo contrario su revolución parecerá parcial.

Lo tercero es rebelión. La rebelión viene desde el mismísimo centro esencial: cambia la consciencia —es radical, transmuta—, es alquímica. Te da un nuevo ser, no sólo un nuevo cuerpo, no sólo nueva vestimenta, sino un nuevo ser. Nace un nuevo hombre.

En la historia de la consciencia han existido tres tipos de pensadores: el reformista, el revolucionario y el rebelde.

Manu, Moisés y Gandhi —éstos son los reformistas, los más superficiales. Juan Bautista, Marx y Freud —los revolucionarios. Y Jesús, Buda y Krishnamurti —los rebeldes.

Comprender la rebelión es comprender el corazón de la religión. Religión es rebelión. Religión es cambio total. Religión es discontinuidad con el pasado, el comienzo de lo nuevo, el abandono de lo viejo —lo total. Nada tiene que continuar, porque si algo continúa, mantendrá vivo lo viejo.

La reforma da una mano de pintura. La revolución destruye la vieja estructura externa, pero la interna continúa siendo igual. En la Rusia Soviética o en China, interiormente el hombre sigue siendo el mismo, no existe ninguna diferencia, ni siquiera un poco. La misma mente avariciosa, ambiciosa, egoísta; la misma mente que se encuentra en América o en los países capitalistas —no hay ninguna diferencia de mentalidad. Pero se han cambiado las estructuras externas de la sociedad, y también las de las leyes, el Estado, la economía y la política. Una vez retirada la fuerza policial, el poder gubernamental, el hombre vuelve a caer otra vez en sus viejos patrones. La sociedad rusa sólo puede ser manejada con la fuerza no puede ser democrática, porque dejarles ser independientes significará permitirles recuperar otra vez en sus vidas su ser interior. Eso está allí. Se les ha impedido, se les ha obstaculizado; no pueden vivir. Tienen que vivir según lo que diga el gobierno, no lo pueden hacer de acuerdo con su ser.

Por eso el comunismo es básicamente dictatorial, y continuará siéndolo, porque existe el miedo a dar libertad al hombre, ya que su consciencia continúa estando presente —su avaricia, su ambición, *todo* lo que siempre ha existido— y volverá otra vez a ponerse en marcha. La gente podrá ser rica, pobre, poderosa, impotente. Empezarán a explotarse unos a otros, se pelearán para conseguir sus ambiciones. Quienes aún son poderosos en

Rusia, todavía están haciendo lo mismo. Krushev solía alardear de sus muchos coches. Nadie más podía tenerlos en Rusia, aunque todo el mundo los deseaba. Esto solamente es imposición, no es auténtica revolución.

La revolución auténtica es espontánea. A esta revolución se la llama rebelión.

Unas cuantas distinciones más entre estas tres palabras y después podrás comprender el planteamiento de Jesús.

La reforma no requiere mucho de tu parte. Dice: Simplemente haz que tu puerta delantera esté bonita, aunque toda la casa esté sucia. Vives en la suciedad, pero no dejes que tus vecinos lo vean. Basta que el porche esté bonito, porque tus vecinos no están interesados en tu ser interior, en tu casa interior. Pasan por fuera y sólo ven la puerta delantera. Haz todo lo que tú quieras, pero hazlo por la puerta trasera. De tal manera que la puerta delantera sea una fachada, una ventana, un escaparate para que los vecinos lo vean. Realmente vives por la puerta trasera, no por la de delante. La puerta delantera sólo está allí, artificial; nunca entras o sales por ella — simplemente está allí para que los demás la vean.

Observa tus puertas delanteras —todo el mundo las tiene. Se las conoce como caras, máscaras, personalidades porque son PERSONA: el lápiz de labios, los polvos y los cosméticos —son lo que te dan la PERSONA. Tú no eres eso; eso es maquillaje.

La revolución va un poco más profundo, pero sólo un poco más. Cambia el salón para que tus invitados se puedan sentar. En India sucede mucho; el salón es precioso, pero no vayas más allá de él. Las cocinas están muy sucias y son feas, y los cuartos de baño son casi imposibles. Pero en India a nadie le preocupa ni el cuarto de baño ni la cocina. Sólo les importa el salón; allí es donde reciben a sus invitados.

Esto es una falsedad; no toca tu auténtico ser, pero mantiene tu prestigio. En eso consiste la moralidad: es un bonito salón de estar. Y si te lo puedes permitir, puedes tener también una pintura de Picasso. Depende de si te lo puedes permitir. Justo el otro día estuve leyendo una corta historia:

Carlitos llevó a Jorge, su amigo del pueblo, a dar una vuelta por la ciudad. Estaban admirando el escenario cuando Jorge observó:

—Oye, mira, aquella chica tan guapa nos está sonriendo. ¿La conoces?

—Sí, es Bety: veinte dólares.

—Y, ¿quién es la morena que está con ella? Chico, ¡está como un tren!

—Dolores: cuarenta dólares.

—¡Ah, pero mira lo que viene! Eso es lo que yo llamo de primera.

—Gloria —ochenta dólares.

—¡Dios mío! — gritó Jorge—. ¿No hay ninguna chica respetable en esta ciudad?

—Desde luego —contestó Carlos—. pero tú no podrías permitirte su tarifa.

La moralidad sólo llega hasta ahí, más allá de esto se tambalea y desaparece. Todo el mundo tiene su precio. El moralista tiene su precio. Obsérvate a ti mismo. Si vas caminando por la calle y te encuentras mil rupias, quizá no las cojas, pero si te encuentras diez mil... lo dudas..., ¿las cojo o las dejo? Pero si te encuentras cien mil rupias, entonces no te lo planteas, las coges. Esto demuestra lo profunda que es tu moralidad —mil, diez mil, cien mil; todo el mundo tiene un precio. Uno puede permitirse una cantidad, más allá de eso, es demasiado. ¡La moralidad no merece la pena! Preferirás elegir lo inmoral.

El moralista no es completamente moral; sólo tiene unas cuantas capas de moralidad, más allá de eso le espera la inmoralidad. Por eso es muy fácil conducir a un moralista hacia la inmoralidad. Lo único que tienes que descubrir es su precio.

Me han contado que Mulla Nasruddin viajaba en un compartimiento de primera con una mujer. Estaban solos. Él se presentó y después dijo: «¿Le gustaría dormir conmigo esta noche?».

La mujer, verdaderamente enfadada, contestó: «¿Qué se ha creído? ¿Está loco? ¿Qué se piensa que soy? ¡No soy una prostituta!».

Mulla replicó: «Le daré diez mil rupias».

La mujer empezó a sonreír, se le acercó y le cogió la mano. A esto Mulla insinuó: «¿Qué tal diez rupias?».

Y la mujer gritó: «¡Qué cree que soy!».

Mulla contestó: «Sé quién eres. Estamos regateando el precio».

El asunto siempre es el «precio». Por diez rupias la mujer se enfada. Diez mil rupias y la mujer lo está deseando. Pero no te rías de ella, en esa situación se encuentra todo el mundo. La moralidad no te transforma. Va más profundo que la reforma, su precio es más elevado; aun así, en el mismísimo centro de tu ser sigues siendo el mismo.

La reforma es una revolución parcial. Una revolución exterior. La rebelión es la revolución interior. Y sólo es fiable cuando ha sucedido la interior; de lo contrario, no es de fiar. La reforma hará de ti un hipócrita, la revolución un esquizofrénico. Sólo la rebelión puede proporcionarte la totalidad de tu ser, espontaneidad, salud, integridad.

La reforma te hará respetable. Si lo que buscas es respeto, la reforma será suficiente. Te dará una personalidad de plástico. Por fuera empezarás a parecer encantador. Por dentro estarás podrido y apestoso, pero nadie podrá oler tu hediondo ser; el plástico te protegerá. Por dentro estarás cada vez más sucio, pero por fuera mantendrás una buena cara.

La revolución te creará una división. Hará de ti un santo, pero el pecador estará reprimido. El pecador no ha sido absorbido por el santo, ha sido aniquilado. La revolución hará de ti dos personas: creará dos mundos dentro de ti. El natural, que estará reprimido, y el moral, que quedará por encima de él. El perro grande, el moral, intentará controlar al perro pequeño, el natural. Pero desde luego, por el hecho de ser natural, siempre es más poderoso que el moral; por lo que se resarcirá, rastreará los puntos débiles de tu vida. Desbaratará tu moralidad, te creará sentimiento de culpa y estarás en constante conflicto porque nadie puede salir victorioso.

Intelectualmente apoyas lo moral, pero todo tu ser sostiene lo natural. Lo moral reside en el consciente, lo natural en el inconsciente. El consciente es muy pequeño, el inconsciente es nueve veces más fuerte, nueve veces mayor que el consciente. Pero tú sólo conoces el consciente, por eso la moralidad continúa con sus canciones en el consciente, pero en el inconsciente, que es nueve veces más poderoso, todo tipo de inmoralidades se enraízan profundamente dentro de ti. Hará de ti un santo y un pecador —el pecador estará reprimido esperando su momento, la ocasión perfecta para estallar, su oportunidad para tomar la revancha.

Por eso la gente parece tan triste, tan disipada, porque en el conflicto toda su energía se va por el desagüe. Está en tensión permanente. El santo está muy tenso, siempre tiene angustia y miedo —miedo por negar su propio ser. ¡Pero la negación existe! y, antes o después, expulsará al moralista, al egoísta, al falso consciente. Lo expulsará —echará al farsante.

A esto se debe que el santo siempre esté al borde de cierta locura. Y sabes, si intentas ser un santo, verás que siempre has estado al borde. Una pequeña cosa puede variar tu equilibrio, puedes perder la cordura por completo. Si estás dividido, la neurosis se nutre y crece.

La rebelión es la revolución interior. La rebelión comienza desde «dentro», la reforma empieza desde «fuera». Nunca empieces desde fuera. Comienza desde tu más íntimo centro. Comienza desde el mismísimo ser. La reforma te dirá qué tienes que hacer. La revolución cómo tienes que ser: más beato, con un carácter mejor, con buenas cualidades. La revolución creará una dura corteza a tu alrededor, una armadura para protegerte del exterior y también del interior. Una coraza dura, de acero —a esto se le llama «carácter».

Un hombre *auténtico* no tiene carácter. Jesús no lo tiene. Ése fue el problema, de lo contrario los judíos no hubieran podido estar tan en contra de él. Él era líquido; no tenía carácter, no tenía armadura. Estaba abierto, vulnerable, indefenso, porque no era un moralista. No era un santo, era un sabio.

La reforma te hace cortés, educado. La revolución hace de ti un santo. La rebelión te hace sabio. Él era un sabio. Hiciera lo que hiciese, no lo hacía por determinada moralidad, sino por un cierto entendimiento; no por normas establecidas en el pasado, sino por consciencia espontánea. La rebelión depende de la atención consciente, la revolución del carácter y la reforma de las formalidades.

Empieza por poner atención consciente, así empezarás desde lo más profundo de tu ser. Deja que la luz se extienda desde allí para que todo tu ser pueda llenarse de luz. No hay forma de llegar desde fuera, la única manera es llegar desde adentro —igual que la semilla crece desde dentro, brota desde dentro y se convierte en un gran árbol. Deja que tu trabajo interior también sea así —como una semilla, crece.

La reforma es un parche, un tipo de encalado —un poquito aquí, otro poquito allá, pero la estructura básica ni siquiera se toca. La reforma puede estar a favor o en contra de la revolución, depende de ti. Existen dos tipos de reformistas: los que preparan el terreno para la revolución y los que intentan impedirla. La reforma da la sensación de que las cosas van mejor, ¿así, qué necesidad hay de crear una revolución? ¿Por qué meterse en semejante problema? La reforma ofrece esperanza y la gente se detiene. Por eso, depende de ti.

Un hombre de buen entendimiento también puede usar la reforma, pero si no es con consciencia no podrá utilizarla como proceso para la revolución —por el contrario, la reforma será un impedimento para ella. Y lo mismo sucede con la revolución. La revolución puede ser una puerta hacia la rebelión, pero sólo con consciencia; de lo contrario será un obstáculo. Uno puede pensar: «Ahora que la revolución ya ha ocurrido, ¿qué necesidad hay de profundizar más? Con esto ya es suficiente». De esta manera la reforma puede representar un obstáculo o una ayuda, y lo mismo sucede con la revolución.

Todo depende de tu atención consciente, de tu comprensión —de cuánto comprendes la vida.

Dejemos que ésta sea una de las reglas fundamentales para la vida y el trabajo: que finalmente todo depende de la comprensión —de cómo lo entiendes. Incluso algo que podría haber sido de gran ayuda, puede convertirse en un obstáculo si falta la comprensión. También a veces, mediante la comprensión, lo venenoso puede transformarse en medicinal. Todas las medicinas están hechas de venenos, pero no matan, sino que ayudan a mantenernos sanos. Cuando está en buenas manos, hasta el veneno se convierte en medicina; y en malas manos, la medicina puede ser un veneno.

La revolución es un cambio de estructura: corporal, social, externa, económica, política; pero en lo concerniente al hombre nada cambia. Puede estar a favor o en contra de la rebelión. Entre cien, noventa y nueve casos están en contra de la rebelión. Por eso el comunismo está tan en contra de la religión; no es accidental.

El comunismo siente la religión como un *auténtico* enemigo. ¿Por qué? —porque la religión puede profundizar mucho más de lo que el comunismo jamás podría. Son celos, este es el problema. Si no hubiera religión, el comunismo parece ser la máxima revolución. No hay nada más elevado. Pero con la religión, el comunismo es algo mediocre, tibio —nada de lo que alardear. El comunismo quiere matar la religión por completo, destruirla de la faz de la Tierra. Lo han hecho en Rusia y lo están haciendo en China y en el Tíbet, que era uno de los países más religiosos, que tenía una de las religiones más longevas —viva, la más pura; la primavera todavía no estaba sucia y contaminada. Ahora, eso también lo están destruyendo.

El comunismo teme a la religión porque se da cuenta que va más profundo y puede cambiar al hombre desde lo más íntimo de su corazón. Sólo cuando nace un nuevo amigo nace una nueva sociedad realmente.

Lo hemos intentado todo. Hemos creado señoras y caballeros, aunque no han demostrado ser mucho. Hemos cambiado las sociedades, hemos intentado las utopías —todo ha fallado. La reforma y la revolución han fracasado.

La rebelión nunca se ha intentado a gran escala. Pero cuando se ha probado a pequeña escala, siempre ha tenido éxito. Con Buda fue un éxito, miles de personas se rebelaron, se volvieron como nuevas. Con Jesús fue un éxito, con Lao Tse y con Krishna también. El éxito siempre ha estado del lado de la rebelión, pero con muy poca gente... Nunca ha sido a gran escala. Nunca ha captado el alma de la humanidad. Allí es donde ahora se necesita trabajar.

La mayor parte de la humanidad tiene que recibir la visión de la consciencia, de la rebelión; sólo entonces puede ser realmente humana.

El hombre sólo es humano de palabra; todavía no es humano, porque le faltan las cualidades que lo hacen humano. No las tiene. No tiene compasión, no tiene amor, no tiene meditación. Le falta oración, gratitud; le falta celebración. En breve, tampoco tendrá a Dios.

El hombre es un templo vacío, le falta Dios y le seguirá faltando a menos que su semilla se disemine y empiece a germinar en Dios. ¡Dios es tu crecimiento!

Recuerda, Dios no se encuentra en ningún lugar exterior —no está en los Himalayas, ni en Jerusalén, ni en un monasterio; Dios tiene que evolucionar dentro de ti, Dios tiene que ser tu crecimiento. No es un objeto exterior que vas a encontrar algún día. Salvo que te conviertas en él, nunca lo vas a encontrar. Sólo transformándote en él lo encontrarás. Ése es todo el mensaje de Jesús.

La reforma aporta nuevas ideas, la revolución una nueva estructura que apoye las nuevas ideas, y la rebelión trae una nueva consciencia, un nuevo hombre, un nuevo ser que sostenga esas estructuras.

Comienza desde los mismos cimientos. Permite que la rebelión sea la base, después construye la estructura de la revolución, y en la parte superior coloca la cúpula de la reforma —no de otra manera. De lo contrario, todo el proceso será un desorden.

Lo básico es comprender toda la situación: ¿qué ha estado haciendo el hombre hasta ahora? ¿Cuál ha sido el error? ¿Por qué hay tanto sufrimiento? ¿Por qué empezamos siempre desde el lado equivocado y nunca llegamos a la esencia del problema?

Falta el entendimiento, la consciencia. Estás viviendo en una especie de inconsciencia —Jesús lo llama sueño. Dirígete hacia una mayor consciencia.

Te será difícil porque todos los demás están profundamente dormidos a tu alrededor. Si tú empiezas a despertar, te surgirán dificultades, porque a los que están dormidos no les gustará. Es una molestia para ellos. Están teniendo dulces sueños y tú de pronto te despiertas. Estás creando una especie de molestia. Y no sólo eso —una vez que tú te has despertado, empiezas a zarandear a los demás para que despierten también, porque sientes que: «Esta pobre gente se está perdiendo la verdadera alegría de la vida». El sol está saliendo, las flores bailando con la brisa, los pájaros cantando y tú te despiertas y empiezas a sacudir a todos los que te rodean —en particular a los que amas, por los que sientes algo, que te importan. Te gustaría compartir con ellos esta alegría, esta mañana que está por todo alrededor. Pero están durmiendo profundamente, dormitando, roncando, sin darse cuenta de lo que está pasando alrededor. Están soñando. Tal vez alguien esté soñando que gana mucho dinero o que ha llegado al puesto más alto —una promoción más, o está luchando para ganar las elecciones presidenciales. ¿Y vas tú y los despiertas? —se enfadarán mucho y es natural, porque no conocen otra realidad que la de los sueños. Sus sueños son su realidad y las cosas estaban marchando bien, y aquí llegas tú y ¡lo estropeas todo! No le vas a gustar a nadie.

A nadie le gusta alguien que esté alerta y consciente. Por eso crucificaron a Jesús, aunque de todas formas iban a hacerlo. No hay que culpar a los judíos; era un hombre tan rebelde que él es el único responsable de haber sido crucificado, no los judíos. Cualquiera lo hubiera hecho. En cualquier otro lugar que hubiera estado lo habrían crucificado.

Nadie está preparado para aceptar tanta consciencia. Tanta consciencia molesta, hiere. Un hombre con consciencia hace que te sientas culpable, porque comparado con él, tú sólo eres una noche oscura. Lo odias, porque sin él todo iba bien; no había con quien comparar. Creías que estabas lleno de vida —y aquí llega este hombre. En su presencia tú quedas reducido a ser sólo una noche oscura y nada más. En su presencia eres un mendigo. Aquí llega el emperador, el hijo de Dios. En su presencia tú eres feo. Por lógica natural, Él hace que te sientas feo. Cuando él no estaba, nunca habías pensado en tu fealdad.

Ahora se va a convertir en una obsesión, te va a crear problemas. Vas a tener que buscar su belleza. Vas a tener que interesarte por muchas cosas. «Esto es innecesario.» Parece innecesario. «Mejor destruir a este hombre, destruir este criterio». Una vez que el criterio haya desaparecido, nadie puede demostrar que estás vacío, impotente, que eres un mendigo; nadie puede evidenciar que eres feo, que te falta algo. Destrúyelo y ¡vuelve a quedarte dormido! Eso es lo que hicieron los judíos.

Pero me gustaría decirte una vez más, que eso habría sucedido así en cualquier otro lugar. Jesús era demasiado. Sí, te lo digo, incluso en India habrían crucificado a Jesús.

Puede que te plantees una pregunta: Buda no fue crucificado, Mahavira tampoco, ¿por qué Jesús entonces?

Sí, te lo digo, de cualquier forma Jesús habría sido crucificado, porque trae un nuevo mensaje. Buda permanece en silencio; su mensaje sólo es para quienes se acercan a él, para los buscadores. No se acerca a las masas, no es activo. Su rebelión consiste en su presencia. Jesús se acerca a las masas, ¡es muy activo!

La rebelión de Buda es inactiva, pasiva; la de Jesús es muy activa, y aquí está el problema. Mahavira era también muy pasivo, al igual que Lao

Tse. Son personas que están en absoluta paz, en silencio, felices consigo mismos. Si alguien llega y quiere participar de su ser, está bien; si no se acerca nadie, no los van a invitar. Jesús te *arrastra* hacia la consciencia, te golpea fuerte. Viene en tu búsqueda tanto si ya estás preparado como si no.

Les dijo a sus discípulos: «Subid a los tejados de las casas y gritad..., porque están sordos. Tendréis que chillar. Dad el buen mensaje, la buena nueva, de que he venido, ¡gritadlo desde lo alto de las casas!».

Buda no podía decir lo mismo. Lao Tse, en absoluto. Era difícil hasta saber dónde se encontraba, la gente tenía que buscarlo durante meses. Y cuando tenía noticia de que alguien le estaba buscando, se escapaba, se trasladaba de un pueblo a otro. Creaba todo tipo de problemas. Solamente aceptaba a quienes *realmente* eran buscadores, a quienes estaban dispuestos a sacrificarlo todo.

Con Jesús es justo lo contrario —te persigue, te busca. Dice que es como un pastor que cuando regresa a casa por la noche cuenta sus ovejas y descubre que le falta una; deja las noventa y nueve allí en la oscuridad de la noche, en peligro, y con una lámpara va en busca de la que se ha perdido en el bosque, gritando, llamando y buscando en la oscuridad. Sí, Jesús es así. Es un rebelde revolucionario.

Buda es rebelión, pura rebelión. El silencio es su mensaje. Aquellos que lo entiendan, bien; quienes no lo comprendan, no deben preocuparse, pueden ignorarlo. Él deja que la gente lo ignore.

Jesús no permite que la gente lo ignore. Él grita, mete a la gente los dedos en los ojos. Tiene una gran compasión. Es un cirujano. Buda puede darte un poco de alguna medicina, pero Jesús es un cirujano, él opera; y, desde luego, la operación produce dolor.

Los judíos no son los responsables, deben ser perdonados. Cualquiera —hindúes, chinos, tibetanos—, cualquiera habría matado a ese hombre. Lo estaba pidiendo. Aporta una nueva brisa a la religión: **activa**, acción. La rebelión se convierte también en revolución.

Estuve leyendo una parábola, una maravillosa. Medita sobre ella. Una parábola de G. William Jones: *El innovador*.

Había pasado muchísimo tiempo desde que aquel crimen había sucedido y, como castigo, el Innovador recibió una sentencia que hacía mucho que no se oía —no desde los tiempos de los ancestros. Era una sentencia de un aspecto tan terrible y horroroso que el Tribunal Supremo sintió que era justo aplicar el nauseabundo y perverso crimen de la innovación. El castigo fue ¡expulsarlo del Domo!

Los ciudadanos se agolparon a ambos lados de la calle, con expresión mezcla de odio y de pánico mientras seguían con la vista el proceso del Innovador, escoltado por un cordón de custodios que lo conducían hacia la Cámara de Ejecución. Algunos entre la multitud hacían apuestas para ver cuánto tardaría en morir el Innovador una vez expulsado del Domo, y si moriría por desfallecimiento, Envenenamiento por gas, o tal vez por una bestia salvaje. No cabía ninguna duda de que moriría pronto (porque cada ciudadano tenía imbuido en su mente que no era posible la existencia de una vida humana fuera de la protección del Domo —aquella bóveda de plástico erigida por sus más remotos ancestros, que se extendía hasta los confines de la ciudad, encerrándola en un benevolente y hermético abrazo). Sólo se trataba de saber cuándo y cómo acontecería la muerte.

Algunos sádicos entre la multitud habían raspado la espesa corteza de suciedad de la pared del Domo, cerca de la cámara de ejecución, para ver mejor el exterior, y vendían entradas a los curiosos por una cuantiosa suma.

Los custodios y su prisionero llegaron a la cámara de ejecución. La muchedumbre se retiró por temor a que se introdujera en el Domo algo de humo venenoso cuando abrieran la cámara. El mecanismo todavía funcionaba bien, aunque no había sido utilizado durante todas estas generaciones. Cuando el jefe pulsó un botón, la gruesa puerta transparente de la cámara se abrió con un torpe movimiento. El Innovador, con una última mirada de tristeza por encima del hombro, fue empujado bruscamente dentro del compartimento. Cerraron la puerta, y los ciudadanos mantuvieron colectivamente la respiración cuando el jefe tocó el siguiente botón. La puerta externa se abrió oscilante con un gran silbido hacia el insano verde del exterior.

Con la primera bocanada de aire del exterior, el Innovador cayó de cabeza, tosiendo, retorciéndose con una gran convulsión. Los custodios movieron la cabeza afirmativamente, complacidos, y al verlo, sonó un clamor parecido a una ovación que venía de los que estaban mirando, fijándose en sus relojes para determinar el segundo exacto de su último jadeo. Pero entonces sucedió lo más terrible. El Innovador lentamente levantó la cabeza del polvo y, con un principio de sonrisa de gran alegría en la cara, se llenó los pulmones profundamente. Sus ojos se agrandaron. Se sentó, y pudieron ver cómo su pecho se henchía según iba recobrando ese extraño aire. La gente estaba tan asustada que gritaron cuando súbitamente, de un salto, pasó de estar sentado a estar de pie, marcando al caer los primeros pasos de una danza salvaje.

—Ha debido golpearse en la cabeza —dijo un espectador, aplastando la nariz contra el muro del Domo.

El Innovador detuvo su danza bruscamente al ver las caras que le estaban mirando. Y les contestó con una amplia sonrisa llena de dientes sin ninguna malicia en absoluto. ¡Incluso extendió los brazos en un gesto de invitación!

Llegado este punto, muchos de los que estaban mirándolo no aguantaron más y se volvieron para regresar a sus casas, con una náusea escalofriante de miedo.

Después de hacer muchos gestos de bienestar hacia esas caras asombradas y que no comprendían nada, el Innovador chasqueó los dedos y se agachó para tomar un palo y con grandes letras escribió en el suelo: «Salgan, ¡el aire es bueno!».

Uno detrás de otro, con cara de asombro, fueron dejando las mirillas para no volver.

Una vez más, escribió en la suciedad, esta vez con más apremio: «Es aire fresco, no es veneno».

Algunos otros siguieron marchándose.

Esta vez, para hacerse comprender casi frenéticamente, escribió: «Ya no necesitan más el Domo. ¡Pueden vivir en el exterior! ¡Aquí fuera se está mejor!»

Con esto, todas las caras desaparecieron de los espacios claros de las mugrientas paredes; el Innovador fue dejado a solas en el exterior con el brillante sol, el aire fresco y renovador, los árboles y plantas tres veces el tamaño de los que había dentro del Domo, con los pájaros y los animales.

A la mañana siguiente los periódicos publicaban historias espantosas sobre la inmediata muerte del Innovador fuera de la cámara. Los padres de la ciudad, en sesión de emergencia, decidieron que debía pintarse opacamente el interior del Domo todo alrededor con una altura de veinte pies. Y a aquellos observadores a los que no pudieron intimidar para que mantuvieran el vil secreto, los internaron en el asilo, donde hablar de la vida fuera del Domo podría tomarse por lo que era —los desvaríos de un lunático.

Una bella parábola. Y ésta es la situación de la humanidad. Así ha sido a lo largo de los siglos: el hombre ha vivido en un domo de creencias, ideas y dogmas creado por él. Tus iglesias, templos y sagradas escrituras sólo son domos de plástico que te protegen de la naturaleza; no te ayudan a acercarte a Dios, te lo impiden.

Cuando llega un hombre como Jesús, es el Innovador. Empieza a hablar de extrañas cosas que existen fuera de los domos. Habla de aire fresco y árboles verdes, de pájaros y sus canciones, del sol y las nubes —habla sobre mil y una cosas. Siempre has vivido en un domo de plástico; nunca has estado fuera de él. Nunca has estado fuera de la iglesia, del templo; nunca has estado fuera de las trampas de los sacerdotes y de los políticos. Y aquí llega él y empieza a decir cosas muy salvajes —cosas que atraen, que son muy sugerentes, magnéticas, ¡que provocan y desafían! Pero no has escuchado cosas así desde hace años. Te indignas. Te irritas porque este hombre piensa que ¡todos sois idiotas!

Por eso la gente le pregunta una y otra vez a Jesús: «¿Crees que eres mucho más sabio que nuestro padre Abraham? ¿Crees que sabes más que nuestros antiguos profetas? ¿Crees que eres el primero en aportar la verdad?». La gente piensa que siempre ha estado en posesión de la verdad, ésta es su impresión. Pero no poseen nada. Por eso cuando aparece un hombre con la verdad, llega la revolución al mundo, la innovación. La gente aplasta a un hombre semejante.

Tenemos que crear un mundo donde los innovadores sean aceptados con mayor facilidad, donde no sólo sean aceptados sino bienvenidos —porque son ellos quienes te ayudan a elevarte más en la consciencia. Son los peldaños que conducen hacia Dios.

Ahora los sutras:

Jesús salió del templo...

Estaba visitando el Gran Templo de los judíos, siempre que lo visitaba se sentía triste y enfadado, porque allí todo iba mal. El templo se había convertido en un comercio; había dejado de ser un templo, estaba dominado por los negociantes. Allí se vendía a Dios, y por supuesto, Dios no puede ser vendido. Sólo pueden venderse los falsos dioses. El templo había dejado de ser un santuario para la oración, ya no era un lugar para meditar, un lugar donde uno se conecta con Dios. Estaba controlado por los sacerdotes, que a su vez estaban supeditados a los derechos adquiridos. Siempre que Jesús iba al templo, salía enfadado y triste. Una vez se enfadó tanto que expulsó de allí a todos los cambistas. Les gritó diciendo: «¿Qué habéis hecho con la casa de mi Padre? ¡La habéis convertido en una guarida de ladrones!».

Esta historia empieza también:

Jesús salió del templo y, cuando se alejaba, se le acercaron sus discípulos para mostrarle las construcciones del templo.

Pero él no estaba interesado en ver esas construcciones, porque el Dios que en otro tiempo había vivido allí ya no estaba. Era una ruina. El alma había abandonado el cuerpo, era un cadáver.

Él les dijo: «¿Veis todo esto?»

«¿Todavía llamáis a esto templo? ¿No veis todo lo que está sucediendo allí? Es política, ya no es religión. Es reformista, ha dejado de ser rebelde. No transforma a la gente, la consuela. No golpea a la gente para que se despierte, le canta nanas para que duerman mejor.

Recuerda esto: muchas veces te diriges a una persona religiosa no para que te despierte, sino para que te ayude, que te consuele. Vas mendigando una nana, un tranquilizante, algo que no te puede ayudar a despertar. Sí puede ayudarte a estar menos incómodo en este desagradable mundo, menos inseguro en este incierto mundo; a estar menos ansioso, menos tenso. Sí puede ayudarte a relajarte un poquito, pero eso no va a cambiarte o a transformarte. De hecho, la transformación sólo puede suceder cuando estás completamente tenso, cuando la ansiedad alcanza su punto álgido —sólo entonces ocurre la revolución, un cambio radical.

Los sacerdotes dan consuelo, son muy astutos y muy ingeniosos creando teorías para consolar. Durante siglos han estado consolando a los pobres en India. «Eres pobre por haber cometido malos actos en tus vidas pasadas» —esto es consolar. La gente es pobre porque son explotados. En la actualidad el sacerdote está en manos de los explotadores —porque ellos, naturalmente, tienen el poder, son sus portadores. El sacerdote vive de las migajas que sobran en la mesa de los ricos. Tiene que ayudar a los maestros. A lo largo de los siglos ha enseñado a la gente pobre: «Estás deformado debido a tu mal karma, y la gente es rica por su buen karma. Son ricos porque en sus vidas pasadas fueron santos, y los pobres lo son por haber pecado».

Esto es algo engañoso, encubre una gran estrategia, una gran política. Si te fijas en la gente rica, parece que son ellos los pecadores. ¡Lo son! —son explotadores, tramposos y falsos. Y los pobres, que de alguna manera son inocentes, que no hacen ningún daño a nadie, son los «pecadores del pasado». No parece que esto sea lógico, porque si alguien ha sido un pecador durante tantas vidas, también lo será en esta. La posibilidad de ser un pecador es mayor que la de ser una persona corriente, inocente, pobre. Y si han sido grandes santos en sus vidas pasadas, no pueden ser vendedores de mercado negro, no sería lógico. No pueden seguir explotando a la gente; su santidad no se lo permitirá.

La situación es justo al contrario, pero la ideología ayuda a consolar. Los pobres dejan de sentir las heridas. El sacerdote ha vertido ungüento sobre ellas diciendo: «No hay por qué preocuparse. Nadie más es responsable. Debes de haber hecho algo malo en tus vidas pasadas». Le da una explicación para ayudar a la persona pobre. Descubre una explicación, encuentra la causa —sólo él es el responsable. Pero ahora ya no se puede hacer nada, uno tiene que pasar por ello en silencio. Por eso en India nunca ha habido una revolución, por causa de los sacerdotes.

¿Cómo puede haber una revolución si tú eres el responsable? Lo único es seguir haciendo cosas buenas —sea lo que sea. Un pobre no puede permitirse hacer mucho, pero deberá seguir, haciendo aquello que hacía. Puede ir a darse un baño al Ganges una vez en su vida o puede contribuir con algo en el templo de la ciudad o, una vez en la vida, encargar algún tipo de ritual. Eso es todo lo que puede hacer y seguir esperando a la vida siguiente. En la siguiente vida será feliz, vivirá en palacios y disfrutará de todo tipo de cosas buenas. Así que se trata de tener un poco de paciencia. Los sacerdotes enseñan la paciencia, el consuelo, dando explicaciones de por qué son pobres y ocultando los hechos reales.

El templo se ha convertido en la ciudadela de todo lo que está mal, y Jesús lo sentía así cada vez que iba allí. Veía las cosas que allí pasaban. No podía creer que la gente no se diera cuenta, que no lo pudieran ver.

«¿Veis todo esto? En verdad os digo que no quedará aquí piedra sobre piedra…»

«¡Este templo ha de ser destruido! ¡Esta así llamada religión tiene que ser destruida! ¡Esta religión de sacerdotes y políticos tiene que ser completamente borrada de la tierra!»

… «En verdad os digo que no quedará aquí piedra sobre piedra,
que no sea destruida».

Está irritado. Nunca verás tanta ira en Buda, por eso él se salvó de la crucifixión. Aunque hable, lo hace de manera muy filosófica. Aunque diga cosas, no las dice furioso, con ira; es muy cortés.

El mensaje de Buda es como la música clásica —silenciosa, hermosa, que no contiene revolución. El mensaje de Jesús es un eslogan; no es una coincidencia, no es por accidente que todos los grandes revolucionarios vengan de la tradición de Jesús. Vienen de Occidente, no de Oriente. En Oriente faltan los revolucionarios. Oriente ha tenido grandes sabios pero ningún revolucionario. Todas las grandes revoluciones y todas las grandes ideas revolucionarias vienen de Occidente. Los fundamentos de Occidente están basados en la ideología de Jesús, en su visión de la realidad.

Te sorprendería saber que hasta el comunismo viene del cristianismo, no del hinduismo, del jainismo o del budismo. El comunismo es también una ramificación del cristianismo, por muy en contra que estén de él —eso no importa. Un hijo puede estar en contra de su padre; eso no hace que sea menos hijo, o que deje de ser su hijo. Sigue siendo su hijo. Marx, Freud, Kropotkin, Tolstoi, Ruskin y Thoreau, todos proceden de la misma semilla, de la misma apreciación sobre la vida: el enfoque de Jesús.

Jesús es una ramificación del planteamiento judío. Esto ha de ser comprendido también.

Nada semejante a los profetas judíos ha existido nunca en India o en China —no; nunca. No encontrarás en India a nadie como Juan Bautista. Esos grandes profetas de los judíos estaban todos llenos de revolución, eran ardientes, ¡eran fuegos encendidos! Los profetas no han existido nunca en India; sí los santos y los sabios —pero no los profetas. Cuando alguien llama profeta a Mahavira, no está en lo cierto. Llamar profeta a Buda, simplemente parece absurdo. Buda no es un profeta. No tiene ninguna profecía para el futuro, no aporta ninguna revolución. Trae una nueva consciencia, su propia consciencia. La pone a disposición, pero no grita. No dice que el templo debería ser incendiado, que debería ser derruido, que no quedará ni una sólo piedra sobre otra. Jesús tiene la cualidad de un profeta judío. Era discípulo de Juan Bautista, que fue asesinado igual que Jesús; fue decapitado.

La tradición judía ha dado nacimiento a otros revolucionarios también. Marx era judío, así como también lo era Sigmund Freud. Tanto si es sociológica, económica, psicológica o incluso física, la revolución viene de los judíos. Albert Einstein era judío. Hay un cierto elemento en la consciencia judía que los hace revolucionarios. Sólo tienes que pensar en la historia de la humanidad sin tres judíos: Jesús, Marx y Freud —no habría habido ninguna revolución. La gente sería paciente, sufriría, aceptaría todo, indagaría y encontraría explicaciones en los sacerdotes. Esto ha de ser observado, porque es específico de los judíos.

Él les dijo: «¿Veis todo esto? En verdad os digo que no quedará aquí piedra sobre piedra, que no sea destruida». En verdad os digo: El cielo y la tierra pasarán, pero mis palabras no pasarán.

Porque sus palabras no son *sus* palabras, por eso no pasarán de largo. Porque sus palabras son las palabras de Dios. Él sólo es un vehículo, un medio: solamente dice lo que Dios quiere. Pero Dios no tiene boca con la que hablar; Dios utiliza nuestras bocas. No tiene ojos para ver, utiliza los nuestros. No tiene piernas para andar, utiliza las nuestras.

Dios utiliza a Jesús como medio. Por eso Jesús puede decir que el cielo y la tierra desaparecerán, pero no así mis palabras. «Este templo va a ser destruido, demolido hasta los propios cimientos, porque va en contra de la propia esencia de un templo. Ya no es un templo, ya no es religioso».

Esto sucede una y otra vez, ahora en el Vaticano, el Papa —ya no son religiosos. Es la misma situación en que estaba el templo cuando Jesús lo abandonó. Ha vuelto a suceder lo mismo. ¡Siempre ocurre! Antes o después el templo se convierte en una guarida de ladrones, porque atrae a los inocentes. Existe una necesidad lógica para que suceda. Atrae a los inocentes. Una vez que los inocentes empiezan a llegar, los listos y astutos también vienen, porque allí donde se encuentren los inocentes, cabe la posibilidad de explotación.

Jesús atrae a los inocentes. Una vez estén allí, todos los astutos de alrededor se percatarán de la cuestión. Mientras Jesús esté vivo no pueden acercarse —su presencia es un impedimento. Pero una vez que se haya ido, toda esa gente astuta comenzará a infiltrarse, empezarán a llegar y se mezclarán con las ovejas —son lobos disfrazados de ovejas para ocultarse. Antes o después, saldrán y se pondrán por encima porque son sagaces. Los inocentes no están interesados en estar en la cima; sólo los tramposos vienen para eso. Una vez están arriba, se convierten en sacerdotes, en rabinos, en *shankaracharyas*, en papas. Entonces empiezan a dominarlo todo, cambiando su cualidad por completo.

Un templo lo es sólo mientras Jesús está vivo. Una vez que Jesús se haya ido, es muy difícil que permanezca siendo un templo. Porque Jesús reúne a la gente inocente: reúne a muchas ovejas. Las protege mientras él está allí, pero cuando ya no está, los lobos empiezan a llegar. Porque los lobos sólo se acercan al ver a tantas ovejas sin un pastor. Es su oportunidad —la oportunidad de su vida.

Lo mismo ha sucedido en el Vaticano, en el Puri, en la Ka'ba. A lo largo de los siglos ha venido ocurriendo lo mismo. Recuérdalo, porque esto también puede pasar aquí. Tendrás que estar muy, muy atento.

Por lo tanto, yo no quiero que sean sólo inocentes. Sean inocentes, pero no idiotas. Sean inocentes, pero no infantiles. Sean inocentes, pero dejen que su consciencia ilumine su inocencia. Así no podrá sucederles. Su consciencia hará que se den cuenta de si algo va mal; de lo contrario, volverá a ocurrir. Algún avispado empezará a manipularlos. Manténganse alerta. Una y otra vez ha sido construido el templo y siempre lo han contaminado.

Pero con los años la humanidad ha cambiado mucho. Tal vez ahora sea posible, quizá haya llegado el momento para que la idea se haga realidad.

En verdad os digo: «El cielo y la tierra pasarán, pero mis palabras no pasarán. Velad, pues, porque no sabéis qué día llegará vuestro Señor».

Jesús está diciendo que no tiene sentido ir al templo, ni los rituales, ni los rabinos, ni las sagradas escrituras. Lo único que necesitas es estar atento.

Velad pues...

«Este templo va a derrumbarse; no entres en él o serás aplastado también. Escápate de allí, ya se está cayendo. Puedo ver lo que va a pasar. Su alma ya lo ha abandonado, ha dejado de estar ensamblado. No son más que piedras sobre piedras sin nada de cemento que las sujete. La religión ha dejado de existir. ¡Es un milagro que aún se mantenga el templo en pie! Se va a caer en cualquier momento. Un pequeño soplo de viento o un poco de lluvia y puede caerse. Con cualquier excusa, puede caerse. Escapa de allí y deja que tu vigilancia sea tu templo».

Velad, pues, porque no sabéis qué día llegará vuestro Señor.

La vigilancia tiene que ser durante las veinticuatro horas. No puedes permitirte vigilar sólo unos cuantos minutos cada día —meditar por la mañana y olvidarte después. Eso no servirá, porque nadie sabe cuándo Dios va a llamar a tu puerta. Y si no estás vigilante te lo perderás; no lo reconocerás. Sólo con una inmensa atención puede ser Dios reconocido.

Sabed aquello de que, si el amo de casa supiera a qué hora de la noche iba a venir el ladrón, estaría en vela y no dejaría que entrasen.

La vigilancia tiene dos propósitos. Uno: si no estás vigilante no reconocerás a Dios cuando llegue y llame a tu puerta; te lo perderás. Y el segundo propósito es: si no estás vigilante, no sabrás cómo ni cuándo entran los ladrones y te roban. Para dejarlo más claro, Jesús está diciendo: «Vigila para que el sacerdote no pueda introducirse dentro de ti —él es el ladrón. Y, cuando Cristo llame a tu puerta, podrás reconocerlo».

Por cada Maestro auténtico, hay en el mundo noventa y nueve maestros falsos. Si no estás vigilante, esos noventa y nueve van a robarte. Uno nunca sabe cuándo va a llegar el auténtico. Puede que te encuentres con él, pero si no estás muy alerta te lo perderás, porque sólo el estado de alerta puede ser el puente entre tú y el auténtico Maestro.

Por eso también vosotros estad preparados...

Así que los propósitos son dobles. Primero: debes estar preparado para que ningún ladrón pueda robarte, para que nadie pueda explotarte. Y segundo: debes estar preparado para que cuando llegue el auténtico puedas darle la bienvenida y él pueda ser tu huésped y tú su anfitrión. En el momento en que seas el anfitrión de Dios, te habrás convertido en el auténtico templo. Ese es el templo real, no los edificios.

Jesús dice:

Pensad en el siervo fiel y prudente, a quien su amo puso al frente de su servidumbre, para que le diera provisiones a su tiempo. Dichoso ese siervo si, al llegar su amo, lo encuentra haciendo así.

Dios te ha dado un propósito, un destino determinado. Dios te ha dado un trabajo específico para hacer aquí en la Tierra. Si no estás atento, no serás digno.

Dios te ha dado un propósito. Puede que no te des cuenta de ello en absoluto. Quiere que algo sea realizado a través de ti. Tal vez quiera que cantes una canción que nadie más que tú puede hacerlo. Quizá quiera que hagas una danza que sólo tú puedes hacer. Sólo a través de ti puede ofrecer esa danza a la existencia. Sólo por medio de ti puede Dios disponer de esa, danza —no existe otra manera. Tal vez sea otra cosa... Pero todo el mundo viene aquí con una semilla. No es nada más que una semilla, y no puedes ver en ella qué flores van a brotar. Pero la semilla está allí y las flores están esperando.

Y a menos que hayas florecido, no podrás mostrarle tu cara a Dios, a tu Maestro. Solamente realizado, florecido, puedes ofrecerte a él, puedes arrodillarte a sus pies.

Dichoso ese siervo si, al llegar su amo, lo encuentra haciendo así.

La gente hace otras cosas, y cuando llega Dios te encuentra haciendo algo para lo que no has sido enviado, y no ¡para lo que has sido enviado! Éste es el único pecado: no hacer aquello que es intrínseco a ti y hacer lo que otros quieren de ti.

Hay mucha gente que trata de imponerte sus historias —evítalos. Tu padre quiere colocarte sus ilusiones, quiere que seas primer ministro del país. Tu madre quiere que seas un gran doctor, o esto o aquello. Y tus profesores, tus amigos y toda la sociedad también quieren pasarte sus fantasías. Todo el mundo está interesado en ti, porque quieren traspasarte sus deseos. Parece que a nadie le interesas por ti mismo.

Si puedes encontrar a alguien que esté interesado en ti por ti mismo —ése es tu Maestro. Éste es el criterio, la definición de un Maestro: alguien que no te está imponiendo sus espejismos, que simplemente está interesado en ayudarte a ser lo que puedas ser. No te conduce por ningún camino, únicamente te nutre, te sustenta, para que puedas tomar cualquier dirección que te llegue de manera natural; que no te recorta, que simplemente te pone fertilizantes en las raíces, para que si quieres crecer hacia el norte o hacia el sur, o quieres elevarte alto hacia el cielo, o quieres ser un arbusto grueso, que seas lo que quieras ser. Un Maestro no es más que una presencia benévola, es nutrición. No te guía para que seas esto o aquello, lo único que hace es ayudarte a ser eso que está oculto dentro de ti.

En verdad os digo que le pondrá al frente de su hacienda.

Si has cumplido con el deseo que Dios ha puesto sobre ti, tú, tu ser, será transformado. Dejarás de ser un siervo, te convertirás en un Maestro. Ya no seguirás siendo un mendigo, serás un emperador. Pero tienes que demostrar que eres capaz de hacer las cosas.

Te ha sido dado un objetivo, pero yace en tu más profundo inconsciente. Tienes que buscarlo, tienes que excavar para encontrarlo, tienes que descubrirlo. No está disponible, es muy invisible. Y es fantástico que sea invisible porque eso te convierte en un buscador, en un descubridor. Te ofrece el reto de explorar, de otra manera la vida sería muy insulsa. Éste es el motivo por el que Dios ha colocado tu propósito en lo más hondo del inconsciente.

Tendrás que excavar como uno lo hace para abrir un pozo. Capas y capas de lodo..., durante días sin ver ningún signo de agua. Muy a menudo te sientes cansado, exhausto, desesperado.

Te sientes tan frustrado a veces, que dejas de cavar diciendo: «Es inútil, infructuoso. ¡Parece que aquí no haya agua!». Muchas veces te pasará esto en tu viaje espiritual, pero si continúas ahondando, un día aparecerán las primeras señales de agua. El barro ya no estará seco, estará húmedo —esa humedad que llamamos amor. Cuando excavando en el interior de tu ser el barro empieza a estar mojado, estás alcanzando el amor. El amor empieza a fluir. Al principio estará enfangado, lleno de muchas otras cosas. Pero si continúas excavando, cada vez encontrarás menos barro y fluirá más agua. Uno sigue excavando y el barro desaparece y fluye agua clara. Sigues cavando, y llegas al origen, a la fuente. Ahora podrás tomar tanta agua como quieras y el pozo nunca estará vacío. Puedes compartirlo y, cuanto más lo compartas, más obtendrás.

Jesús dice: «Aquellos que tienen recibirán más, y quienes no tienen, hasta incluso lo que poseen les será arrebatado». Así pues, sigue excavando para tener más. Cuanto más tengas, más fuentes verterán su agua sobre ti. Cuanto menos tengas, hasta lo que poseas te será quitado.

En verdad os digo que le pondrá al frente de su hacienda. Pero, si ese mal siervo se dice para sí: «Mi amo tarda», Y se pone a golpear a sus compañeros y a comer y beber con los borrachos. Vendrá su señor el día en que menos lo espera, y a la hora en que menos piensa.

Si piensas que no hay prisa... Esto es lo que piensa todo el mundo: «No hay prisa, ya veremos. Por el momento hagamos más dinero, más sexo, más casas, más coches. ¡De momento entreguémonos al mundo! Mañana o pasado pensaremos en Dios, pensaremos en la meditación y en la oración. ¿Qué prisa hay?».

Incluso la gente muy mayor viene a mí y me dice: «Sí, nos gustaría introducimos en la meditación, pero aún no ha llegado el momento». Porque aunque sean mayores piensan que todavía no lo son suficientemente. Nadie piensa nunca que va a morir. Ésta es una de las cosas extrañas de la mente humana —la más extraña, porque la muerte es lo más absolutamente cierto.

Todo el mundo va a morir; ¡la muerte no hace excepciones! Es únicamente una cuestión de tiempo —hoy, mañana o pasado mañana—, pero todos vamos a morir. Pero la gente todavía piensa que su muerte está muy lejos, muy, muy lejos. Aún les queda mucho tiempo para perder. Y cuando ya no les quede tiempo que perder, entonces meditarán. Pero ese día nunca llega. Incluso en el lecho de muerte, siguen con sus viejos hábitos.

Un judío estaba muriéndose, abrió los ojos y dijo: «¿Dónde está mi hijo mayor?».

Su esposa estaba sentada a su lado y dijo: «No te preocupes, está sentado a tu izquierda. Estate tranquilo, relájate y piensa en Dios, los doctores dicen que no sobrevivirás más allá de esta noche».

Él contestó: «¡Olvídate de los doctores! ¿Dónde está mi otro hijo?».

«Está sentado a tus pies», indicó la mujer.

«¿Y dónde está mí tercer hijo?»

«También está sentado a este lado.»

El hombre empezó a levantarse diciendo: «Entonces, ¿quién está a cargo del negocio?»

Se estaba muriendo, pero «¿están mis tres hijos aquí?». Su mente aún estaba en el negocio.

También he escuchado otra historia sobre este hombre:

Era pequeño, en edad escolar. La maestra hizo una pregunta: «¿Cuánto es el uno por ciento de interés sobre un préstamo de mil libras a cinco años?».

Todos los demás empezaron a trabajar en ello, pero Manny Cohén permanecía allí sentado sin hacer nada. La maestra le inquirió: «¡Manny! ¿Por qué no estás resolviendo el problema?».

Él contestó: «No me interesa el uno por ciento».

Éste es el principio, y también es el fin, y entremedias también estará lo mismo. La gente empieza estúpidamente —está bien, es comprensible.

¿Cómo podría uno empezar sabiamente? Pero también *terminan* neciamente —eso no puede comprenderse. La jugada básica de la mente es: mi **señor llegará más tarde**, «que Dios viene es verdad —pero no hoy; hoy podemos disfrutar. Cuando llegue mañana, ya veremos». Después, pasado mañana, y así lo vamos aplazando. Posponer es un truco básico de la mente para evitar a Dios, para prescindir de lo esencial, para impedir la rebelión.

Nunca pospongas. Si quieres hacerlo, aplaza aquello que es malo. Deja la ira para mañana, pero no la meditación. Aplaza para mañana el odio, no el amor. Retrasa el dinero para mañana, pero no a Dios. Pero la gente sigue haciendo ¡justo lo contrario! La ira la tienen al instante. Si alguien te insulta, no dices: «Está bien, pensaré en ello; volveré al final de la semana y te diré lo que pienso sobre lo que me has dicho». No, inmediatamente saltas sobre él, te abalanzas sobre él; no le das ni un minuto de tregua.

Si alguien te ama y te extiende las manos para acogerte, te encoges. Dices: «Déjame que lo piense». Darás vueltas sobre ello, encontrarás mil y una razones para no caer en la trampa: «¿Qué motivos tiene esta persona? ¿Por qué querrá abrazarme? ¿Será un carterista o algo así? ¿Quién ama sin ningún motivo? Tiene que haber una razón. Debe quererme por algo». Cuando el amor llega, tú te retiras; cuando llega la ira, te quedas allí pegado tozudamente.

Cambia toda esta actitud. No retrases lo que es bueno, porque lo bueno le pertenece a Dios. Aplaza lo que es malo, porque te mantiene alejado de Dios.

Pero si ese mal siervo se dice para sí: «Mi amo tarda», Y se pone a golpear a sus compañeros y a comer y beber con los borrachos, Vendrá su señor el día en que menos lo espera...

Dios siempre llega cuando no te das cuenta. Siempre llega por sorpresa. Siempre llega de repente, abruptamente. Dios no llega como consecuencia de causa y efecto, llega como llovido del cielo. De pronto allí está; envolviéndote e inundándote por completo.

Por lo tanto, salvo que estés alerta —momento a momento—, te lo perderás. Puede ser que Dios haya llegado a ti en muchas ocasiones y que te lo hayas perdido por no estar atento.

De hecho, así es como funciona. Yo sé que Dios te ha llegado muchas veces. Le he visto alrededor de muchos de vosotros, pero estáis completamente distraídos. Está justo a su lado, preparado para aceptaros, pero no están allí, están ausentes. Los rodea como una nube, pero no están presentes; sólo hay un vacío, por lo que el encuentro no es posible. Nunca estás en casa, ¡nunca estás atento! Estás en alguna otra parte. Tu cuerpo está en un lugar, pero tu mente está en otro lado.

Deja que tu cuerpo y tu mente estén juntos, permite que todo tu ser esté en el momento —en eso consiste estar atento: la presencia del aquí y ahora.

Vendrá su señor el día en que menos lo espera y a la hora en que menos piensa, Le partirá en dos y le dará la suerte de los hipócritas. Allí será el llanto y el crujir de dientes.

Ahí está. Hay miseria y habrá miseria. Vives en la miseria y seguirás viviendo en ella, porque Dios es dicha, y es la única dicha existente. Excepto que vivas en Dios, vivirás en la miseria.

Sí.

... Allí será el llanto y el crujir de dientes.

Y con todo tu ser enfrente de Dios será el ser de un hipócrita; serás falso, seudo. Pero te has acostumbrado a ello, estás tan habituado a tu personalidad que seguirás con ella también delante de Dios.

Dios sólo puede ser hallado cuando estás desnudo —completamente desnudo, sin nada que ocultar, sin ningún secreto que guardar—, cuando estás totalmente abierto. Dios sólo puede ser hallado cuando en ese estado de apertura no existe nada más que un sabor —el sabor de la consciencia y de la presencia.

Todo el mensaje de Jesús consiste en la consciencia.

Capítulo 9

Ustedes también vivirán

Juan 14

Jesús les dijo a sus discípulos:

1. *No se turbe vuestro corazón. Creéis en Dios, creed también en mí.*

2. *En la casa de mi Padre hay muchas moradas. Si no os los habría dicho; porque voy a prepararos el lugar.*

3. *Cuando yo me vaya, y os haya preparado un lugar, volveré otra vez y os tomaré conmigo, para que donde yo estoy estéis también vosotros.*

4. *Y a donde yo voy, sabéis el camino.*

5. *Tomás le dijo: «Señor, no sabemos a dónde vas; ¿cómo vamos a saber el camino?».*

6. *Jesús le dijo: «Yo soy el camino, la verdad y la vida. Nadie va al Padre si no es por mí.*

7. *Si me habéis conocido a mí, conoceréis también a mi Padre. Desde ahora le conocéis y le habéis visto.*

18. *No os dejaré huérfanos, vendré a vosotros.*

19. *Todavía un poco, y el mundo no me verá, pero vosotros me veréis, porque yo viviré y vosotros viviréis.*

20. *Aquel día conoceréis que yo estoy en mi Padre, y vosotros en mí y yo en vosotros.*

27. *La paz os dejo, mi paz os doy; no como el mundo la da os la doy yo. No se turbe vuestro corazón ni tenga miedo.*

28. *Habéis oído lo que os dije: Me voy y vuelvo a vosotros. Si me amáis, os alegraréis de que me vaya al Padre, porque el Padre es mayor que yo.*

La evolución humana va desde la inocencia hasta la inocencia.

La primera inocencia es ignorante, la segunda es luminosa. La primera es un tipo de sueño, la segunda es un despertar. La primera es un regalo de Dios, la segunda es por el esfuerzo del hombre, porque se la gana, es su trabajo sobre sí mismo. La primera puede perderse, la segunda no se puede perder. La primera tiene que irse —es su naturaleza intrínseca, no puede ser eterna; pero la segunda, una vez que llega, permanece para siempre —es eterna.

Recuerda, una vez que consigues algo conscientemente, únicamente eso es lo que puedes poseer, **sólo** eso. Aquello que te es dado y que recibes inconscientemente, te será quitado. Sólo te ocurre aquello por lo que trabajas duro. Sólo te pertenece aquello que creas dentro de tu ser. Te conviertes en Maestro de eso.

La primera inocencia en términos cristianos se llama Adán. Y la segunda inocencia se llama Cristo. Jesús está entremedias de los dos. Jesús es el puente entre la primera y la segunda inocencia. Los hindúes llaman a la segunda inocencia «renacimiento»: uno nace dos veces, *dwija*. Eso es lo que Jesús le dijo a Nicodemo, uno de los famosos profesores y teólogos de este tiempo: Salvo que nazcas otra vez, no alcanzarás el reino de Dios.

Salvo que nazcas **otra vez**...

El primer nacimiento ya ha ocurrido, el segundo tiene que pasar. El primero ha sucedido sin tu colaboración, el segundo no puede acontecer sin tu participación. El primer nacimiento fue casi como un accidente —te cogió desprevenido. El segundo sólo puede producirse con inmensa consciencia; no puede sorprenderte desprevenido, sólo puede presentarse en meditación profunda.

Jesús es un puente entre Adán y Cristo. Por eso el relato del nacimiento virgen tiene un significado metafórico. Jesús nace inocente. Todo el mundo nace inocente —no existe otra forma de nacer. Todos los niños nacen inocentes. Pero antes o después se pierde la inocencia, y cuanto más inteligente sea el niño, antes la perderá. Si el niño es estúpido, imbécil, idiota, puede que persista durante mucho tiempo; puede que no la pierda. Si eres inteligente, empezarás a apartarte de ella. Empezarás a explorar el mundo, a aventurarte en él, a ir hacia lo desconocido; te convertirás en un viajero. Y cuanto más inteligente seas, mayor posibilidad tienes de no seguir a la multitud, encontrarás tu propio camino —te gustará hacer tus «propias cosas». No irás por la superautopista, caminarás por las pequeñas veredas del bosque. Porque a la inteligencia le gusta correr riesgos. La inteligencia quiere ser osada, quiere ir hacia lo desconocido y lo peligroso, porque únicamente cuando está en peligro llega a su cúspide. Sólo cuando te atreves, tu inteligencia se cristaliza. Uno es sólo cuando arriesga. Cuanto más arriesgas, más eres. El riesgo conduce al ser. Un hombre que nunca arriesga permanece sin un ser.

George Gurdjieff solía decir que no todo el mundo tiene alma. Si nunca te has atrevido, ¿cómo puede ser que tengas alma? El alma sólo llega a través del atrevimiento. La única manera de alcanzar el alma es atravesando peligros, arriesgándolo todo, siendo un jugador, entrando en el oscuro desconocido.

La primera inocencia va a dejarte, tiene que irse. Está bien que lo haga, si continuara, nunca serías un humano; serías un vegetal, una vaca o un búfalo, pero no un humano. Ésta es la diferencia entre el humano y el resto de la naturaleza. La naturaleza vive en la primera inocencia, sólo el hombre es capaz de perderla. Es una gran dignidad, una gloria —sólo el hombre es capaz de pecar, ningún otro animal puede cometer pecados. No puedes llamar pecador a un perro, ni a un león o un árbol. Únicamente el hombre puede pecar y, porque puede hacerlo, sólo él puede ir más allá del pecado. Sólo el hombre puede extraviarse —eso significa que sólo él puede volver a casa. Excepto el hombre, todos los animales, los pájaros y los árboles existen todavía en el Jardín del Edén —nunca lo abandonaron. Por eso la naturaleza tiene tanta belleza, tanta paz, tanto silencio.

Los Himalayas todavía existen en el Jardín del Edén. Así existe también el rosal de tu jardín, los pájaros que vienen por la mañana a cantar canciones a tu alrededor. La naturaleza todavía está allí; nunca dejó el hogar, nunca se extravió, nunca cometió nada en contra de Dios, nunca desobedeció. Nunca se atrevió; está completamente satisfecha con su primer nacimiento.

Estar satisfecho con el primer nacimiento es permanecer inconsciente. Solamente a través del pecado te vuelves consciente. Sólo haciendo el mal surge la consciencia. Esto tiene que ser entendido. Porque hacer el mal no es eso realmente, ya que a través de él surge la consciencia. Todo tiene que perderse. Uno tiene que llegar al punto donde todo se ha perdido, Dios se ha perdido, el cielo se ha perdido —uno ya no puede creer en el paraíso, ya no puede creer que la inocencia sea posible. Sólo desde esa cumbre de frustración, de angustia, de ansiedad, existe una posibilidad de dar un giro de ciento ochenta grados.

Adán está perfectamente en paz, y Cristo también. El problema es Jesús. Él está preocupado. La gente zen tiene razón cuando le dicen a alguien que nunca ha oído nada sobre meditación: «Las montañas son montañas y los ríos son ríos». La persona es feliz, está en una especie de estado natural. No tiene ansiedad, porque Dios aún no se ha convertido en un reto. No tiene planes futuros, no tiene destino. Come, bebe y es feliz —el primer hedonismo del que yo hablaba el otro día: «Come, bebe y sé feliz». Vive en el cuerpo, **es** el cuerpo; no conoce nada más. Con el cuerpo hay una especie de paz y salud que lo rodean. Siempre se puede ver esa felicidad alrededor de un niño. El niño es el primer grado de hedonista. Sólo cree en comer, beber y ser feliz. Simplemente vive en el momento. Se abandona por completo al momento —todavía sin ansiedad, sin nubes—, su cielo está limpio.

La gente que no ha oído nada sobre meditación, iluminación, nirvana y Dios, que nunca ha reflexionado sobre estos grandes problemas —para ellos, las cosas están claras; no están confundidos. «Las montañas son montañas y los ríos son ríos». Pero una vez que uno se interesa en la meditación, en el crecimiento, en la espiritualidad, en la otra orilla, en la otra realidad —los problemas bullen por miles. Los problemas se amontonan. Las montañas ya no son montañas y los ríos ya no son ríos; todo se vuelve confuso, todo se vuelve del revés. Uno entra en el caos. El viejo cosmos, la vieja inocencia, simplemente se rompen en pedazos; no queda ni rastro de ello.

Éste es el significado de la parábola cristiana sobre la expulsión de Adán del Jardín del Edén. Se interesó por cosas más elevadas, se interesó en conocer las cosas. Comió del Árbol del Conocimiento, empezó a ser más consciente. Trató de comprender la realidad. Empezó a ir hacia el conocimiento, y de pronto las puertas del Jardín se cerraron para él. De repente se encontró fuera del Jardín y sin conocer el camino de vuelta. Tuvo que seguir alejándose cada vez más.

La gente del zen dice: las montañas ya no son montañas, los ríos ya no son ríos. Uno tiene que emprender un largo viaje; tedioso, lleno de miserias y pesadillas. Es un deambular por el desierto donde los oasis son sólo sueños; no existen. Y después de un viaje muy largo —que puede durar muchas vidas —uno puede regresar. Esta vez, el regreso tiene un significado totalmente distinto. Ahora, uno regresa como consciencia que conoce. Vuelve a ser inocente, pero la inocencia ya no es ignorante, es luminosa, llena de luz. Es Jesús tornándose Cristo.

Adán se encuentra fuera del Jardín, Jesús deambula por el mundo y Cristo, de pronto, un día está de vuelta en el Jardín.

Adán, Jesús y Cristo —éstos son los tres estados de la consciencia humana. Adán es absolutamente inconsciente; Jesús es medio consciente, medio inconsciente —de ahí surge el conflicto, la confusión, la división, la tensión. Y Cristo es totalmente consciente.

Esto ha de ser comprendido antes de entrar en los sutras, porque estos sutras pertenecen a la última noche de la vida terrenal de Jesús —su mensaje de despedida a sus discípulos. Los está dejando; está saliendo del mundo y entrando en Dios. Está muriéndose en el mundo para renacer en Dios. Está alcanzando el doble nacimiento, la resurrección después de la crucifixión. La resurrección sólo puede suceder después de la crucifixión.

Adán muere en Dios y nace al mundo. Cristo muere en el mundo y vuelve a nacer en Dios, y Jesús sigue estando en el limbo —está a medias, dividido, partido. Sabe algunas cosas y otras no; comprende algunas cosas y otras no. Existe una cierta nebulosa en la consciencia de Jesús. Adán tiene claridad pero está profundamente dormido. Jesús está despierto a medias; tiene los ojos llenos de sueños. Sí, puede ver un poquito porque también está medio despierto. Es como cuando por la mañana el repartidor llama a tu puerta y estás medio dormido, medio despierto; escuchas a los niños preparándose para ir al colegio, oyes la radio del vecino, pero aún no estás totalmente alerta. Estas cosas suceden como un murmullo, se meten dentro de ti —de alguna manera puedes oírlas pero, sin embargo, no lo oyes. Continúas oscilando entre estar dormido y estar despierto. En ocasiones escuchas algo pero vuelves a sumergirte en el sueño. No puedes comprender lo que está pasando. Hasta que despiertas por completo.

Adán muere en Dios y nace al mundo. Jesús vive en el mundo. Cristo muere al mundo y nace otra vez en Dios. Estos sutras pertenecen a su última noche, su mensaje de despedida a sus discípulos.

Antes de adentrarnos en estos sutras, unas cuantas cosas serán de gran ayuda.

Teilhard de Chardin cree que «la evolución de la consciencia depende de tres etapas». Y Chardin es uno de los pensadores cristianos más importantes del siglo XX. Pero sigue estando confinado en el cristianismo; no puede remontarse más allá de las barreras del cristianismo. Éstas son las tres etapas de las que habla. Normalmente, la consciencia es simple, inocente. Después están las tres etapas. Primero habla sobre complejidad. Dice: «La consciencia crece mediante la complejidad».

Eso es verdad. La mente original es absolutamente simple, posee un sabor, no tiene dualidad. Y puesto que no tiene dualidad, no existe la posibilidad de diálogo, de debatir. Y, por consiguiente, tampoco existe la posibilidad de comprensión. Uno evoluciona mediante el conflicto, por la fricción. Así pues, desde uno, viene la dualidad; desde la unidad, la duplicidad; desde la duplicidad, la triplicidad; desde la triplicidad, la multiplicidad. Así es el crecimiento del hombre —la complicación.

La consciencia humana en su estado original es una, después se convierte en muchas. A través de las muchas llega el crecimiento. Éste es el concepto que Hegel tiene del crecimiento, y también Marx. Hegel lo llama «el proceso dialéctico»: la tesis crea la antítesis, la antítesis y la tesis se juntan en la síntesis, y la síntesis se convierte en tesis y crea su antítesis. Y así sucesivamente.

Si tu consciencia es unitaria, no puedes crecer. Tiene que crear un conflicto en sí misma. Con el conflicto se crea energía. El conflicto produce energía, la fricción genera energía. Si golpeas dos piedras, nace el fuego. Si raspas dos maderas puede producirse fuego. Si te frotas las manos, surge electricidad. Toda la energía se crea a través de la fricción. Por eso la consciencia original humana tiene que dividirse, tiene que partirse, tiene que hacerse dual. Y cuanto más evolucionada esté la mente del hombre, más fragmentada estará. Por eso un pensador es casi una multitud. No es uno, no es dos, no es tres, es muchos.

A la segunda etapa Chardin la llama «concentración», porque una vez que el hombre ha perdido la unidad y se ha convertido en muchos, nace el caos y pierde su identidad. No sabe quién es, necesita una identidad, un *yo*, un ego, para mantener juntos todos esos fragmentos. De lo contrario cada uno irá por su lado y no podrá sobrevivir —de ahí viene el ego.

El ego es un intento de crear una especie de unidad dentro de uno mismo. Cuando la unidad natural se pierde, tienes que crear una unidad artificial, sintética. El ego es un *yo* sintético, un *yo* creado, un *yo* dirigido. Una parte de tu ser se convierte en amo y obliga a las demás partes a ser esclavas. Nace un tipo de gobierno dentro de ti.

La complejidad crea energía. La concentración crea una posibilidad para utilizar esa energía, de otra manera no tendría utilidad. La energía estará presente y te matará, será demasiado y se moverá hacia todas las direcciones. Todas esas direcciones tienen que ser enfocadas hacia una sola, toda la energía tiene que ser canalizada hacia una dirección. A esto Chardin lo llama «concentración»; la unificación alrededor de un centro; nace el *yo*, nace el ego, nace la disciplina.

A la tercera etapa la llama «dirección». Una vez que el ego está presente, que posees una clase de *yo*, un tipo de unidad —aunque sea una unidad dirigida—, el objetivo es posible. Puedes ser como una flecha, con una meta para el futuro.

Chardin cree que estas tres etapas son suficientes para explicar la consciencia humana. No lo son. Son importantes, pero no completas.

La visión hindú de la vida es mucho más completa. La visión de Chardin es lineal; primero la unidad, después la complejidad, la concentración y la dirección. La dirección, la flecha, sigue y sigue adelante sin encontrar el final. Es lineal. La flecha sigue adelante infinitamente, nunca regresa. Esto no es verdad. Es lógico, pero no natural.

La visión hindú es circular. Los hindúes dicen que todo se mueve en un círculo, no en una línea. La naturaleza, las estaciones del año, las estrellas, la *vida* del humano, se mueven en círculo. Todo lo natural se mueve en círculo. El círculo es la vía de la naturaleza. Lo lineal no es más que un concepto de la mente. La línea no existe en la naturaleza. Si eres consciente de la geometría no euclidiana, lo sabrás.

Euclides cree en la línea; la geometría no euclidiana dice que no hay nada semejante a una línea en la existencia. La línea también es parte de un círculo mayor, eso es todo. Ninguna línea es recta, no puede serlo —no se puede dibujar una línea recta. Si trazas una línea recta, simplemente significa que estás sentado sobre una tierra circular y estás dibujando una línea recta. Si continúas trazando la línea por ambos lados, llegará un día en que descubrirás que se ha convertido en un círculo alrededor de la Tierra. Así pues, esa pequeña línea recta sólo era parte de un gran círculo.

Los hindúes dicen que es circular. Para mí, el concepto hindú es mucho más verdadero que el concepto cristiano de progreso lineal. Pero, aun así, mi propia sugerencia es algo distinta de ambos. Yo propongo la espiral —ni lineal, ni circular; la evolución es una espiral. De esta manera ambos conceptos se unen. La espiral se desarrolla como si fuera una línea, pero nunca llega otra vez exactamente al mismo punto.

Cristo nunca vuelve a ser Adán otra vez. Adán era ignorante e inocente, y Cristo es inocente pero totalmente consciente. Nunca vuelve a ser Adán, justo el mismo. Por lo tanto, al concepto hindú le falta algo. Pero en otro sentido sí vuelve a ser Adán porque su inocencia es la misma, aunque ahora es totalmente consciente. Antes no era consciente, estaba dormido, y ahora está alerta. En un sentido, Cristo vuelve otra vez a ser Adán porque su inocencia es la misma. Así, los hindúes tienen razón. Y, por otro lado, Cristo nunca vuelve a ser Adán porque su inocencia es luminosa. Visto así, los cristianos tienen razón. Pero es una razón a medias.

Para tener una visión de la verdad por completo, me gustaría decir que la evolución es una espiral. Vuelve al punto original, pero nunca en el mismo plano, sino en otro más elevado. Vuelve una y otra vez, pero siempre en un plano más elevado. Si has hecho alguna expedición por la montaña, sabrás lo que quiero decir. Vas subiendo por el sendero que rodea la montaña y vuelves al mismo punto, las mismas rocas, el mismo valle, los mismos árboles, pero estás un poco más alto, es una espiral.

Para hacer que sea una espiral, me gustaría añadir tres etapas más. Chardin dice: complejidad, concentración y dirección. Es necesario añadir estas otras tres etapas. La primera: consciencia, meditación. La concentración sólo es el principio. No es relajada, es tensa. Uno no puede concentrarse las veinticuatro horas del día; se volvería loco. Por eso la concentración nunca puede ser natural. Sin embargo, sí se puede meditar las veinticuatro horas del día. Se puede vivir en meditación. Puede ser algo tan natural como la respiración. Puede ser relajada.

La concentración es consciencia enfocada. La meditación sólo es consciencia con atención. Por ejemplo, cuando estás escuchándome, puedes hacerlo de manera concentrada, lo cual te cansará, te agotará. Si me escuchas con mucha tensión para no perderte ni una sola palabra, te resultará muy cansado. Pero puedes escuchar de forma meditativa. Esto significa que estás relajado y abierto, vulnerable, eso es todo. No te cansarás. Escuchar durante una hora y media, más que cansarte te enriquecerá, te rejuvenecerá. Tendrás más energía que antes y sentirás que tu ser fluye más. Por tanto, lo cuarto debe ser atención, meditación, apertura.

La concentración es direccional, la meditación no. La concentración tiene un objeto, un contenido. La meditación no tiene ni objeto ni contenido; es simplemente una apertura. Mientras me estás escuchando a mí, si un pájaro empieza a cantar, también puedes escucharlo; si pasa el tren, también lo oyes. Todo se incluye, no sólo a mí. Estás abierto por todos lados, no sólo a mí. Es un estado de evolución superior a la concentración, es desconcentración.

La quinta es lo que yo llamo divertimiento. Ni el cristianismo ni Chardin tienen idea de lo que es el divertimiento. Palabras como «dirección», «objetivo», «propósito», son muy de negocio, cansan y hacen que uno se sienta triste y serio. Hay que añadir algo como el divertimiento, porque una persona realmente mayor es capaz de jugar. Un auténtico adulto es una persona sincera pero no seria. La seriedad es una especie de enfermedad porque te crea tensión, no te deja celebrar. Sólo el juego puede convertirse en celebración y alegría.

Y parece que en el esquema de Chardin no hay lugar para la alegría, nada de diversión. La complejidad, la concentración y la dirección están bien hasta donde llegan, pero no van muy lejos. No alcanzan para crear un ser humano feliz y festivo. Y ¿cuál es el propósito si no existe celebración? Todos los propósitos llevan hacia un juego sin propósito. Trabajas, pero lo haces para relajarte al final. Trabajas duro, pero justo para poder jugar. Trabajas durante cinco días para poder descansar en la playa el fin de semana. Todos los propósitos llevan hacia un juego sin propósito. Así pues, a la quinta yo la llamo divertimiento, no-seriedad, sin propósito, celebración, alegría.

Y a la sexta yo la llamo el estado de no-ego. El ego es necesario, porque uno cae en el caos y necesita un yo sintético. Pero no es el yo auténtico, es un yo sintético, de plástico, que tiene que ser abandonado un día. Utilízalo, trasciéndelo y ¡arrójalo! Uno tiene que llegar al estado de no-ego, tiene que olvidarse de existir separado de la existencia. En ese olvido, en ese abandono del ego, uno vuelve otra vez a ser Adán de una forma completamente nueva. Uno se transforma en Cristo, otra vez la unidad, la simplicidad, la inocencia, pero esta vez luminosa. Has nacido por segunda vez.

De esta forma uno vuelve otra vez a la simplicidad original, a la cara original. Pero es más elevada que la primera originalidad, por eso digo que es espiral. Es inocencia primaria, pero no es sólo eso; contiene una inmensa luz, no es oscura. No es primitiva, es el punto más alto de la consciencia. Es inocencia divina. Lo que Plotino llama «el Uno» —éste es el Uno. Primero el Uno no tenía conciencia de sí mismo, ahora la tiene. Dios ha nacido en ti.

En Adán Dios era una semilla, en Cristo Dios ha florecido. La semilla ha alcanzado su máxima manifestación.

Ésta es la diferencia entre el niño y el sabio. Adán es el niño, Cristo es el sabio. Los dos se parecen y, sin embargo, son muy distintos. Hay algo similar en ellos, pero también algo totalmente diferente. Son similares en inocencia pero muy desiguales en consciencia, en luminosidad. Puedes llamar «naturaleza» al primer estado y «Dios» al segundo. Cuando la naturaleza alcanza su realización, se transforma en Dios. Cuando la naturaleza se reconoce a sí misma, se convierte en Dios. De alguna manera, el principio y el final tienen que ser iguales y, sin embargo, también distintos. El alfa tiene que ser el omega y el omega tiene que ser el alfa; y, no obstante, tienen que existir en planos totalmente distintos. Adán es el cuerpo, Cristo es el alma y Jesús es la mente —justo un puente entre las dos polaridades.

Es la última noche. Jesús está preparado para marcharse. Esta escena de la despedida es una de las más hermosas en toda la historia del crecimiento de la humanidad —la Última Cena. Jesús ha reunido a sus discípulos, los doce. Entre ellos está Judas Iscariote, quien lo va a traicionar. Les lava los pies a sus discípulos por primera vez. Todos muy desconcertados le preguntan sin cesar: «¿Por qué nos lavas los pies? ¡Eres nuestro Maestro, nuestro Señor!».

Él contesta: «Porque quiero daros mi último mandamiento, que es el mandamiento del amor». Y Jesús se los está dando de una forma muy existencial, no verbalmente.

Justo la otra noche, Lola, una nueva *sannyasin*, estuvo aquí. Había tomado *sannyas* unos cuantos días antes. Le puse el nombre de Deva Lola, que significa «conmovida por Dios», «poseída por Dios», pero estaba tan excitada en el día de su iniciación que, a pesar de que le expliqué el significado de su nombre, no pudo seguirme. Estaba tan emocionada, tan extática, que estando allí no estaba presente. Estaba volando alto, embriagada. A pesar de haberme escuchado no podía acordarse de nada. Anoche viajaba de vuelta otra vez a Occidente y me pidió: «Por favor, dime otra vez el significado de mi nombre porque no puedo recordar lo que me dijiste el primer día».

Ella tiene un gran potencial, por lo que le dije: «Mejor que darte el significado verbalmente, lo voy a hacer existencialmente». Y le pedí que elevara las manos, se dejara poseer por Dios y que permitiera que sucediera lo que quiera que fuera.

En un momento empezó a balancearse como una flor, como un tallo mecido por la brisa. Poco a poco los movimientos se hicieron más rápidos, sus manos empezaron a moverse, todo su cuerpo se movía. Estaba poseída por lo divino. Éste es el significado existencial, no verbal.

Jesús tocó los pies de sus discípulos porque quería darles el significado existencial del amor. En el amor nadie está más elevado o más bajo; el amor no conoce de jerarquías. Jesús tocó los pies a sus discípulos —el Maestro tocando los pies de sus discípulos. Jesús está declarando que «Tú eres exactamente igual que yo, no hay ninguna diferencia. Tú y yo somos absolutamente lo mismo. La única diferencia es que yo lo sé y tú no. Pero en nuestro ser no existe ninguna diferencia».

Esos discípulos aún no han nacido dos veces, todavía son semillas que no se han abierto, pero Jesús ya ha florecido. Quien ya ha florecido puede ver las semillas que también lo van a hacer. Las semillas no pueden reconocer a la flor porque nunca se han visto a ellas mismas floreciendo, sin embargo, la flor puede reconocer a las semillas porque conoce los dos estados. Se conoce a sí mismo como semilla y como flor; puede reconocerlo. La misma historia sucedió en la vida de Buda. Él dice: érase una vez, hace muchas, muchas vidas, cuando todavía yo no estaba iluminado y era tan ignorante como cualquiera, fui a ver a un buda —un hombre que se había iluminado. Se llamaba Dipankara. Cuando le toqué los pies me quedé sorprendido porque él también tocó los míos. Me sentí muy incómodo porque había una gran multitud y todo el mundo miraba: «¿Qué pasa?». Me daba vergüenza y también me sentía un poco culpable. Le dije a Dipankara: «Señor, ¿qué has hecho? Me has tocado los pies. Yo soy un ignorante, un pecador. Tú estás iluminado, eres un gran Maestro, tienes miles de seguidores. He venido sólo a pedir tu bendición y ¡me has tocado los pies! ¿Qué has hecho?».

Dipankara se río y dijo: «Tú no sabes que pronto te iluminarás. Yo lo puedo reconocer. Estás en el estado en el que una vez yo estuve y estarás en el que estoy ahora. Tú no puedes verlo, lo comprendo, pero yo lo veo». Lo superior puede ver a lo inferior, lo inferior no puede ver a lo superior.

Jesús tocó los pies a sus discípulos. Éste es un fenómeno raro, un gran mensaje —que no existe lo superior ni lo inferior; que todas las jerarquías están en la mente, son políticas; que en la espiritualidad no existen las jerarquías. Todo es uno, todo es igual. Es uno que está en todas partes. Es un corazón latiendo en millones de corazones. Es una consciencia en cada consciencia. Es una sola luna reflejada en millones de estanques, océanos, ríos, charcas, embalses —pero es una sola luna.

Jesús dice: «Es para daros mi último mandamiento, el mandamiento del amor». Después comieron y bebieron. Jesús nunca separó su vida cotidiana de su vida espiritual. Su segundo mensaje —que les decía el otro día, que el primer hedonismo tiene que transformarse en el segundo hedonismo. Jesús no es un asceta, de ninguna manera es un masoquista; disfrutaba de la vida. No existe ninguna razón por la que uno no pueda disfrutar de la vida. Disfrutando de la vida podrás disfrutar de Dios. Si no eres capaz de disfrutar de la vida, tampoco podrás disfrutar de Dios.

La vida tiene que ser la base de entrenamiento para disfrutar. Dios va a ser una bendición tan grande que si no pruebas las pequeñas bendiciones de la vida, no estarás preparado para ello; te ahogarás, te resultará demasiado. Tienes que aumentar tu capacidad.

Hasta en su última noche Jesús parte el pan, llena con vino las copas de sus discípulos. Están disfrutando, comiendo, están felices. La muerte está cerca, pero no hay que detener la celebración porque Jesús sabe que esta muerte va a ser la mayor celebración. Quiere dejar a sus discípulos celebrando. Quiere que les quede grabado en sus consciencias que Jesús era un celebrador, que era un hombre que festejaba, no que ayunaba;

que era un hombre que se emocionaba con las pequeñas alegrías de la vida —las flores, los pájaros, los ríos—, que le gustaban los lirios del campo; que le gustaba la gente, que se estremecía tremendamente siempre que miraba a los ojos de la gente; que amaba, que no estaba en contra de la vida.

Aun así, sucedió: el cristianismo fue en contra de la vida. A pesar de todo, el cristianismo se volvió monástico, se crearon los monasterios, allí se juntaron los masoquistas, los autotorturadores se volvieron dominantes, y desaparecieron los festejos de Jesús, o se mantuvieron, pero sólo como ritual. Sí, aún se repite.

La otra noche, Hal Musin, el autor del que hablé por la mañana, tomó *sannyas*. Ahora se llama Pramod —alegría. Me contó que en toda su vida estos diez días que ha estado aquí han sido los más felices, que nunca había conocido semejante felicidad. Ahora está preocupado porque prometió a su hija que regresaría a casa para la Navidad. Le dije: «Aquí es Navidad. ¿Dónde vas a ir?».

Los cristianos han olvidado por completo lo que es o debería de ser la Navidad. Se ha convertido en un rito. Tiene que ser una especie de resplandor interior, de amor hacia la vida. *Tiene* que ser la búsqueda de lo extraordinario en lo ordinario, de lo supramundano en lo mundano. Tiene que ser la búsqueda del espíritu en el cuerpo. La búsqueda de Dios en la naturaleza, de lo invisible en lo visible.

El último mensaje de Jesús es de amor y alegría. Dejó a sus discípulos festejando, no llorando, no poniéndoles tristes. Los abrazó a todos, incluso a su traidor. *Besó* a Judas, porque para un hombre de tal consciencia no hay amigos ni enemigos.

Pero los discípulos se sentían un poco asustados. Corrían rumores y cuando Jesús dijo: «Sólo un momento más y me habré ido —ido con mi Padre», se asustaron mucho, tenían miedo, estaban tristes. Para reconfortarlos, para darles esperanza, para darles coraje, citó estos sutras que son de inmenso valor. Medita sobre ellos.

Jesús dijo a sus discípulos: No se turbe vuestro corazón. Creéis en Dios, creed también en mí.

Sus corazones *están* turbados. Su Maestro va a morir, su Maestro va a ser torturado hasta la muerte. Van a encontrarse perdidos en la oscura noche de la existencia, su luz dejará de acompañarlos. Aquel que había estado guiándolos, que les hablaba desde la soledad, que era su camino, su guía, su amigo, va a dejar de estar con ellos. Y se han vuelto tan dependientes de él que no pueden pensar en la vida sin Cristo. Sus corazones están turbados. Es natural, es humano.

No se turbe vuestro corazón. Creéis en Dios, creed también en mí.

Les dice: «Saben lo que es creer…». Creer no es la traducción correcta de la palabra hebraica. La traducción correcta sería confiar. «Saben lo que es confiar…» Confiar significa que Dios nos cuida, que no necesitamos preocuparnos, que alguien detrás del escenario está cuidando de nosotros, que la existencia es nuestra madre y nuestro padre —que no estamos huérfanos. Eso significa confiar: que no estamos huérfanos, que no somos extraños en este mundo; ésta es nuestra casa porque ésta es la casa de Dios —nos pertenece.

… Creéis en Dios…

«Saben lo que es confiar», dijo. «Si Saben lo que es confiar, también pueden confiar en mí, porque no se trata de en quién confías. Una vez que conoces la cualidad de confiar, simplemente confía».

No es cuestión de confiar en Dios, en Jesús o en Buda —recuérdalo. Si confías, simplemente confías. Cuando un cristiano dice «sólo confío en Jesús, no en Buda», no ha conocido lo que es confiar, porque la confianza no sabe de distinciones. Si has confiado en Cristo, también confiarás en Buda, porque no hallarás ninguna diferencia. Tal vez sean distintos idiomas, quizá su manera de expresarse sea distinta, pero la confianza irá directamente al asunto, a la propia esencia y podrá ver que Cristo y Buda existen en el mismo plano. Es la misma consciencia, la misma atención, la misma iluminación. Si confías en Buda, también lo harás en Krishna y en Mahoma. Si confías en mí, confiarás en Cristo, en Zaratustra.

La confianza no conoce ninguna dirección. No está dirigida. La confianza es una cualidad interior. Si la tienes, la tienes. Es como cuando enciendes una lámpara en una habitación, la luz no va a iluminar sólo la mesa, también iluminará la silla. Y no solamente la silla, también dará luz a las paredes, el suelo y el techo. Cuando pones una luz en la habitación, simplemente ilumina todo lo que allí esté. Así es la confianza. Es una luz. Cuando se enciende la confianza en tu corazón, no hace distinciones. Confías en Dios, en Cristo, en tu vida, en tu marido, en tu hijo, en tu amigo, en tu enemigo. Confías en la naturaleza, en la muerte, en la inseguridad. Resumiendo, confías simplemente.

Jesús dice:

No se turbe vuestro corazón. Creéis en Dios...

Sé que confías en Dios.

... Creed también en mí. En la casa de mi Padre hay muchas moradas. Si no, os lo habría dicho; porque voy a prepararos el lugar.

Bien, esos discípulos discutían una y otra vez quién era el mayor de todos. Incluso la última noche se disputaban quién iba a ocupar el segundo lugar de Jesús en el Reino de Dios.

Jesús dice: «No os preocupéis...».

En la casa de mi Padre hay muchas moradas...

«Hay espacio para todo el mundo. Nadie será rechazado, todos serán bienvenidos y aceptados. Dios es espacioso. No se preocupen por quién va a estar más cerca de Dios y quién lo estará de mí. En los ojos de Dios todo el mundo tiene el mismo valor y él es inmenso. Su amor es tal que puede amarlos a todos por igual. Tiene tanto para dar que no puede agotarse. Así pues, no necesitan preocuparse; no es una cuestión de escasez. No significa que porque yo tome su amor no vaya a tener suficiente para daros a ustedes. Tampoco que porque unos cuantos hayan tomado su amor, a otros pocos les faltará porque ya no quedará más».

En la casa de mi Padre hay muchas moradas...

«Es espacioso, su amor es inmenso. Es infinito. Puedes tomar tanto como quieras y todavía seguirá siendo infinito. No lo puedes agotar».

...Si no fuera así, os lo diría.

«No se preocupen. No estén ansiosos. No se preocupen»,

Porque voy a prepararos el lugar.

Jesús dice: «Me voy para preparar un lugar para ustedes». Los está consolando, les está dando coraje y esperanza. Lo van a necesitar. Van a llegar días oscuros. Van a atravesar grandes dificultades —van a ser hostigados, torturados, perseguidos, van a estar entre lobos. Pero su Maestro se va, ya no va a estar con ellos. Ha sido su protección, su consuelo, su seguridad. Era como una armadura que los protegía; con él no se sentían inseguros, estaban amparados. Ahora el refugio va a desaparecer. Llegarán días de lluvia y días calurosos, llegará el verano y el invierno. No saben qué van a hacer. Van a estar demasiado solos y extraños en el mundo.

Cualquier Maestro antes de dejar a sus discípulos tiene que establecer los fundamentos para que en los días venideros... Van a ser días difíciles para ellos, porque la gente que va a matar a Jesús no va a dejar a sus discípulos en paz. Si van a matar al mismísimo Cristo, muchas más dificultades tendrán que afrontar sus discípulos. Dice:

Voy a prepararos el lugar.

«Si confían en Dios, confíen también en mí. Me voy por ustedes —para preparar las cosas allí, en esa otra realidad, en la otra orilla».

Cuando yo me vaya, y os haya preparado un lugar, volveré otra vez
y os tomaré conmigo...

«No se preocupen. Si confían en mí, volveré y los tomaré conmigo».

Sí, si confías en un Maestro, si amas a un Maestro, estará siempre disponible para ti. Es **para siempre**. La auténtica cuestión es: ¿confías? ¿Amas? ¿Has establecido una relación tal que tu ego ha desaparecido, que te has rendido? ¿Donde tú dejas de ser y la fragancia del Maestro es lo único que llena tu ser? ¡Entonces él es para siempre! Entonces la relación entre Maestro y discípulo no es temporal, no es provisional; es eterna. Tiene la cualidad de la inmortalidad, de la intemporalidad.

Cuando yo me vaya, y os haya preparado un lugar, volveré otra vez
y os tomaré conmigo, para que donde yo estoy estéis también vosotros.

Todavía están errando por el mundo. Han dejado de ser adanes y aún no son cristos. Tienen un gran trastorno, una gran confusión. Cristo tiene que sacarlos de esa confusión. Cristo tiene que convertirse en la presencia a través de la cual puedan salir de la oscuridad. Tiene que convertirse en agente catalítico, tiene que ser un símbolo, una luz, una estrella a la que poder mirar y salir de su noche oscura.

... Y os tomaré conmigo, para que donde yo estoy estéis también vosotros.

Éste es todo el esfuerzo de un Maestro. El Maestro quiere destruir al discípulo para que él también se convierta en Maestro. El trabajo de un Maestro es complejo. Primero te persuade para que te conviertas en discípulo, te «arrulla», te seduce para que seas su discípulo. Una vez que ya lo eres, empieza a matarte y a destruirte, porque salvo que te destruya como discípulo, nunca serás un Maestro. Y el Maestro auténtico es aquél que quiere que todos seáis Maestros. Ésa es la meta. Todo el mundo debería ser un emperador, un rey, una reina. La esclavitud —tanto visible, como invisible— tiene que ser completamente destruida. Todo tipo de aprisionamientos que te rodean tienen que ser derrumbados. Tu libertad tiene que ser total, suprema.

Adonde yo voy, sabéis el camino. Tomas le dijo: «Señor, no sabemos a dónde vas; ¿cómo vamos a saber el camino?».

Tomás es uno de los discípulos más amados por Cristo, uno de los más inocentes. Los otros son un poquito enterados.

Cuando Jesús dice: «Pues para donde yo voy, vosotros conocéis el camino», nadie más dice nada. Debieron quedarse en silencio. Nadie sabe dónde va, nadie sabe qué camino va a tomar, pero sólo el más inocente de ellos está preparado para preguntar.

Tomás dice: Señor, no sabemos a dónde vas; ¿cómo vamos a saber el camino?

Nunca hemos estado allí.

Tomás era uno de los discípulos más íntimos y cercanos. Cuando Jesús vino a India, Tomás lo siguió. El cristianismo hindú es más antiguo que ningún otro cristianismo del mundo. La Iglesia hindú es la más antigua del mundo, porque Tomás fue el primer apóstol que vino a India. El cristianismo hindú fue iniciado por Tomás.

Tomás pregunta: «No sabemos a dónde vas y qué camino vas a tomar. ¿Cómo podemos saber? —somos ignorantes».

El auténtico discípulo nunca pretende ser un sabedor. Si no sabe, está preparado para decirlo, porque ése es el único camino para aprender del Maestro. Los discípulos conocedores nunca aprenden nada.

Yo tengo unos cuantos aquí. Cuando hacen preguntas, tienen una cualidad distinta —como si estuvieran preguntando para los demás. No tienen problemas propios. A veces también escriben en sus preguntas: «No es una pregunta para mí —es sólo por los demás… La gente se iluminará. Muchos tienen esta cuestión en su mente y estaría bien que hablaras sobre ello. Pero ¡no es un asunto personal!».

Es *su* pregunta, pero ni siquiera pueden confesar que lo es. «Será de ayuda para los demás.»

Gente complicada.

Una vez vino a mí un hombre y me dijo: «Uno de mis amigos es impotente. ¿Puedes indicarme alguna meditación que pueda ayudarlo?». Miré al hombre y seguí mirándolo. Empezó a temblar y a sudar. Dijo: «¿Por qué me miras tan fijamente?».

Yo le señalé: «¿No puedes enviarme a tu amigo? Puede decir que uno de sus amigos es impotente. ¿No puedes siquiera decir eso? Eres tan impotente que ni tan siquiera puedes decir que tienes un problema en tu ser?».

Pues bien, quiere saber qué se puede hacer, pero no quiere mostrar que el problema es suyo. Un amigo… Está siendo diplomático. Llegan muchas preguntas que son diplomáticas: el interrogador ya sabe para sí mismo, él no tiene ningún problema.

Todos los demás discípulos se quedaron en silencio, sólo Tomás preguntó. Y debido a estos pequeños gestos, Tomás estaba cada vez más cerca de Jesús, más íntimo.

Señor, no sábemos a dónde vas; ¿cómo vamos a saber el camino?

Jesús le dijo: «Yo soy el camino, la verdad y la vida.
Nadie va al Padre si no es por mí».

Esta afirmación tiene inmensa importancia, pero ha sido tremendamente mal interpretada por los cristianos, mal entendida. Esta afirmación se ha convertido en una protección para los sacerdotes, para los dogmáticos, los demagogos. Los cristianos le han dado el significado de que nadie llega a Dios salvo a través de Cristo —lo que significa Jesús, el hijo de María. Nadie llega a Dios excepto a través de Jesús. Han querido decir, o lo han interpretado de tal manera, que el cristianismo sea la única religión buena. Todas las demás religiones están equivocadas. Todas las demás religiones están en contra de Dios —solamente el cristianismo.

Jesús le dijo: «Yo soy el camino, la verdad y la vida.
Nadie va al Padre si no es por mí».

¿Qué quiere decir? Esos sacerdotes, misioneros y cristianos qué van convirtiendo todo el mundo al cristianismo, ¿están en lo cierto? ¿Es correcta su interpretación? ¿O tiene Jesús algo más? *Totalmente* tiene algo más.

En el Bhagavad Gita también existe una enseñanza que los hindúes malinterpretan. Krishna le dijo a Arjuna... Y la misma cualidad de acercamiento existía entre Arjuna y Krishna que entre Jesús y Tomás —la misma relación. Y sucedió el mismo florecimiento, y la misma afirmación resultó de esa relación. Krishna le dijo a Arjuna: «*Sarva dharman parityajya mamekam sharanam vraja*» (Deja todas las religiones, olvida todas las religiones y ven a mis pies, porque sólo a través de mí se llega a Dios).

Los hindúes están muy contentos con esta afirmación. Krishna lo dijo muy claramente: «Olvida todas las religiones. Deja todo tipo de otras religiones y mantente junto a mí. Quédate a mis pies» —«*mamekam sharanam vraja*». Ven a mis pies; son los puentes hacia Dios —los únicos puentes.

Las dos afirmaciones ocurrieron en el mismo tipo de situaciones. Arjuna debió de estar muy, muy cerca cuando Krishna dijo eso. Y lo mismo con Tomás —debió de estar muy cerca. Cristo debió de llover como flores sobre Tomás cuando dijo eso. Necesitas una comprensión tan amorosa como la de Tomás, sólo entonces podrás comprender el significado. Necesitas la intimidad amorosa de un Arjuna, sólo entonces comprenderás la afirmación de Krishna. Las dos son lo mismo, significan lo mismo —y ambas han sido mal interpretadas.

El malentendido viene de los sacerdotes y de los políticos —aquellos que tratan de convertir la religión en estrategias organizacionales, políticas.

Jesús le dijo: «Yo soy el camino»...

Yo soy... Esto tiene que ser comprendido. No quiere decir Jesús, simplemente significa la consciencia interior: «Yo soy» —la vida interior. Esa consciencia dentro de ti que tú llamas «Yo soy». Este «Yo soy» es el único camino. Si puedes comprender este «Yo soy», lo que es, lo que esta consciencia es, has encontrado el camino. No tiene nada que ver con Jesús, ni con Krishna.

Cuando te digo «yo soy la puerta» ¡no tiene nada que ver conmigo! Ese «Yo soy» es la puerta. La puerta está dentro de ti, el camino está dentro de ti, la verdad está dentro de ti. Tienes que comprender quién es éste que dentro de ti se llama a sí mismo «Yo soy», qué es esta consciencia, en qué consiste. Si yo puedo penetrar en tu consciencia, si tú puedes sentir, ver, darte cuenta de la naturaleza de tu consciencia, ese es el camino. La meditación es el camino —no Cristo, ni Krishna, ni Mahoma. ¿Quién soy yo? —esta pregunta será el camino.

Ramana Maharshi tiene razón cuando dice que la única pregunta relevante es: ¿Quién soy yo? Empieza a hacerte esta pregunta, deja que esta pregunta sea un fuego dentro de ti. ¡Incéndiate con ella! Deja que cada célula de tu cuerpo y de tu ser, que cada fibra de tu existencia pulse, vibre con ella. Y deja que la pregunta brote desde tu más profundo centro: ¿Quién soy yo? Y continúa preguntándolo; no aceptes cualquier respuesta dada por la mente. Si has leído los Upanishads, allí se dice que «Tú eres Dios». Tu mente te dirá: «¿Por qué me lo preguntas una y otra vez? Ya sé la respuesta: Tú eres Dios. Y ¡quédate en silencio!». O, si eres cristiano y has leído la Biblia repetidas veces, sabes que: el Reino de Dios está dentro de ti. Así pues, «¿Quién soy yo?» —«el Reino de Dios».

Y ahora, ¡quédate en silencio!

Ninguna respuesta dada por la cabeza tiene que ser aceptada. Ninguna respuesta desde la memoria, ninguna respuesta desde el conocimiento tiene que ser aceptada. Todas las respuestas tienen que ser arrojadas dentro del torbellino de la pregunta «¿Quién soy yo?». Llega un momento en que todas las respuestas desaparecen y lo único que queda es la pregunta, sola como una columna de fuego. ¡Estás ardiendo con ella! No eres más que una búsqueda sedienta, apasionada: «¿Quién soy yo?». Cuando la pregunta haya quemado todas las respuestas, arderá también, se consumirá a sí misma. Y una vez que la pregunta haya desaparecido también, entonces habrá silencio. Ese silencio es la respuesta. Y ésa es la puerta, el portal, el camino, la verdad.

Por favor, ten cuidado. Cuando Jesús dice «Yo soy el camino», quiere decir ése que dentro de ti se llama a sí mismo «Yo soy», es el camino. No tiene nada que ver con Jesús. No por sujetar los pies de Jesús vas a ir a ninguna parte. No por rezar a Jesús vas a ninguna parte. Escucha lo que está diciendo.

Todo Maestro te hace regresar a ti mismo, porque finalmente Dios está oculto dentro de ti tanto como lo está en el Maestro. Tú llevas tu luz dentro de ti. Lo único que tienes que hacer es volver, mirar hacia adentro.

Jesús le dijo: «Yo soy el camino, la verdad…».

Sí. En tu mismísima consciencia está la verdad. Cuando te vuelves totalmente consciente, eres toda la verdad. Cuando eres absolutamente consciente, no es que afrontes la verdad como un objeto, tú **eres** la verdad, es tu subjetividad, eres tú. Eso es lo que dicen los Upanishads: *Tatwamasi*: Tú eres eso.

... y la vida...

Tres cosas dice Jesús: La vida es —«**Yo soy**», consciencia, atención. Esto es la vida —la vida que conoces, la vida ordinaria. Lo segundo: «**Yo soy el camino**» —el camino que une la vida ordinaria con la extraordinaria, el camino que une a Adán con Cristo, el camino que une al cuerpo con el alma. Y lo tercero: «**Yo soy la verdad**». Jesús ha dicho las tres cosas.

Eso eres tú ahora mismo, porque «**Yo soy la vida**». Y también tienes el camino, oculto detrás de ti, dentro de ti: «**Yo soy la verdad**». Y también eres el objetivo supremo, el destino. Eres el principio, el medio y el fin. Eres Adán, Jesús y Cristo.

... Nadie va al Padre si no es por mí.

Nadie jamás ha entrado en Dios salvo que haya entrado en su consciencia, hasta que haya entrado dentro de la cualidad de su «Yo soy». Éste es el significado. Es el significado de Krishna, de Cristo y de todos los Maestros.

Si me habéis conocido a mí, conoceréis también a mi Padre. Desde ahora le conocéis y le habéis visto.

Una afirmación tremendamente importante. Esta simple afirmación encierra la revolución que viene. Medita muy, muy en silencio sobre ella.

Jesús se lo está diciendo a Tomás:

Si me habéis conocido a mí, conoceréis también a mi Padre...

Porque yo y mi Padre somos uno.

Mientras Jesús está diciendo «Si me habéis conocido a mí, conoceréis también a mi Padre...», algo ha cambiado en el ser de Tomás. Mientras Jesús está diciendo esto... Y saben, cuando les digo algunas cosas, algo los está cambiando. A veces están muy, muy cerca de la verdad. A veces una simple palabra los golpea muy profundo, algo se hace añicos; algo cambia. En ocasiones puede suceder un cambio radical. Esto pasa continuamente. Éste es todo el propósito de estar en presencia de un Maestro. Cuando Jesús decía —ni siquiera había acabado la frase... La revelación estaba a medias, sin embargo, Tomás ha cambiado, por lo que tuvo que cambiar su declaración. Por eso digo que es una hermosa exposición.

Sí me habéis conocido…

Contenía un «si» porque Tomás estaba dudando. «Si me habéis conocido, conoceréis también a mi padre». Cuando hizo esta afirmación, se produjo una transformación radical en la consciencia de Tomás; se giró hacia dentro, se había convertido —metanoia. Y Jesús tuvo que cambiar su planteamiento.

Y dijo:

… Desde ahora le conocéis y le habéis visto.

El «si» ha desaparecido, porque también ha desaparecido de Tomás. Conoces la frase ¿«Tomás dudando»? Viene de Tomás discípulo de Jesús. Solía dudar. Pero era muy inocente. Si dudaba, dudaba; no lo ocultaba. Pero en ese momento ha dejado de ser «Tomás dudando», la duda ha desaparecido.

Jesús comenzó con un «si» porque existía una duda. Tomás estaba dudando, no estaba de acuerdo, decía: «Está bien, pero no me atrae. ¿Dices que tú eres la verdad? Tal vez, pero no estoy convencido. ¿Dices que eres el camino? Espero que sea verdad, pero mi ser aún no lo ha aceptado». Quizá no con tantas palabras —ése no es el asunto—, pero existía una duda velada. Jesús tuvo que utilizar el «si». Una vez desaparecida la encubierta duda por el impacto de la gran afirmación de Jesús…

En India llamamos a tales afirmaciones *mahavakyas* —grandes afirmaciones. Hay muy pocas en toda la historia de la consciencia humana. Ésta es una de las grandes afirmaciones, un *mahavakya*. Jesús debió ver que la duda había desaparecido de pronto. No quedaba ni sombra de ella. Tomás se ha convertido en confianza. Algo se ha transformado. Ha dejado de ser el viejo Tomás; ha nacido un nuevo ser, un nuevo hombre. Tuvo que cambiar la afirmación cuando estaba a medias, porque el Maestro responde al discípulo. Un Maestro es una respuesta. Un Maestro es un espejo.

… Desde ahora le conocéis…

Ya no hay ningún «si». Jesús dice «… Desde ahora…» —«desde ahora lo conocéis; y lo habéis visto porque me habéis visto a mí, porque yo y mi Padre no somos dos. Yo le represento, sólo soy un reflejo de él, un *eco*».

No os dejaré huérfanos; vendré a vosotros.
Todavía un poco, y el mundo no me verá...

Escuchad. Jesús dice:

Todavía un poco...

Sólo quedan unas pocas horas.

... Y el mundo no me verá...

El mundo no podrá verme.

Pero vosotros me veréis, porque yo viviré y vosotros viviréis.

Jesús dice: «Sólo unas cuantas horas más y desapareceré del mundo, pero para ti Tomás, ¡nunca! **Para ti**, nunca —porque tú has visto mi realidad que no puede ser crucificada. Has visto mi verdad que es inmortal. El cuerpo será crucificado —un poquito más y el cuerpo desaparecerá, el mundo ya no podrá verme más, porque el mundo sólo me reconoce en el cuerpo. Pero tú aún me verás, porque has visto mi luminosidad, mi eternidad, mi ser no temporal, mi verdad. Tomás, tú seguirás viéndome. Para ti nunca desapareceré».

El amor tiene ojos, la confianza tiene ojos para ver lo invisible. Sólo la confianza puede penetrar tan profundo como para ver la inmortalidad. Sólo el amor puede darte un vislumbre de aquello que está más allá del tiempo.

Todavía un poco, y el mundo no me verá...

«Sé feliz, Tomás, estás bendecido, seguirás viéndome».

... Pero vosotros me veréis, porque yo viviré y vosotros viviréis.

En este momento dejen esta semilla sembrada en ustedes para que cuando vaya a vivir —incluso después de la crucifixión, incluso cuando mi cuerpo haya sido destruido—, si voy a vivir, ¡vosotros también viviréis! Dejen que esta confianza nazca en ustedes también. No es sólo que yo vaya a vivir... no es nada especial para mí; el alma de todo el mundo es inmortal. Si pueden ver mi cuerpo desapareciendo y pueden seguir viéndome, permitan que sea una nueva comprensión dentro de ustedes, que también van a vivir incluso cuando hayan muerto.

La muerte sólo es de las vestiduras, la muerte sólo es de la cubierta. La esencia más profunda continúa viviendo. Es la vida en sí misma. ¿Cómo podría morir? La vida sigue cambiando sus moradas, verdad; cuando una casa se pudre, está vieja, derruida, una ruina, la dejas y buscas otro hogar. Tu casa sólo es un nido, una estancia para pasar la noche.

Todavía un poco, y el mundo no me verá, pero vosotros me verás,
porque yo viviré y vosotros viviréis.

Ahí reside el secreto de la resurrección. No existen pruebas —pruebas en lo que al mundo se refiere; pero sí existen en cuanto a los discípulos. Jesús murió en el cuerpo pero permaneció en el alma para quienes confiaron en él, quienes vieron su auténtica realidad, su verdadero ser.

Aquel día conoceréis que yo estoy en mi Padre,
y vosotros en mí y yo en vosotros.

Jesús dice: «Todos estamos entrelazados, porque todos somos uno». «Yo estoy en mi padre, y vosotros en mí, y yo en vosotros». Está diciendo:

«Tomás, tú no conoces a Dios, pero me conoces a mí. Yo conozco a Dios, tú me conoces a mí. Yo sé que estoy en mi Dios, y tú sabes que estás en mí, porque tu amor te ha hecho parte de mí. Y te digo que yo estoy en ti. Por tanto, todos estamos en Dios, y Dios está en todos nosotros. Todos estamos entrelazados».

El discípulo sólo conoce al Maestro, el Maestro conoce a Dios. El discípulo ama al Maestro y poco a poco se disuelve en el Maestro. El Maestro se disuelve en Dios. A través del Maestro el discípulo se une también a Dios. El Maestro sigue derramándose sobre el discípulo, y puesto que el Maestro es uno con Dios, Dios se vierte sobre el discípulo de una manera muy indirecta. Ésta es la auténtica trinidad: discípulo, Maestro y Dios. Y cada uno se vierte en el otro. El discípulo no se da cuenta de lo que está sucediendo.

Cuando yo te toco, ¿crees que yo te toco? Dios te ha tocado. Si yo estoy en Dios, cuando te toco, Dios te ha tocado. Pero para ti sigue siendo el toque del Maestro. Cuanto más profunda sea tu comprensión, más podrás ver que el Maestro sólo es un instrumental —la flauta por la que fluye la canción de Dios.

Aquel día conocerás...

Jesús dice: «En el día supremo de reunión, cuando se iluminen, cuando ustedes también sean Cristo...».

Aquel día conoceréis que yo estoy en mi Padre, y vosotros en mí y yo en vosotros. La paz os dejo, mi paz os doy; no como el mundo la da os la doy yo.

«Porque estoy derramando mi paz sobre ustedes, y lo estoy haciendo incondicionalmente, no como lo hace el mundo». En el mundo nadie da nada incondicionalmente; en el mundo todo es un trueque. Incluso cuando alguien te da amor, te lo da para obtener; es un trato.

La paz os dejo...

Jesús dice: «No os preocupéis. Me iré, pero mi paz seguirá con ustedes, los rodeará. Y cuando piensen en mí verán que la paz se vierte sobre ustedes. Mi paz seguirá estando disponible para ustedes». Para el corazón que confía siempre está disponible.

La paz os dejo, mi paz os doy; no como el mundo la da os la doy yo.

No como en el mundo donde todo se da para obtener algo. Jesús sólo da. No existe ningún trato.

El Maestro sólo da —pero no para conseguir algo. ¿Qué podría dar el discípulo al Maestro? La vía es de una sola dirección. El Maestro sigue vertiendo. Pero esto no significa que te obligue, porque sabe que Dios se vierte sobre él. ¿Qué podría hacer con ello? Todo lo que viene a través de Dios tiene que compartirlo. Con Dios no hay ningún trueque, es puro regalo.

La paz os dejo, mi paz os doy; no como el mundo la da os la doy yo. No se turbe vuestro corazón ni tenga miedo. Habéis oído lo que os dije: Me voy y vuelvo a vosotros. Si me amáis, os alegraréis de que me vaya al Padre, porque el Padre es mayor que yo.

Jesús dice «Si me amáis, os alegraréis...». El amor no conoce ninguna muerte. El amor nunca se cruza con la muerte. Para el amor la muerte no existe.

Por eso, Jesús dice: «Si confías, si amas...». Esta afirmación debió hacerla para todos los discípulos, no sólo para Tomás, porque el «si» se ha introducido otra vez.

Estos son puntos sutiles que hay que entender. Nada se menciona en la Biblia sobre a quién está hablando ahora, pero el «si» ha vuelto a entrar. A Tomás le ha dicho: «Desde ahora habéis visto a Dios porque me habéis visto a mí». Ahora dice: «Si confías, si amas os alegraréis...». Debió volverse hacia los otros discípulos, debía de estar diciéndoles a todos: «Si me aman, entonces no existe la muerte. Seré crucificado y aún me verán resucitado en el cuerpo divino. Me veréis ir hacia Dios, desapareciendo en Dios. Voy a reunirme con lo supremo. Vuestro Maestro va a reunirse con lo supremo, deberían regocijarse. Dejan que sea una celebración, un festival, una alegría».

Habéis oído lo que os dije: Me voy y vuelvo a vosotros.

«Pero volveré una y otra vez, siempre que me llamen, siempre que lo necesiten. Cuando en su corazón haya una plegaria sin dudas, me encontraran cerca de ustedes».

Si me amáis, os alegraréis de que me vaya al Padre...

«No es cuestión de sentirse desgraciado, triste. No voy a morir, me voy hacia lo divino».

Para el ignorante, la muerte es la muerte de la vida. Para quien conoce, la muerte es el principio de la auténtica vida. Para el que conoce, la muerte es la puerta hacia lo divino.

Éste, su mensaje de despedida es de inmenso valor. Deja que se sumerja en la profundidad de tu ser. Deja que sea tu palpitar. Es la única forma de meditar sobre él. Es la única manera de llegar a su significado. Olvida todo lo que los cristianos han dicho. Todas esas afirmaciones dogmáticas son chovinistas. Olvida todo lo que los teólogos han puesto sobre las puras afirmaciones de Jesús. Deja a un lado todo lo que ha sido enseñado y entra directamente en estos dichos, y medita. El beneficio será inmenso. Serás bendecido.

Éste es uno de los más grandes relatos de la transformación humana en la historia —cómo Adán se convirtió en Cristo, cómo el inconsciente se vuelve luminoso, cómo lo ordinario se transforma en extraordinario, cómo lo mundano se extiende por el otro mundo, cómo la materia se transmuta en consciencia.

Para más información

Para más información acerca de Osho, la meditación
y el OSHO International Meditation Resort, visita:

www.OSHO.com
Facebook.com/Oshointernational
YouTube/OSHOInternational

Si quieres acceder a las OSHO Talks originales en inglés
visita: *https://www.audible.com/author/Osho/*

Acerca del autor

Osho desafía cualquier intento de clasificación. Sus miles de charlas abarcan desde la búsqueda individual de sentido, hasta los problemas sociales y políticos más urgentes de la sociedad actual. Los libros de Osho no fueron escritos, sino transcritos a partir de grabaciones de audio y video de sus charlas espontáneas ante audiencias internacionales. Como él mismo dice: «Recuerda: lo que estoy diciendo no es sólo para ti... también hablo para las generaciones futuras».

El *Sunday Times* de Londres lo ha descrito como uno de los «1000 creadores del siglo XX», y el escritor estadounidense Tom Robbins lo llamó «el hombre más peligroso desde Jesucristo». El *Sunday Mid-Day* (India) lo incluyó entre las diez personas —junto con Gandhi, Nehru y Buda— que han cambiado el destino de India.

Sobre su propia obra, Osho afirmó que está ayudando a crear las condiciones para el nacimiento de un nuevo tipo de ser humano. A este nuevo ser lo describe a menudo como «Zorba, el Buda»: capaz de disfrutar tanto de los placeres terrenales de un Zorba, el griego, como de la serenidad silenciosa de un Gautama, el Buda. El hilo conductor de todas sus charlas y meditaciones es una visión que integra tanto la sabiduría intemporal de todas las épocas pasadas, como el máximo potencial de la ciencia y la tecnología actuales (y futuras).

Osho es reconocido por su contribución revolucionaria a la ciencia de la transformación interior, con un enfoque de la meditación que toma en cuenta el ritmo acelerado de la vida contemporánea. Sus exclusivas OSHO Active Meditations® están diseñadas primero para liberar las tensiones acumuladas en el cuerpo y la mente, de modo que luego sea más sencillo experimentar la quietud y la relajación sin pensamientos en la vida diaria.

Está disponible en español una obra autobiográfica del autor:

Autobiografía de un místico espiritualmente incorrecto, de Editorial Kairós.

Acerca del Osho International Meditation Resort

Ubicación:
Situado a 100 millas al sureste de Mumbai, en la próspera y moderna ciudad de Pune, India, el OSHO International Meditation Resort es un destino vacacional diferente. El Resort de Meditación se extiende sobre 28 acres de espectaculares jardines en una hermosa zona residencial arbolada.

Meditaciones OSHO
Un programa diario completo de meditaciones para todo tipo de personas incluye tanto métodos tradicionales, como revolucionarios, en particular las OSHO Active Meditations®. Las meditaciones se llevan a cabo en lo que podría ser el salón de meditación más grande del mundo: el Auditorio OSHO.

OSHO Multiversity
Sesiones individuales, cursos y talleres abarcan desde artes creativas hasta salud holística, transformación personal, relaciones y transiciones de vida, la integración de la meditación como estilo de vida en lo personal y lo laboral, ciencias esotéricas, y el enfoque «Zen» para el deporte y la recreación.

El secreto del éxito de la OSHO Multiversity radica en que todos sus programas se combinan con la meditación, apoyando la comprensión de que, como seres humanos, somos mucho más que la suma de nuestras partes.

Gastronomía
Diversos espacios ofrecen deliciosa comida vegetariana occidental, asiática e india —la mayoría cultivada de manera orgánica especialmente para el resort. Panes y pasteles se hornean en la propia panadería del lugar.

Vida nocturna

Cada noche hay múltiples actividades para elegir —¡el baile ocupa el primer lugar! Otras opciones incluyen meditaciones de luna llena bajo las estrellas, espectáculos variados, presentaciones musicales y meditaciones aplicadas a la vida diaria.

También puedes simplemente disfrutar de encuentros en el Plaza Café, o pasear en la serenidad nocturna de los jardines de este entorno de cuento de hadas.

Instalaciones

En la Galería puedes adquirir todos los productos básicos y artículos de tocador. La OSHO Multimedia Gallery ofrece una amplia gama de productos multimedia de OSHO. Además, el campus cuenta con banco, agencia de viajes y un Cyber Café. Para quienes disfrutan de las compras, Pune ofrece de todo: desde productos tradicionales y artesanales de India hasta las principales marcas internacionales.

Alojamiento

Puedes optar por hospedarte en las elegantes habitaciones de la OSHO Guesthouse, o bien, para estancias más largas en el campus, elegir uno de los programas OSHO Living-In. Además, hay una amplia variedad de hoteles y apartamentos con servicios en las cercanías.

www.osho.com/meditationresort

www.osho.com/guesthouse

www.osho.com/livingin

Para más información:

www.OSHO.com

Un sitio web multilingüe y completo que incluye una revista, libros de OSHO, charlas de OSHO en formatos de audio y video, el archivo textual de la Biblioteca OSHO en inglés e hindi, así como amplia información sobre las Meditaciones OSHO.

También encontrarás el calendario de programas de la OSHO Multiversity y detalles sobre el OSHO International Meditation Resort.

Sitios web:

> www.OSHO.com/AllAboutOSHO
> www.OSHOtimes.com
> www.Facebook.com/OSHO.international
> www.YouTube.com/OSHOinternational
> www.Twitter.com/OSHO
> www.Instagram.com/OSHOinternational

Para contactar con OSHO International Foundation:
> www.osho.com/oshointernational
> oshointernational@oshointernational.com

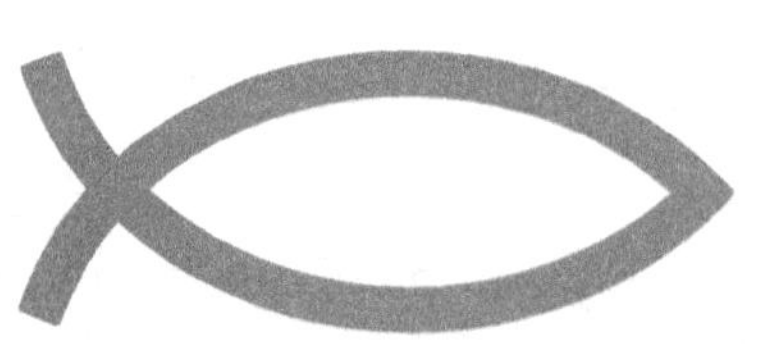